gelism

Como compartilhar o evangelho com fidelidade

gelism

FIEL
Editora

Dados Internacionais de Catalogação na Publicação (CIP)
(Câmara Brasileira do Livro, SP, Brasil)

Evangelismo : compartilhando o evangelho com fidelidade / John MacArthur e os pastores e missionários da Igreja Comunidade da Graça ; tradução de Elizabeth Gomes. -- São José dos Campos, SP : Editora Fiel, 2012.

Título original: Evangelism : how to share the gospel faithfully.
ISBN 978-85-8132-014-4

1. Cristianismo 2. Discipulado (Cristianismo) 3. Evangelização I. MacArthur, John. II. Pastores e missionários da Igreja Comunidade da Graça.

12-03910 CDD-253.7

Índices para catálogo sistemático:
1. Evangelização : Cristianismo
253.7

Evangelismo
Como compartilhar o evangelho com fidelidade
Traduzido do original em inglês
Evangelism – How to share the gospel faithfully
Equipe pastoral da *Grace Community Church*

■

Publicado originalmente em inglês
por Thomas Nelson,
Nashville, TN, USA

■

1ª Edição em Português: 2012
Reimpressão: 2016

■

Diretor: James Richard Denham III
Editor: Tiago J. Santos Filho
Tradução: Elizabeth Gomes
Revisão: Wilson Porte Jr.
Diagramação: Rubner Durais
Capa: Rubner Durais
ISBN: 978-85-8132-014-4

FIEL
Editora

Caixa Postal, 1601
CEP 12230-971
São José dos Campos-SP
PABX.: (12) 3919-9999
www.editorafiel.com.br

Sumário

Introdução: A redescoberta do evangelismo bíblico 9
John MacArthur e Jesse Johnson

PARTE 1: A TEOLOGIA DO EVANGELISMO

1. Teologia do sono: evangelismo na perspectiva de Jesus 15
John MacArthur

2. O alvo global de Deus: o poder da Grande Comissão 35
Jesse Johnson

3. Caso comum de descrença: perspectiva bíblica quanto aos incrédulos 49
Jon Rourke

4. A Palavra da Verdade num mundo de erro: Fundamentos de apologética prática...61
Nathan Busenitz

5. Cristo, o Salvador: Evangelismo como uma Pessoa, não um Plano 79
Rick Holland

6. Abrir mão do lucro: todas as coisas para todas as pessoas 95
John MacArthur

7. Evangelismo nas mãos de pecadores: lições no livro de Atos 111
John MacArthur

PARTE 2: EVANGELISMO A PARTIR DO PÚLPITO

8. Domingo pela manhã: o papel do evangelismo no culto 125
Rick Holland

9. Equipando os santos: treinar os crentes a ganhar os perdidos 139
Brian Biedenbach

10. Falsa segurança: uma visão bíblica da oração do pecador 151
Kurt Gebhards

PARTE 3: EVANGELISMO NA PRÁTICA

11. Jesus como Senhor: Componentes essenciais da mensagem do evangelho 169
John MacArthur

12. Começando a conversa: abordagem prática do evangelismo na vida real 185
Jim Stitzinger

13. O chamado ao arrependimento: entregar a mensagem à consciência 199
Tom Patton

PARTE 4: EVANGELISMO NA IGREJA

14. Da semente aos carvalhos: cultivar o campo do coração de seu filho 215
Kurt Gebhards

15. O pastor de jovens como evangelista: o evangelismo mais frutífero da igreja 233
Austin Duncan

16. Compelindo-os a entrar: testemunhar aos portadores de necessidades especiais . 247
Rick McLean

17. Alcançando viciados: Evangelismo de dependentes químicos 259
Bill Shannon

18. Ao menor destes: ministério aos excluídos da sociedade 273
Mark Tatlock

19. Missões internacionais: Seleção, envio e pastoreio de missionários 287
Kevin Edwards

20. Missões em curto prazo: Apoio aos que nós enviamos 303
Clint Archer

Colaboradores 317

INTRODUÇÃO

A redescoberta do evangelismo bíblico

John MacArthur e Jesse Johnson

"Evangelizar é: um mendigo dizer a outro mendigo onde encontrar pão".
(D.T. Niles, Educador e líder da igreja de Sri Lanka, 1908-1970)

Quase todos sabem que *evangelho* significa "boas novas"; e todo cristão verdadeiro entende que o evangelho de Jesus Cristo é a melhor notícia de todos os tempos e da eternidade.

É claro que, quando alguém possui uma boa nova, quer contar a todo mundo. Quando a notícia é especialmente boa, nosso impulso será proclamá-la do alto dos telhados. Pensando bem sobre a mensagem do evangelho – ponderando seu significado, suas implicações, sua simplicidade, sua gratuidade e a bênção eternal daqueles que a recebem – o desejo de contar aos outros deveria ser irresistível.

Por isso é que os cristãos recém-convertidos, muitas vezes, são os mais apaixonados evangelistas. Sem treinamento, sem qualquer estímulo externo, podem ser surpreendentemente efetivos em ganhar outros para Cristo. Não são obcecados por técnica e nem se intimidam pelo medo da rejeição. A pura e grandiosa glória do evangelho enche seu coração e transborda de sua visão, e querem falar a todo mundo sobre isso.

Infelizmente, tal paixão tende a diminuir com o tempo. O jovem crente logo descobre que nem todo mundo acha que o evangelho seja uma boa notícia. Algumas pessoas respondem a ele como reagiriam ao mau-cheiro da morte (2Co 2.26). Grandes multidões desprezam sua mensagem ou se ofendem com ela, devido ao orgulho humano que o evangelho perfura. Muitos amam tanto seu pecado que preferem não ouvir a mensagem de redenção que os conclama ao arrependimento. Encontros repetidos com veementes rejeitadores do evangelho podem desacorçoar o entusiasmo até mesmo do mais habilidoso evangelista.

Além disso, os cuidados deste mundo e as distrações do cotidiano disputam por nosso tempo e atenção. Com o tempo, à medida que o discípulo se torna mais familiarizado com o evangelho, aquele profundo senso inicial de maravilha e entusiasmo desvanece um pouco. O evangelho continua sendo boas novas, porém, começamos a pensar nele como notícia antiga, perdendo o senso de urgência.

É necessário nos lembrarmos constantemente de quão vital e imprescindível é a tarefa da evangelização, e quão desesperadamente carente do evangelho este mundo caído é. O evangelismo não é apenas uma atividade incidental na vida da igreja; é o mais urgente dever que nós cristãos temos a realizar. No céu, ainda poderemos desempenhar quase todos os outros exercícios espirituais que fazemos como membros do corpo de Cristo – louvar a Deus, gozar a comunhão uns com os outros, saborear as riquezas da Palavra de Deus, celebrar a verdade juntos. Mas é somente agora o tempo em que podemos proclamar o evangelho aos perdidos e ganhar as pessoas para Cristo. É séria nossa necessidade de remir o tempo (Ef 5.16).

O cristão não precisa ter um chamado específico ou dons especiais para ser arauto das boas novas; somos comandados a testemunhar de Cristo e comissionados a treinar outros a serem discípulos. É uma obrigação individual e não apenas responsabilidade coletiva da igreja. Não existe dever de maior significância; nenhuma outra responsabilidade produz mais frutos eternamente compensadores.

Além do mais, os campos estão brancos para a ceifa (Jo 4.35). A geração atual está madura para a mensagem do evangelho tanto quanto outras gerações na história da humanidade. Em qualquer aspecto da cultura contemporânea que examinarmos, descobriremos necessidades espirituais que clamam por socorro – pessoas cujas almas estão sedentas e famintas da verdade. Certamente, a resposta à fome espiritual em nossa terra não estará em um despertar artificial de sentimentos religiosos, nem num ativismo político, nem em melhor campanha de relações públicas nem numa adaptação da mensagem cristã à prevalecente cosmovisão secularizada.

A tese central deste livro é que a resposta verdadeira está no próprio evangelho não-falsificado – proclamado com clareza, sem truques, em toda sua poderosa simplicidade. O evangelho é o instrumento do poder de Deus para a salvação dos pecadores (Rm 1.16). A chave para o evangelismo bíblico não está em estratégias ou técnicas. Não é principalmente uma questão de estilo, metodologia, programas e práticas. A primeira e preeminente preocupação de todos os nossos esforços evangelísticos tem de ser o próprio evangelho.

O apóstolo Paulo repudiou enfaticamente qualquer sagacidade de truques, eloquência, sofisticação filosófica e manipulação psicológica como ferramentas para ministrar o evangelho: "Eu, irmãos, quando fui ter convosco, anunciando-vos o testemunho de Deus, não o fiz com ostentação de linguagem ou de sabedoria. Porque decidi nada saber entre vós, senão a Jesus Cristo e este crucificado" (1Co 2.1-2).

A determinação singular de Paulo em pregar um evangelho não diluído é especialmente interessante por causa de sua admissão de que lutava com os sentimentos de apreensão e intimidação que todos experimentamos ao contemplar nosso dever de proclamar o evangelho. Quando considerou seu ministério inicial em Corinto, o caracterizou como: "E foi em fraqueza, temor e grande tremor que eu estive entre vós" (1Co 2.3).

Não foi devido a qualquer técnica ou proficiência pessoal inata de Paulo que seu ministério entre eles foi "em demonstração do Espírito e de poder" (1Co 2.4). Ele desatrelou o evangelho em Corinto, e almas foram salvas. No começo, era apenas um punhado surgido em meio à feroz oposição (At 18.1-8), mas desse pequeno começo surgiu uma igreja e o evangelho foi espalhado cada vez mais.

Isso é o que queremos dizer por "evangelismo bíblico". Seu sucesso não é medido por resultados numéricos imediatos. Não precisa ser reimplementado ou projetado novamente e de imediato se à primeira vista parece não dar resultados. Antes, continua focado na cruz e na mensagem da redenção, não diluído por interesses pragmáticos e mundanos. Jamais fica obcecado por perguntas quanto a como as pessoas reagirão, o que fazer para tornar a mensagem mais atraente, ou como apresentar o evangelho de maneira diferente para minimizar a ofensa da cruz. Tem sua preocupação com a verdade, clareza, precisão bíblica e, acima de tudo, Cristo. A mensagem é sobre ele e o que ele fez para redimir os pecadores; não é sobre as necessidades das pessoas nem por aquilo que precisam fazer para merecer a bênção de Deus.

A chave do evangelismo bíblico é manter clareza quanto a tais coisas. Nesse livro seremos relembrados constantemente disso, a partir de diversas perspectivas bíblicas. Na primeira parte, trataremos da teologia do evangelismo, a começar com o ensino de Cristo em Marcos 4. Ao examinar as proposições teológicas e fundamentos bíblicos do evangelismo, você perceberá claramente a loucura de quaisquer tentativas de ganhar o mundo para Cristo por meio de métodos mundanos. Na segunda parte, olharemos o evangelismo de uma perspectiva pastoral e, na terceira parte, trataremos questões ligadas ao evangelismo pessoal de uma pessoa com outra. A quarta parte juntará todos os fios para ver como um ministério evangelístico se encaixa e molda à vida e as atividades da igreja local.

Cremos que o estudo dos princípios apresentados nesse livro abençoará e edificará sua vida. Nossa oração é que não seja apenas conhecimento teórico, mas resulte em paixão por evangelismo condizente com a urgente e exuberante alegria das boas novas que Cristo nos confiou.

PARTE 1

Teologia do Evangelismo

CAPÍTULO 1

TEOLOGIA DO SONO:
EVANGELISMO DE ACORDO COM JESUS

JOHN MACARTHUR

As mais longas e detalhadas instruções das Escrituras quanto ao evangelismo se encontram no capítulo 4 de Marcos. Esta série de parábolas é a carta magna de nosso Senhor quanto ao evangelismo e o fundamento de seu ensino está na parábola do semeador, a qual eu prefiro chamar de parábola dos solos. Esta ilustração vai contra grande parte do pensamento atual sobre evangelismo, demonstrando que não é o estilo do evangelista nem sua adaptação da mensagem que tem impacto final sobre o resultado de seus esforços. O entendimento de evangelismo que Jesus tinha seria uma repreensão retumbante daqueles que supõem ser a maneira de vestir do pregador, seu estilo, o tipo de música, aquilo que ajuda a alcançar determinada cultura ou a grupo, ou que diluir o evangelho para torná-lo mais palatável produza verdadeiras conversões. A verdade é que o poder de Deus vem através da mensagem e não do mensageiro.

Os discípulos estavam confusos. Haviam deixado suas casas, terras, parentes e amigos (Mc 10.28). Deram as costas à vida anterior para seguir a Jesus, a quem criam ser o Messias, mas esperavam que outros israelitas fizessem semelhantes sacrifícios e também cressem nele. Em lugar de uma conversão nacional, os discípulos encontraram grande hostilidade. Os líderes dos judeus odiavam Jesus e seus ensinamentos, enquanto as massas estavam mais interessadas nos sinais e maravilhas e poucos estavam se arrependendo. A dúvida começava a dominar os Doze.

O problema não era a capacidade de Jesus de atrair ouvintes. Ele viajava pela Galiléia ensinando e atraía grandes multidões que chegavam a dezenas de milhares. Muitas vezes os discípulos eram apertados. Havia vezes em que Jesus tinha de entrar num barco para se afastar da margem do lago a fim de ensinar, fugindo, assim, do peso dos desesperados caçadores de milagres.

Entretanto, por mais fascinante e impressionante que fosse o cenário, não estava produzindo muitos seguidores autênticos. As pessoas não se arrependiam e abraçavam a Jesus como Salvador genuinamente. Até mesmo as expectativas dos discípulos não estavam sendo realizadas. As profecias de Isaías 9 e 45 falavam de um dia quando o reino do Messias seria global e infindo. Quando os eventos de Marcos 4 ocorreram, o ministério do Senhor já era público havia dois anos, e a noção de que Jesus estava estabelecendo essa espécie de reino parecia estar longe da realidade. Portanto, eram poucos os que o seguiam com sinceridade. O Antigo Testamento descrevia o Messias como quem daria a Israel salvação nacional e supremacia internacional. Mas as imensas multidões só se interessavam por milagres, curas, comida – não por salvação dos seus pecados.

Portanto, não era surpresa o questionamento dos discípulos. Se Jesus realmente era o Messias, por que tantos seguidores eram tão superficiais? Como o Messias podia vir a Israel só para ser rejeitado pelos líderes religiosos da nação? Por que ele não exigia poder e autoridade a fim de estabelecer o reino, cumprindo tudo que foi prometido pelos pactos de Abraão, de Noé e de Davi?

A questão era a seguinte: Jesus pregava uma dura mensagem que requeria sacrifício radical de seus seguidores. Por um lado, seguir a Cristo era muito atraente – oferecia libertação do labirinto de regulamentos opressivos feito pelos homens e impostos pelos fariseus (Mt 11.29-30; cf. 17.25-27). Por outro lado, era assustador seguir a Cristo – requeria entrar pela porta estreita, negar a si mesmo, obedecê-lo até a morte (Mt 7.13-14; Mc 8.34). Seguir a Jesus significava reconhecer a sua divindade e que sem ele não há salvação ou outro meio para reconciliar-se com Deus (Jo 14.6). Significava também abandonar completamente o judaísmo que focalizava práticas religiosas em vez de coração penitente voltado para Deus.

Muitos judeus esperavam que o Messias os libertasse da ocupação romana, mas Jesus recusou fazer isso. Ao invés disso, ele pregava a mensagem de arrependimento, submissão, sacrifício, dedicação radical e exclusividade. As multidões eram atraídas a ele pelos milagres realizados e o poder que ele demonstrava; os discípulos, entretanto, reconheciam que a sua abordagem, por mais verdadeira e poderosa que fosse, não estava transformando os curiosos em convertidos. Quando perguntaram: "Senhor, são apenas uns poucos que estão sendo salvos?", fizeram uma pergunta honesta, gerada pela realidade que experimentaram (Lc 13.23). Podemos até mesmo imaginar os discípulos com a ideia de que talvez, Jesus devesse alterar um pouco a sua mensagem para manipular a resposta do povo.

O MENSAGEIRO NÃO É O MEIO

Semelhantemente, o evangelicalismo atual é confuso. Tenho observado que o mito dominante no evangelicalismo é que o sucesso do cristianismo depende de sua popularidade.[1] O mandato que se percebe é: se o evangelho vai permanecer relevante, o cristianismo deverá adaptar-se e apelar para tendências culturais mais atuais.

Esse tipo de pensamento costumava limitar-se à multidão que busca ser sensível aos interessados, mas recentemente penetrou os círculos mais reformados. Existem movimentos inteiros que concordam com as verdades da predestinação, eleição e depravação total do homem, mas também, inexplicavelmente, exigem que seus ministros ajam mais como estrelas de rock do que como humildes pastores de ovelhas. Influenciados pela retórica emocional da má teologia, as pessoas toleram a ideia de que a sagacidade cultural de um pastor determina quão bem-sucedida será a sua mensagem, e quanto sua igreja será influente. A metodologia atual de crescimento de igreja diz que se um evangelista quer "alcançar a cultura"

1 Para outras informações a este respeito, ver, de John MacArthur: *Hard to Believe: The High Cost and Infinite Value of Following Jesus* (Nashville: Thomas Nelson, 2003), 19.

(qualquer que seja o significado disso), terá de imitar, de alguma forma, a cultura. Tal abordagem, porém, vai contra o paradigma bíblico. O poder do Espírito no evangelho não se encontra no mensageiro, e sim, na mensagem. Sendo assim, a motivação por trás da mente que só visa ser amigável com a mente dos "amigos do evangelho" poderá parecer nobre, mas é mal-orientada.

Estará errada qualquer tentativa de manipular o resultado do evangelismo mudando a mensagem ou tornando o mensageiro mais estiloso. A ideia de que mais pessoas se arrependerão se o pastor for mais "legal" ou engraçado, acaba fazendo que a igreja passe por um desfile ridículo de tipos empreendedores que agem como se seu charme pessoal fosse determinante para atrair as pessoas a Cristo.

Tal erro leva à noção perigosa de que a conduta e a palavra do pastor devam ser determinadas pela cultura em que ele está ministrando. Se ele estiver procurando alcançar uma cultura não-igrejeira, alguns argumentam, ele deverá falar e agir como aqueles que não pertencem à igreja, mesmo quando sua conduta é impiedosa. Há diversos problemas com essa lógica, mas acima de tudo está a noção falsa de que um pastor possa fabricar conversões verdadeiras se ele parecer ou agir de determinada forma. O fato básico é que somente Deus controla a salvação de pecadores, como resultado de qualquer pregação.

Na verdade, as duras realidades do evangelho não conduzem à popularidade e influência dentro da sociedade secular. Porém, infelizmente, muitos pregadores almejam essa aceitação cultural de tal forma, que estão dispostos a alterar a mensagem da salvação de Deus e seu padrão de santidade para alcançá-la. O resultado, claro, é outro evangelho que não é evangelho nenhum.

Tais concessões nada fazem para aumentar o testemunho da igreja dentro da cultura. Na verdade, exercem efeito contrário. Ao criar um evangelho sintético, enchem facilmente suas igrejas com pessoas que não se arrependeram de seus pecados. Em vez de fazer que o mundo seja como a igreja, eles só conseguem fazer a igreja se parecer mais com o mundo. Isso é exatamente o que o ensino de Jesus em Marcos 4 buscou evitar.

A PARÁBOLA DOS SOLOS

Os discípulos tinham imenso desejo de que outras pessoas viessem a crer, e estranhavam o fato de que as massas não estivessem se arrependendo. Certamente havia horas em que eles questionavam a dura, acusadora e exigente mensagem pregada por Jesus.

O Senhor respondeu à maré crescente de dúvidas, contando aos discípulos uma série de parábolas e provérbios a respeito do evangelismo. Um ano antes de dar a Grande Comissão, usou essa série de parábolas como base de instrução quanto ao evangelismo (Mc 4.1-34). Marcos dedica mais espaço a este assunto do que a qualquer outro ensino do Evangelho, e seu ponto focal está na parábola inicial do lavrador semeando suas sementes:

> *Ouvi: Eis que saiu o semeador a semear. E, ao semear, uma parte caiu à beira do caminho, e vieram as aves e a comeram. Outra caiu em solo rochoso, onde a terra era pouca, e logo nasceu, visto não ser profunda a terra. Saindo, porém, o sol, a queimou; e, porque não tinha raiz, secou-se. Outra parte caiu entre os espinhos; e os espinhos cresceram e a sufocaram, e não deu fruto. Outra, enfim, caiu em boa terra e deu fruto, que vingou e cresceu, produzindo a trinta, a sessenta e a cem por um. (Mc 4.3-8)*

Esta ilustração é uma explicação paradigmática de como deve ser o evangelismo, ou seja, responder uma pergunta básica que acaba sendo feita por todo evangelista: por que alguns respondem bem ao evangelho enquanto outros não atendem? A resposta esclarece a essência do evangelismo.

O SEMEADOR AUSENTE

A parábola dos solos começa com um lavrador. É surpreendente quão pouco controle ele tem de sua plantação. Não são usados adjetivos para descrever seu estilo ou sua habilidade, e em parábola subsequente, nosso Senhor descreve o semeador como quem planta, volta para casa e vai dormir:

> *Disse ainda: O reino de Deus é assim como se um homem lançasse a semente à terra; depois, dormisse e se levantasse, de noite e de dia, e a semente germinasse e crescesse, não sabendo ele como. A terra por si mesma frutifica: primeiro a erva, depois, a espiga, e, por fim, o grão cheio na espiga. E, quando o fruto já está maduro, logo se lhe mete a foice, porque é chegada a ceifa.* (Mc 4.26-29)

Jesus diz que o lavrador ignora como a semente se transforma em planta madura. Depois de semear, o lavrador "vai para casa, dorme e se levanta, não sabendo como a semente brota, cresce e amadurece".

Essa ignorância não se restringe a um lavrador em particular, mas é verdade com todo semeador. O crescimento da semente é um mistério que até mesmo o mais experiente fazendeiro não consegue explicar. E essa realidade é a chave de toda a parábola. Jesus explica que a semente representa o evangelho e o lavrador o evangelista (v. 26). O evangelista espalha a semente – ou seja, explica o evangelho às pessoas, e algumas delas creem e recebem a vida. Uma coisa permanece clara: não depende do evangelista. O poder do evangelho está na operação do Espírito Santo, não no estilo do semeador (Rm 1.16; 1Ts 1.5; 1Pe 1.23). É o Espírito de Deus que ergue as almas da morte para a vida, não são os métodos ou as técnicas do mensageiro.

O apóstolo Paulo entendia esse princípio. Quando levou as Boas Novas a Corinto, plantou uma igreja e deixou-a aos cuidados de Apolo. Mais tarde, descreveu a experiência assim: "Eu plantei, Apolo regou; mas o crescimento veio de Deus" (1Co 3.6). Foi Deus quem realmente atraiu para si os pecadores, transformou seus corações e os santificou. Ambos, Paulo e Apolo, eram fiéis, mas com certeza não eram a explicação para a vida e o crescimento sobrenatural. Tal verdade fez que Paulo exclamasse: "nem o que planta é alguma coisa, nem o que rega, mas Deus, que dá o crescimento" (1Co 3.7).

Jesus ressalta, intencionalmente, a falta de influência do lavrador sobre o crescimento da semente. Na verdade, Jesus destaca que o lavrador, depois de semear, foi para casa dormir! Isso é diretamente análogo ao evangelismo. Para que alguém seja salvo, o Espírito de Deus atrai e regenera sua alma (Jo 6.44; Tt 3.5). Isso é contrário à ideia de que os resultados do evangelismo podem ser influenciados pela roupa do pregador ou pelo tipo de música que é tocada antes da mensagem. O lavrador pode ter um saco de estopa ou uma bolsa de casimira, e nenhum dos recipientes terá influência sobre o crescimento da semente. O pastor que acha que *jeans* de marca de luxo tornará mais agradável a sua mensagem é como um semeador que investe numa sacola de marca para fazer o solo mais receptivo às suas sementes.

Não pense que esta é uma defesa do uso de ternos azuis-marinhos. O ponto que Jesus destaca não é que o evangelista deva usar gravata e cantar hinos tradicionais. Toda a parábola está declarando que, quanto ao evangelismo, não importa a roupa do evangelista ou como ele usa o cabelo. Coisas externas não são o que fazem a semente germinar. Quando pessoas argumentam que o pastor deve comportar-se como determinado segmento da cultura para melhor alcançá-lo, deixam de compreender o que Jesus está destacando.

Tudo que o lavrador pode fazer é semear, e tudo que o evangelista faz é proclamar. Como pregador, se eu pensasse que a salvação de uma pessoa dependesse de eu assumir determinado aspecto cultural, jamais poderia dormir. Mas sei que "O Senhor conhece aqueles que são seus" (2Tm 2.19). Não é coincidência que o Novo Testamento jamais conclame os evangelistas a carregar a responsabilidade da salvação de outra pessoa. Tendo proclamado a mensagem com fidelidade, somos conclamados a repousar na soberania de Deus.

Fica claro, obviamente, que o fato de o lavrador dormir não é desculpa para a preguiça. É errado pensar que o estilo do evangelista determina quem e quantos serão salvos. Mas existe também o sério erro de usar a soberania de Deus como desculpa para não evangelizar. Isso se chama hipercalvinismo, e presume que, já que os evangelistas são incapazes de regenerar as pessoas, a evangelização se torna desnecessária.[2]

Tal perspectiva também não entende o ponto do ensino de Jesus. O lavrador foi dormir, mas somente depois de ter semeado diligentemente a semente. O lavrador que pensa: "Sou incapaz de fazer crescer a semente, então, para que semear?", não será agricultor por muito tempo.

2 Ian Murray descreve com acerto o erro do hiper-calvinismo, enfocando como Charles Spurgeon respondeu a isso em *Spurgeon v. Hyper-Calvinism: The Battle for Gospel Preaching* (Edinburgh: Banner of Truth, 1995).

A descrição que Jesus faz do semeador, na verdade, oferece um modelo para o evangelismo. O evangelista deve semear o evangelho, sem o qual ninguém será salvo (Rm 10.14-17). Em seguida, ele tem de confiar os resultados a Deus, pois somente o Espírito pode dar vida (Jo 3.5-8).

SEMENTE DESPERDIÇADA

Assim como o estilo do lavrador é irrelevante para o sucesso da colheita, Jesus também não sugere que o semeador altere a semente para facilitar o crescimento. A parábola dos solos apresenta seis resultados do processo de semeadura, mas em nenhum ponto tais resultados dependerão do semeador ou da semente.

A ausência de discussão sobre a semente também corresponde ao evangelismo. Jesus presume que os cristãos evangelizarão, utilizando a semente verdadeira – o evangelho. Alterar a mensagem não é uma opção. Os crentes são advertidos quanto a manipular a mensagem (Gl 1.6-9; 2Jo 9-11). A única variante na parábola está no solo. Se um evangelista frustrado olhar para a dificuldade da tarefa ou para a cultura que parece estar fechada contra o evangelho, o problema não está no mensageiro fiel ou no verdadeiro evangelho. Está na natureza do solo em que cai a semente.

Jesus descreve diversos solos que são semeados – alguns não produzem frutos para a salvação, enquanto outros produzem. Os seis solos apontam para um quadro de respostas inevitáveis ao evangelismo, e os terrenos representam diversas condições do coração humano.

Semeando à beira da estrada

O primeiro tipo de solo não é nem um pouco receptivo. Mateus 13.4 descreve parte da semente como tendo "caído à beira do caminho". Os campos em Israel não eram limitados por cercas ou muros. Em vez de cercas, havia caminhos que atravessavam os campos, formando as bordas. Tais caminhos eram propositadamente não cultivados. Como o clima em Israel é quente e árido, esses caminhos eram estradas de chão batido pelos pés dos que os atravessavam. O que caísse nesses caminhos era comido pelas aves que seguiam o semeador, arremetendo e apanhando as sementes.

Jesus relaciona esse surrupiar da semente à atividade de Satanás. O solo compacto da estrada representa o coração endurecido, que não é penetrado pela semente das Boas Novas, que fica parada na superfície como comida para as aves. É um retrato dos que, presos pelas amarras de Satanás, não têm o mínimo interesse pela verdade. Rejeitando o evangelho, seus corações duros ficam cada vez mais calejados. Quanto mais o lavrador caminha por essa estrada, mais dura ela fica.

Talvez você imagine que esse solo descreva o ultrajante e sem religião coração do pior tipo de pecador que se possa imaginar. Mas, na verdade, Jesus estava se referindo aos líderes religiosos de Israel, que eram intensamente dedicados a uma moral externa, cerimonialismo religioso e formas tradicionais de culto. Tendo rejeitado o Messias, estavam completamente perdidos. Eram prova de que "ser religioso" não é indicação de um coração enternecido. Pelo contrário, quanto mais arraigado o coração está na religião fabricada pelo homem, mais impenetrável ele se torna. A única esperança em tais casos está em quebrar o solo forçosamente – como derrubar as fortalezas de pedra referidas por Paulo em 2Co 10.3-5:

> *Porque, embora andando na carne, não militamos segundo a carne. Porque as armas da nossa milícia não são carnais, e sim poderosas em Deus, para destruir fortalezas, anulando nós sofismas e toda altivez que se levante contra o conhecimento de Deus, e levando cativo todo pensamento à obediência de Cristo.*

Semear em terreno rochoso

O segundo tipo de terra é "solo rochoso, onde a terra era pouca" (Mc 4.5; ver também 4.16). Antes de semear, o agricultor procurava remover da terra que receberia a semente todas as pedras que encontrava. Não era tarefa fácil. Na verdade, alguns rabinos costumavam dizer que, quando Deus colocou as pedras na terra, despejou a maioria delas sobre Israel. Mas abaixo do alcance do arado, muitas vezes, havia ainda um leito de rocha calcária.[3] É a isso que Jesus se refere aqui. Quando a semente caía sobre esse tipo

3 Gail Hoffman, *The Land and People of Israel* (Philadelphia: Lippincott, 1963), 25.

de solo, acomodava na terra fofa que o arado tinha revirado. À medida que encontrava água, a semente se desenvolvia e cavava mais fundo, espalhando raízes e crescendo também para cima. Mas as novas raízes não conseguiam fincar a planta porque logo alcançavam aquela pedra calcária. Quaisquer nutrientes que estivessem no solo, a planta processava imediatamente e, assim, crescia. Ao brotar à luz do sol, exigia mais água. Porque as raízes não conseguiam penetrar a rocha, a frágil planta ressecava ao sol.

Jesus comparou esse solo à pessoa que ouve a Palavra e imediatamente responde com alegria (Mt 13.20). A resposta rápida pode enganar o evangelista, que pensa ter havido uma conversão autêntica. No começo, esse "convertido" demonstra mudanças dramáticas, absorvendo e aplicando a verdade em tudo ao seu redor. Porém, como a semente que rapidamente fica chamuscada, essa vida aparente é superficial e temporária. Não há profundidade na resposta emotiva ou egoísta, e nenhum fruto é produzido.

A verdadeira natureza dessa falsa conversão logo se revela ao calor do sofrimento, auto-sacrifício ou perseguição. Tais dificuldades são demais para o coração baixio suportar.

Semear entre espinhos

O terceiro terreno está cheio de espinheiros (Mc 4.7, 18). É enganoso esse solo. Foi arado e parece fértil, mas sob sua superfície espreita um emaranhado de raízes selvagens, prestes a produzir uma infestação de ervas daninhas. Quando a boa semente for forçada a competir por sua vida com os espinhos e abrolhos dormentes, a plantação do lavrador será sufocada. Eventualmente, as ervas daninhas roubam a umidade da semente e vedam a luz solar. O resultado é que a boa semente morre.

A palavra que Jesus usa para "espinhos" vem do grego ἀκάνθα (akantha), que é uma erva daninha espinhenta comum no Oriente Médio e frequentemente encontrada em solo cultivado. Na verdade, é a mesma palavra usada em Mateus 27.29 para descrever a coroa de espinhos colocada sobre a cabeça de nosso Senhor. Essas plantas indesejadas eram comuns e perigosas para a plantação.

Jesus compara esse solo espinhento aos que ouvem o evangelho, "mas os cuidados do mundo, a fascinação da riqueza e as demais ambições, concorrendo, sufocam a palavra, ficando ela infrutífera" (Mc 4.19). Se o solo rochoso representa emoções superficiais, e as sementes lançadas no caminho representam o engano religioso impulsionado pelo amor egoísta e interesseiro, então o solo espinhoso descreve a pessoa de ânimo dobre. Quando o coração da pessoa está preso às coisas do mundo, a sua contrição quanto ao pecado não é autêntica. O coração fica dividido entre os prazeres terrestres e temporais, e as realidades eternas e celestiais. Tais coisas, contudo, são mutuamente excludentes.

Os espinhos são correlatos aos cuidados do mundo e esta frase poderia ainda ser compreendida como "as distrações desta época" (Mc 4.19). O coração cheio de espinhos se ocupa com as coisas mundanas que causam preocupações à cultura. É o coração que ama o mundo e as coisas que estão no mundo, e, portanto, o amor de Deus não está nele (ver 1 Jo 2.15; Tg 4.4).

Os que procuram evangelizar mediante uma acomodação cultural não têm como evitar criar essa espécie de solo. A semente poderá ter caído na terra, mas ao crescer, o amor ao mundo exporá a profissão de fé apenas simbólica assim como ela realmente é: mais uma ação superficial e temporária de um coração ainda cativo do mundo.

As sementes do evangelho caem sobre os ouvintes da beira do caminho, os ouvintes de solo rochoso, e os ouvintes de chão cheio de espinhos. Mas em cada um desses casos, o evangelho é rejeitado. Ao fazer esta poderosa e clara analogia, Jesus nunca sugeriu que devêssemos culpar o agricultor pela resposta negativa. O problema não está no evangelista que não era suficientemente sagaz ou popular. O problema está no solo. Os pecadores rejeitam o evangelho porque odeiam a verdade e amam seu pecado. Por esta razão é possível que o evangelho, mesmo proclamado com fidelidade, seja sequestrado por Satanás, assassinado pelo amor a si mesmo ou abafado pelo mundo.

Semear a boa terra

Embora haja corações que rejeitem a salvação, Jesus descreve corações receptivos ao evangelho. Somos encorajados quando Jesus diz: "Outra, enfim, caiu em boa terra e deu fruto, que vingou e cresceu, produzindo a trinta, a sessenta e a cem por um" (Mc 4.8). A boa terra é profunda, macia, rica e limpa. Nem Satanás nem a carne nem o mundo poderão acabrunhar o evangelho quando plantado nessa espécie de coração.

Quase todas as parábolas de Jesus contêm algum elemento inesperado ou mesmo chocante, e a parábola dos solos não foge a essa regra. Até aqui, a analogia agrícola era conhecida pelos discípulos, ou mesmo por qualquer israelita. Subsistiam do que plantavam, e a terra era dividida em talhões de plantações de grãos. Entendiam o perigo das aves, das pedras e dos espinhos. Tudo isso era muito comum. Mas então, Jesus abandona o conhecido para descrever um resultado que ninguém esperava – uma colheita aumentada em trinta, sessenta, e até mesmo cem vezes mais. Uma plantação média rendia cerca de seis vezes mais por cento, e uma que rendia dez vezes mais podia ser considerada um lucro de uma vez na vida. Quando Jesus disse que algumas sementes do semeador poderiam produzir cem vezes mais, deve ter chocado os discípulos.

Se você não pertence a uma sociedade agrária, talvez não perceba o quanto é absurdo uma descrição de uma semente que produza dez mil por cento. Todas as ilustrações chegam a quebrar em algum ponto, e é exatamente nesse ponto que a ilustração do semeador não se aplica mais ao evangelismo. Jesus faz uma descrição de uma colheita tão gigantesca para destacar que o evangelho produz vida espiritual multiplicada além do possível, unicamente pelo poder de Deus.

O preparo do coração para receber o evangelho é obra do Espírito Santo. É ele quem convence (Jo 16.8-15), regenera (Jo 3.3-8) e justifica (Gl 5.22-23). A obra no coração é domínio de Deus:

> *Então, aspergirei água pura sobre vós, e ficareis purificados; de todas as vossas imundícias e de todos os vossos ídolos vos purificarei. Dar-vos-ei coração novo e porei dentro de vós espírito novo; tirarei de vós o coração de pedra e vos darei coração de carne. Porei dentro de vós o meu Espírito e farei que andeis nos meus estatutos, guardeis os meus juízos e os observeis. (Ez 36.25-27. cf. Jr 31.31-33).*

Salomão fez a pergunta retórica: "Quem pode dizer: Purifiquei o meu coração, limpo estou do meu pecado?" (Pv 20.9). A resposta, claro, é: ninguém.

Embora haja explicações sobre a razão pela qual as pessoas rejeitam o evangelho – ambas satânicas e pecaminosas – o arrependimento verdadeiro é sobrenatural. Não há lugar mais claro quanto a isso do que na conversão do ladrão na cruz (Lc 23.39-43; conferir Mt 27.38-44). Sua conversão teria sido das mais improváveis possíveis, ocorrendo quando parecia que Jesus era um enorme fracasso. O Senhor parecia fraco, derrotado, vitimado, sem poder de salvar a si mesmo, quanto mais salvar a outros. Jesus estava em desgraça, parecia que os seus inimigos haviam triunfado e seus seguidores estavam ausentes. A maré da opinião pública era contra ele, e o sarcasmo – nas palavras do primeiro ladrão – teria sido a resposta esperada e compreensível.

Deus operou de modo sobrenatural salvando o segundo ladrão, que contrário à razão natural, se arrependeu e creu. Por que esse rebelde moribundo abraçou como seu Senhor um homem que sangrava, pendurado sobre a cruz? A única resposta possível é que foi um milagre da graça e resultado da intervenção divina. Antes dos terremotos, trevas e sepulcros abertos sobrenaturalmente, este homem creu, porque a semente do evangelho caiu em terra fértil que foi preparada pela mão de Deus. A sua conversão dá testemunho de que não é o estilo ou a força do homem que salva, mas o poder de Deus.

Porque é Deus quem produz essa mudança de coração, o resultado será visível em cada vida transformada, ainda que seja diferente em cada um – e muito além de tudo que os discípulos pudessem imaginar. Logo, o evangelho explodiria em uma colheita espiritual, começando em Pentecostes e continuando representativamente até o último dia do reinado de Cristo sobre a terra. O poder para essa multiplicação é sobrenatural, mas o meio é o testemunho fiel de verdadeiros crentes.

A maravilha é que o evangelho é operação do próprio Deus. Semeamos a semente ao compartilhar o evangelho e então dormimos, e o Espírito opera mediante o evangelho, transmitindo vida. Não controlamos quem é salvo, pois o Espírito vai onde quer (Jo 3.8). Tampouco sabemos como isso acontece, assim como o lavrador não entende como a semente na terra torna-se alimento. Nosso trabalho não é dar a vida, é apenas plantar a semente. Feito isso, podemos descansar no soberano poder de Deus.

APLICAÇÃO PARA O EVANGELISMO

Nessa parábola, a verdade tem profundo efeito sobre como vemos o evangelismo. Deveria fazer que evangelizássemos estrategicamente, com humildade, com obediência, com toda confiança.

Estrategicamente

Jesus ensina que certos tipos de solo permitem o crescimento da semente antes de ressecar e sufocá-la. Tal fato, por si só, deveria demonstrar a estultícia de fazer apelos ao evangelho visando apenas emoções. Quanto à verdadeira fé, não existe guia menos confiável do que as emoções – pois, nem a alegria nem a tristeza provam que o arrependimento é verdadeiro (ver 2Co 7.10-11). Quando o evangelista tem em vista principalmente os sentimentos do pecador, ou baseia a segurança da salvação sobre uma experiência emocional, estará dirigindo o evangelho a corações superficiais. Inicialmente, tal abordagem pode ser impressionante, pois o solo raso parece bom por um tempo. Mas não resultou em conversões duradouras. O evangelismo também não deverá manipular a vontade com apelos aos desejos naturais das pessoas.

É normal ao pecador desejar coisas melhores para si – saúde, prosperidade, sucesso e realização pessoal. Mas o evangelho jamais oferece aquilo que o coração impuro e não compromissado já procura. Somente os falsos mestres utilizam o orgulho e a cobiça da carne para coagir resposta positiva das pessoas. Em contraste, o verdadeiro evangelho oferece aquilo que parece incongruente com o desejo humano natural. Como disse Jesus aos seus seguidores:

> *Não penseis que vim trazer paz à terra; não vim trazer paz, mas espada.*
> *Pois vim causar divisão entre o homem e seu pai; entre a filha e sua*

> *mãe e entre a nora e sua sogra. Assim, os inimigos do homem serão os da sua própria casa.*
> *Quem ama seu pai ou sua mãe mais do que a mim não é digno de mim; quem ama seu filho ou sua filha mais do que a mim não é digno de mim; e quem não toma a sua cruz e vem após mim não é digno de mim.*
> *Quem acha a sua vida perdê-la-á; quem, todavia, perde a vida por minha causa achá-la-á. (Mt 10.34-39)*

O verdadeiro arrependimento e a verdadeira fé em Cristo negam os anseios normais da vontade humana.

> *Em verdade, em verdade vos digo: se o grão de trigo, caindo na terra, não morrer, fica ele só; mas, se morrer, produz muito fruto. Quem ama a sua vida perde-a; mas aquele que odeia a sua vida neste mundo preservá-la-á para a vida eterna. Se alguém me serve, siga-me, e, onde eu estou, ali estará também o meu servo. E, se alguém me servir, o Pai o honrará (Jo 12.24-26)*

Se a emoção e o desejo racional não são medidas confiáveis para a fé verdadeira, então o que seria? Conforme Jonathan Edwards sabiamente asseverou, um indicador confiável seria "Um humilde e quebrantado amor por Deus".[4] Escreveu ele:

> *Os desejos dos santos, por mais humildes que sejam, são apenas desejos; sua esperança é uma humilde esperança; sua alegria, ainda que indizível e cheia de glória, é uma alegria humilde e quebrantada, deixando o cristão mais pobre de espírito, mais como uma criancinha, mais disposto a um comportamento de humildade universal.*[5]

---

4 Jonathan Edwards, *A Treatise Concerning Religious Affections* (Philadelphia: G. Goodman, 1821), 266.
5 Ibid., 293.

Conforme Edwards, o evangelismo não deve buscar influenciar a emoção ou manipular a vontade porque tais coisas, embora facilmente realizadas, são sinais inseguros de conversão. Em lugar disso, "uma vida santa é o principal sinal da graça".[6] Uma vida santa flui de um coração santo, que produz afetos santos dirigidos àquele que é Santo. Isso só é possível quando a mente do pecador for persuadida a ver seu pecado como ele realmente é, reconhecendo o evangelho como a única solução possível.

Humildemente

O poder do evangelho está nas mãos de Deus – não em nossas mãos – esta é a verdade. Sendo assim, devemos evangelizar com humildade. "Humildade" não quer dizer incerteza, tolerância ecumênica ou qualquer outra distorção pós-moderna do termo. Estamos falando de humildade em termos bíblicos, de tremer diante de Deus e de sua Palavra (Is 66.2) – evitando qualquer ideia orgulhosa que nos faça atrevidos a ponto de mudar sua mensagem ou presunçosos a ponto de atribuir a nós mesmos a obra de Deus.

O poder do evangelho está em sua verdade imutável; uma semente mutante só produzirá uma colheita mutante. Ademais, o evangelista não deve tornar Jesus atraente aos pecadores. Por si mesmo Jesus atrai. Mas, em razão dos muitos pecados, as pessoas estão cegas quanto aos atributos do Senhor Jesus. Não basta encorajar as pessoas a ativar suas vontades egoístas, ou provocar suas volúveis emoções. Elas precisam ser chamadas a lamentar os seus pecados, até o ponto de um arrependimento autêntico. Assim, explicar a profundidade do pecado e seu merecido castigo é uma parte essencial do evangelismo bíblico. O pecador tem de ouvir que seu pecado o acusa e condena porque ofende a Deus, e somente o Espírito de Deus pode tomar essa verdade dos ouvidos do pecador e implantá-la em seu coração.

É exatamente essa espécie de evangelismo que sofre primeiro em nome de atrair mais pessoas a Jesus. Ao tentar popularizar mais a mensagem e tornar mais visíveis seus resultados, é muito comum os evangelistas apelarem para as emoções e a vontade humana, em vez de falar à mente.

---

6 Ibid., 326–27.

Mas quando o verdadeiro evangelho é pregado com entendimento – uma mensagem que inclui os duros chamados ao discipulado, a natureza radical da conversão e a gloriosa obra de Cristo – a semente certa é semeada no coração, e o coração divinamente preparado receberá a semente do evangelho.

Obedientemente

Quando Jesus terminou de explicar a parábola dos solos, perguntou aos discípulos: "Vem, porventura, a candeia para ser posta debaixo do alqueire ou da cama? Não vem, antes, para ser colocada no velador?" (Mc 4.21). Estava lhes dizendo que após sua morte e ressurreição, os discípulos possuiriam uma grande luz. É assim "a luz do evangelho da glória de Cristo, o qual é a imagem de Deus" (2Co 4.4). Deverá ser pregada com fidelidade pelos escravos de Cristo (v.5), mas seus resultados estão no poder soberano de Deus tanto quanto foi na criação original: "Porque Deus, que disse: Das trevas resplandecerá a luz, ele mesmo resplandeceu em nosso coração, para iluminação do conhecimento da glória de Deus, na face de Cristo" (2 Co 4.6).

Nosso Senhor continuou este ensinamento com este axioma: "Pois nada está oculto, senão para ser manifesto; e nada se faz escondido, senão para ser revelado" (Mc 4.22). Era uma verdade óbvia que ressalta o fato de que todo segredo tem sua hora apropriada para ser revelado. Toda a razão de guardar segredo está em que agora não é hora de ser revelado. No caso dos discípulos, eles ainda não tinham sido comissionados e enviados ao mundo. Porém, quando chegasse a hora, eles deveriam falar, e isso com ousadia. Isto está relacionado com a frequente ordem do Senhor de não falar dele e de seus milagres até depois de sua morte e ressurreição (Mt 8.4; 9.30; 12.16; 17.9; Mc 1.44; 3.12; 5.43; 7.36; 8.30; 9.9; Lc 4.41; 8.56; 9.21). Uma razão clara para essa restrição era deixar óbvio que a mensagem que os discípulos deveriam espalhar não era sobre ser ele curandeiro ou libertador político, e sim, Salvador, que morreu e ressurgiu da morte.

A utilidade do lavrador está ligada à quantidade de semente que semeia. Quanto mais ele semear, mais espalhará as sementes, e mais provável será que uma parte dela caia sobre a boa terra. Para comunicar este dever, Jesus continuou os provérbios de Marcos 4.21-22 com uma promessa clara: "Com a medida com que tiverdes medido vos medirão também, e ainda se vos acrescentará" (v.24). Esta é a linguagem de recompensas eternas, e oferece grande motivação para proclamar o evangelho ativa e acertadamente. Embora não possamos controlar os resultados, somos chamados a espalhar a mensagem. Mesmo quando rejeitados por nossos ouvintes, nossos esforços fiéis serão recompensados um dia pelo Senhor.

Existem falsos cristãos e falsos evangelistas – e o Senhor julgará a ambos. Mas os verdadeiros crentes são diligentes na evangelização sempre que tenham a oportunidade, lembrando que nossa obediência leva a bênçãos divinas tanto aqui, quanto no porvir.

Confiantemente

Saber que nosso evangelismo é impulsionado pelo poder de Deus, nos dá confiança quanto aos resultados divinos.

É exatamente por isso que Marcos concluiu esta longa seção sobre evangelismo com uma parábola final descrevendo o reino de Deus: "como um grão de mostarda, que, quando semeado, é a menor de todas as sementes sobre a terra; mas, uma vez semeada, cresce e se torna maior do que todas as hortaliças e deita grandes ramos, a ponto de as aves do céu poderem aninhar-se à sua sombra" (Mc 4.31-32).

Lembrem-se de que os discípulos estavam preocupados, achando possível que as promessas do Antigo Testamento quanto ao reino talvez não se cumprissem com Jesus. Ele havia pregado por dois anos, e parecia que eram tão poucos os que creram de verdade. Os Doze estavam prestes a desistir. Mas Jesus lhes disse que se a semente fosse espalhada, o evangelho cresceria e o reino viria. Jesus estava dizendo que o reino começaria pequeno, mas explodiria e eventualmente as aves do céu estariam descansando em sua sombra (ver Ez 31.6). O evangelho passaria a ser global, e o seria através desses sofridos discípulos.

Foi exatamente o que aconteceu. Após a ressurreição, havia somente cento e vinte seguidores de Jesus. Depois do dia de Pentecostes havia mais de três mil (Atos 1.13; 2.41). Saltou depressa para cinco mil (Atos 4.4). Em poucos meses, havia mais de 20.000. O poder do evangelho estava virando o mundo de cabeça para baixo. Após dois mil anos, incontáveis pessoas foram salvas e agora participam da igreja militante sobre a terra, ou da igreja triunfante no céu. Um dia, Cristo voltará e estabelecerá seu reino milenar sobre esta terra. Mesmo então, o evangelho continuará chamando os pecadores ao arrependimento.

A mensagem da salvação continua a mover através dos que são semeadores, produzindo vida espiritual e fruto genuíno em solo bom. Ele o faz pelo poder de Deus – significando que a popularidade ou o poder de persuasão do mensageiro humano não tem nada a ver com isso.

O evangelismo é um chamado privilegiado. Fazemos o possível para espalhar o evangelho sempre que pudermos. Em seguida, vamos para casa dormir. Se tivermos trabalhado bem, poderemos dormir bem, sabendo, como o lavradores, que o crescimento não depende de nós.

CAPÍTULO 2

O ALVO GLOBAL DE DEUS:

O PODER DA GRANDE COMISSÃO

JESSE JOHNSON

Com certeza a Grande Comissão é a mais importante ordem dada aos crentes. Todos os quatro evangelhos terminam com alguma variação dela, e as últimas palavras de Jesus sobre a terra no livro de Atos são mais uma forma desse desafio. Apesar de repetida tantas vezes, a natureza radical da ordem global de evangelização é muitas vezes negligenciada. Mesmo lá longe, no livro de Gênesis, Deus indicou que enviaria um salvador ao mundo, mas não permitiu que os crentes alcançassem o mundo com essa mensagem até depois de sua morte e ressurreição. Compreender o "porquê" da Grande Comissão nos ajuda a descobrir o seu poder.

Um dos desafios mais sérios e assustadores dados a pastores quanto ao evangelismo se encontra nas palavras finais de Paulo a Timóteo. Na sua segunda carta a Timóteo, Paulo advertiu seu discípulo e companheiro de ministério a estar preparado porque nos últimos dias os tempos seriam difíceis e impiedosos. "Haverá tempo em que não suportarão a sã doutrina" (2Tm 4.3). Paulo queria que ele se preparasse para a probabilidade da rejeição (v.4) e, até mesmo, aflições iguais às do próprio Paulo (v.5).

A solução estava em abraçar a suficiência da Escritura. Só ela pode tornar o homem "perfeito e perfeitamente habilitado para toda boa obra" (2 Tm 3.17). À luz disso, Paulo tinha uma ordem severa a seu protegido: "Conjuro-te, perante Deus e Cristo Jesus, que há de julgar vivos e mortos, pela sua manifestação e pelo seu reino: prega a palavra!" (2 Tm 4.1-2a). Observe a seriedade desta ordem. Paulo está falando essas palavras (1) diante de Deus; (2) diante do Senhor Jesus Cristo e (3) à luz do julgamento dos vivos e dos mortos. Seria difícil imaginar como Paulo poderia fazer dessa ordem algo mais importante do que fez.

Mas Paulo não havia terminado. Timóteo não deveria apenas pregar, mas também "ser sóbrio em todas as coisas, suportando as aflições, fazendo o trabalho de um evangelista, cumprindo cabalmente o seu ministério" (v. 5). Timóteo podia pregar o quanto quisesse, mas se deixasse de cumprir a tarefa de evangelista, não estaria fazendo tudo que Deus queria dele.

Esta verdade, que o evangelismo deve ser central em qualquer ministério cristão, não é limitada ao ofício do pastor. Todo cristão é chamado para ser fiel à ordem do Senhor de comunicar o Evangelho a todas as pessoas. Surpreende-nos, contudo, a frequência com que a ordem de evangelizar é relegada ao fundo da vida cristã. Alguns chegam a negligenciar este mandamento durante longo tempo, e ainda ouço algumas pessoas dizerem que elas não foram chamadas por Deus a fazer evangelismo!

A realidade é que o evangelismo é central na missão de Cristo, e, de fato, é ponto focal da obra de Deus na criação. Se a pessoa não entende a importância do evangelismo, perde todo entendimento do ministério de Jesus, pois "o Filho do Homem veio buscar e salvar o perdido" (Lc 19.10). O evangelismo não é apenas uma coisa para a qual alguns crentes são chamados – é a principal tarefa. Todas as outras tarefas são intermediárias.

Por exemplo, os cristãos buscam a santificação em todas as áreas da vida para que seu testemunho seja acreditado pelo mundo de fora. Ao proclamarmos as riquezas de Cristo, temos de demonstrar ao mundo descrente que valorizamos pessoalmente a Cristo acima de qualquer outra coisa. Recusamo-nos a roubar, porque o prazer de Deus é maior do que qualquer coisa material que pudéssemos ter em mãos. Recusamo-nos a mentir, porque confiamos na soberania de Deus acima de qualquer ficção que pudéssemos inventar. Oramos, porque sabemos que nada de valor é possível nesta vida sem a bênção de Deus. Toda nossa santificação tem o efeito de tornar acreditável nossa afirmativa de que Jesus é melhor e supera qualquer outro valor.

Além disso, o ministério do pastorado não é um fim em si mesmo. Em uma igreja saudável, os pastores pregam sermões expositivos; as pessoas escutam e aplicam o que ouviram enquanto a igreja amadurece. Mas isso não tem importância final. O alvo é que uma igreja saudável entenda mais claramente o evangelho e tenha condições de pregá-lo com mais poder. As igrejas desenvolvem oportunidades de comunhão e cuidam das necessidades uns dos outros para que o mundo conheça o amor de Deus pelo modo como os cristãos amam uns aos outros (Jo 13.34-35). Tudo isso está envolvido no alvo de espalhar a glória de Deus a cada vez mais pessoas por meio do evangelismo (2 Co 4.15).

A negligência do evangelismo indica que não há entendimento sobre o propósito de Deus no mundo e no plano de salvação. Desde a criação, a fé global sempre foi o plano de Deus. Contudo, somente após Jesus ter ressuscitado da morte que os seguidores de Deus foram ordenados a ir por todo o mundo compartilhar as Boas Novas sobre ele. Na verdade, uma das maneiras mais efetivas de aumentar nossa paixão pelo evangelismo é entender como ele se encaixa na obra de Deus no mundo. Apesar de ser o alvo de Deus, até que a igreja tivesse seu inicio, ele não havia dado a seu povo a ordem de marchar (junto com seu Espírito), levando o evangelho a toda tribo, língua e nação. George Peters explica que o chamado está embutido no cerne da Escritura:

> *A Grande Comissão não é uma ordem isolada imposta arbitrariamente sobre o cristianismo. É o resumo natural, lógico e transbordante do caráter de Deus conforme revelado na Escritura, do impulso e propósito missionário de Deus conforme revelado no Antigo Testamento e encarnado historicamente no chamado de Israel, da vida, teologia e obra salvífica de Cristo conforme demonstrado dos evangelhos, da natureza e obra do Espírito Santo, como predito por nosso Senhor e*

> *manifestado em e após o Pentecostes, e da natureza e projeto da igreja de Jesus Cristo conforme demonstrado no livro de Atos e nas epístolas.*[1]

Em outras palavras, se nossas igrejas quiserem redescobrir o evangelismo bíblico, teremos de assumir as prioridades de Deus conforme expostas na Escritura. Como disse Peters com tanto acerto, a Grande Comissão não é apenas mais uma ordem da Escritura a ser obedecida, mas é a ordem que dá vida a todos os outros mandamentos dados à igreja.

EVANGELISMO NO ANTIGO TESTAMENTO

Desde as páginas iniciais da Escritura, o palco está montado para o drama da redenção. Deus criou as pessoas sem pecado, contudo elas pecaram. O pecado trouxe a inimizade entre Deus e sua criação, mas Gênesis 3 mostra que Deus reconciliaria as pessoas com ele. Enquanto Adão e Eva ainda estavam se escondendo, Deus já havia ordenado o meio para tirar a humanidade de onde se escondeu para um relacionamento certo com ele. É o protoevangelho (evangelho de antemão), que revela o coração evangelístico de Deus.

A promessa em si é envolta em mistério. Deus disse que haveria uma semente, um descendente de Adão, que esmagaria a cabeça de Satanás (Gn 3.15; Ap 12.9). Mesmo sendo essa semente ferida por Satanás, a esperança permaneceria. Alguém, em algum lugar, em algum tempo futuro, venceria Satanás e restauraria a paz entre Deus e a sua criação.[2]

Exatamente quem seria essa pessoa continuava sendo um mistério. Aparentemente, Eva achou que seria Abel, ou até mesmo Sete (Gn 4.25). O pai de Noé pensava que talvez pudesse ser Noé (Gn 5.29). O mistério ficou mais complexo com os eventos de Gênesis 11. Antes de Babel, era concebível que Deus enviasse esse filho de Adão que venceria Satanás e todo mundo o sabe-

---

1 George Peters, *A Biblical Theology of Missions* (Chicago: Moody, 1984), 173.

2 Para mais sobre esta promessa, conforme ela é relacionada a Jesus, ver, de James Hamilton, "The Skull Crushing Seed of the Woman: The Inner-Biblical Interpretation of Genesis 3:15," SBJT 10, no. 2 (Verão 2006): 31.

ria. Mas depois dos eventos que se seguiram à torre de Babel, Deus separou as nações e confundiu as línguas. Espalhando as nações pelo mundo e confundindo as suas línguas, Deus garantiu duas coisas: não seria fácil a comunicação entre as nações, e cada uma seguiria o seu próprio caminho (Atos 14.16).

Depois de Gênesis 11, parece que a pergunta deixou de ser: "Quem será esse redentor prometido?" e passou a ser: "Como os outros saberão?" Os teólogos se referem a essa questão como o problema da universalidade de Deus.[3] Se Javé é o Deus das nações, mas escolheu revelar-se apenas a uma delas, como essa nação levaria a notícia sobre o redentor a todas as outras?[4] Essa questão de como compartilhar as Boas Novas de Javé é o fundamento do mandato divino para missões.[5] As pessoas ficavam questionando como o futuro Messias comunicaria com pessoas que não falavam sua língua, não seguiam as suas leis e não aguardavam a sua vinda.

Complicando ainda mais a questão, Deus escolheu e prometeu a um homem, Abrão, que ele daria inicio a outra nação.[6] Quando abaixou a poeira da torre de Babel, Deus já tinha voltado o foco redentivo a uma nação que – diferente das demais – não era proveniente de Babel, mas da aliança que Deus fez com Abraão. Essa nação futura teria um propósito singular e único no mundo, pois o seu povo deveria mostrar ao mundo o caminho de volta a Deus (Is 42.6; 51.4).[7] Por meio deles, todas as famílias da terra seriam abençoadas (Gn 12.3).

---

3 Para um exemplo, ver W. Bryant Hicks, "Old Testament Foundations for Missions," em *Missiology*, ed. John Mark Terry, Ebbie Smith, and Justice Anderson (Nashville: Broadman & Holman, 1998), 61.

4 Walter C. Kaiser Jr., *Mission in the Old Testament: Israel as a Light to the Nations* (Grand Rapids: Baker, 2004), 17. Kaiser chama o Dilúvio e a separação em Babel como duas "grandes crises no plano da promessa de Deus" (16).

5 Scott A. Moreau, Gary R. Corwin, and Gary B. McGee, *Introducing World Missions* (Grand Rapids: Baker, 2004), 30.

6 Walter C. Kaiser Jr. explica o impacto desta promessa sobre missões. Veja, de Kaiser, "Israel's Missionary Call," in *Perspectives*, 4th ed., ed. Ralph D. Winter and Steven C. Hawthorne (Pasadena: William Carey Library, 2009), 12.

7 Deste modo, o pacto abraâmico tem implicações universais como também exclusivas. É exclusiva por ser somente o Deus de Abraão que pode restaurar a paz entre Deus e os homens. É universal porque ele será uma bênção para todas as "nações". Ninguém pode se salvar a não ser por meio do Deus de Abraão, e ninguém se encontra fora dessa exclusividade.

Sendo assim, o evangelismo estava na fundação da nação de Israel. O alvo e desejo do coração de Deus nestas promessas – A Adão, Eva, Abraão – era que o mundo inteiro recebesse sua bênção. Esse tema global penetra todo o livro de Gênesis de tal forma, que a bênção é repetida cinco vezes no livro todo (Gn 12.3; 18.18; 22.18; 26.4; 28.14).

A identificação de Israel como a nação que produziria o Messias marcou uma nova fase na missão de Deus ao mundo.

UMA LUZ PARA O MUNDO

Israel foi a nação escolhida por Deus. Embora houvesse muitas razões pelas quais Deus escolheu uma nação – ou seja, para produzir o Messias (Rm 9.5), para ser mordomos da Lei (Rm 9.4), e para revelar uma Nova Aliança (Hb 8.6) – uma razão se destaca no contexto do evangelismo: Deus escolheu uma nação como farol da luz para o mundo. Deus falou a Israel através de Isaías: "Eu, o SENHOR, te chamei em justiça, tomar-te-ei pela mão, e te guardarei, e te farei mediador da aliança com o povo e luz para os gentios" (Is 42.6). O projeto de Deus sempre foi que as nações ouvissem de sua glória e pusessem nele sua confiança. Seu plano para a nação de Israel era que cumprissem esse plano portando seu nome e ilustrando sua glória como testemunho para o mundo.[8]

O chamado de Abrão não identificou especificamente quem seria o redentor prometido. Essa promessa passou pelos patriarcas no Egito. Durante seu tempo no Egito, os israelitas tornaram-se nação separada, e Deus os conduziu de forma dramática, de modo a servir de testemunho do poder e da superioridade de Javé. Mas antes de entrar na terra prometida, receberam a Lei, que lhes explicou como deveriam levar as novas da glória de Deus ao mundo.

Neste sentido é que os israelitas deveriam ser luz às nações. Deus deu-lhes a sabedoria da Torá, e eles deveriam vivenciá-la.[9] Moisés explicou-lhes isso antes de atravessarem o rio Jordão:

---

8 Para mais sobre este plano, ver Gailyn Van Rheenen, *Missions* (Grand Rapids: Zondervan, 1996), 29.

9 Justice Anderson observa que a frase "luz do mundo" tem implicações éticas, e deixa implícito que são as boas obras, especificamente obras de compaixão, que são a luz (Justice Anderson, "An Overview of Missiology," in *Missiology*, 21–22).

Eis que vos tenho ensinado estatutos e juízos, como me mandou o SENHOR, meu Deus, para que assim façais no meio da terra que passais a possuir.
Guardai-os, pois, e cumpri-os, porque isto será a vossa sabedoria e o vosso entendimento perante os olhos dos povos que, ouvindo todos estes estatutos, dirão: Certamente, este grande povo é gente sábia e inteligente.
Pois que grande nação há que tenha deuses tão chegados a si como o SENHOR, nosso Deus, todas as vezes que o invocamos? (Deuteronômio 4.5-7)

A Lei era de tal forma gloriosa que, se os israelitas a guardassem, as nações ouviriam e se surpreenderiam com sua maravilha. As nações que andavam em seus próprios caminhos desde Babel aprenderiam de Deus e de sua infinita sabedoria ao testemunhar como os israelitas guardavam a Torá.

Christopher Wright explica que: "Como a principal missão de Deus é trazer bênção para as nações, conforme prometeu a Abraão, Deus escolheu que o fizesse mediante a existência no mundo de uma comunidade que aprenderia a viver conforme o caminho do Senhor, em justiça e equidade" (ética).[10] Os judeus viveriam de modo diferente das outras nações, e o alvo dessa distinção era evangelístico.[11]

Tal função evangelística de Israel explica por que, imediatamente antes de lhes dar a Lei, Javé havia dito que faria deles uma nação de sacerdotes (Êx 19.6). Essa exclusividade não significava que as outras nações todas do mundo foram rejeitadas, mas que Israel seria o meio pelo qual eles receberiam o caminho de volta para Deus.[12] Sendo assim, "esse conceito de sacerdócio nacional tem uma dimensão essencialmente missiológica, colocando Israel em dupla relação com Deus e com as nações, dando-lhes a função de agente das

10 Christopher J. H. Wright, *The Mission of God* (Downers Grove, IL: InterVarsity, 2006), 368–69.

11 Gustav Stählin escreve que o alvo geral de sua obediência e especialmente sua bondade para os estrangeiros e forasteiros era com o intuito de "conduzir os estrangeiros para se tornarem povo de Deus" (Gustav Stählin, "ξ.νος," TDNT 5:11).

12 Kaiser, *Mission in the Old Testament*, 22.

bênçãos do Senhor".[13] Noutras palavras, as nações seriam abençoadas porque Deus lhes seria revelado pela nação de Israel.

É óbvio que grande parte da lei mosaica tinha a função de diferenciar Israel dos outros povos vizinhos, destacando a singularidade de seus mandamentos. As leis dietéticas, as leis quanto ao sábado, leis sobre terra, circuncisão, e mesmo as proibições quanto à idolatria – todas destacavam a diferença entre Israel e seus vizinhos, com propósito de evangelizá-los.[14]

Para Israel, evangelismo significava guardar a Torá. Sendo assim, todo o livro de Deuteronômio pode ser visto como "urgente chamado para lealdade pactual... desenvolvido em obediência ética prática... com vistas ao efeito que isso teria sobre as nações".[15]

Interessante observar que Israel nunca recebeu a comissão de "ir por todo o mundo pregar o evangelho".[16] Eles não receberam a incumbência de ser missionários no sentido do Novo Testamento.[17] Em vez disso, eles deveriam permanecer em Israel e dar testemunho da Palavra guardando a Torá. A obediência ao pacto era a sua forma de evangelismo.

Podemos dizer que Israel teve sua própria forma de Grande Comissão (Dt 4), só que era um chamado para ficar e obedecer, em vez de ir e proclamar. Os teólogos se referem a isso como "missões centrípetas".[18] O termo transmite a ideia de que, em vez de se espalhar pelo mundo, como fazem os

---

13 Wright, *The Mission of God*, 371.

14 Richard D. Patterson, "The Widow, Orphan, and the Poor in the Old Testament and Extra Biblical Literature," *BSac* 130, no. 519 (July–September 1973): 224.

15 Wright, *The Mission of God*, 377.

16 Talvez alguns argumentem que Jonas era exceção a esta regra. David J. Bosch explica por que não é este o caso: "Jonas nada tem a ver com missão no sentido normal da palavra. O profeta foi enviado a Nínive, não para proclamar a salvação a incrédulos, mas para anunciar a condenação". Ele acrescenta: "Nem ele está interessado em missão; ele só se interessa na destruição" (ver Bosch, *Transforming Mission: Paradigm Shifts in Theology of Mission* [Maryknoll, NY: Orbis, 1996], 17).

17 Kaiser argumenta diferentemente em *Mission in the Old Testament*, mas no fim não consegue convencer porque as passagens que cita como sendo imperativas quanto ao Evangelismo de ir ao mundo não se limitam apenas a Isaías, mas todas são também messiânicas, portanto, para o futuro.

18 Michael Grisanti tem uma cuidadosa explicação quanto a este termo. Ver Michael A. Grisanti, "Israel's Mission to the Nations in Isaiah 40–55: An Update," MSJ 9, no. 1 (Primavera 1998): 39–61.

missionários modernos, eles deveriam permanecer e atrair o mundo a eles. Em vez de espalhar globalmente, os israelitas deveriam promover o ajuntamento global, sendo luz para as nações. As nações circunvizinhas ouviriam da grandeza das leis de Israel e seriam atraídas. Quando viessem verificar a fonte dessa sabedoria possuída pelos israelitas, veriam que a fonte final da sabedoria provinha de Javé. Em suma, Israel, como nação de sacerdotes e luz para o mundo, formava a "essência do Antigo Testamento".[19]

Conforme notou Wright, é por isso que "a obediência à lei não era apenas para o benefício de Israel. É fator marcante do Antigo Testamento que Israel estava em palco bastante público... e essa visibilidade de Israel era parte de sua identidade teológica e seu papel como sacerdotes de *YHWH* diante das nações".[20]

Contudo, com possível exceção da Rainha de Sabá (1Rs 10), não há exemplo no Antigo Testamento de gentios sendo atraídos a Israel devido à sua obediência ao pacto. Pelo contrário, o Antigo Testamento chega ao fim com Israel deslocado, o templo destruído e o mistério ainda não resolvido – quem seria esse redentor e como ele atrairia o mundo para si?

O MESSIAS PROMETIDO

Somente com a vinda do Messias, Israel poderia cumprir sua missão para as nações. Em Isaías 49.6, Deus descreve a missão do Messias como: "também te dei como luz para os gentios, para seres a minha salvação até à extremidade da terra". Deus prometeu que o Messias viria e seria, ele mesmo, a luz para as nações que estavam nas trevas do pecado, e João fala especificamente que Jesus é a "luz do mundo" profetizada (Jo 8.12; 9.5; ver também Jo 1.9; 3.19; 12.46).

É claro que Jesus veio em cumprimento a essa profecia messiânica. Interessante é notar que ele não cumpriu *todas* as profecias. Existem promessas relacionadas à situação nacional e política de Israel que ainda serão cumpridas (por exemplo, Sl 72.8-14; Is 9.6-7; Jr 23.5; Zc 14.4-21). No entanto, Jesus declarou ser ele mesmo o cumprimento do que diziam as Escrituras (Mt 11.3-5; Lc 4.2; Jo 4.26).

19 Peters, *A Biblical Theology of Missions*, 21.
20 Wright, *The Mission of God*, 378–79.

Surpreendentemente, Jesus não disse aos seus seguidores que levassem a notícia a todo mundo. Em lugar disso, disse-lhes o contrário. Por exemplo, depois da cura de um leproso, Jesus disse: "Olha, não o digas a ninguém" (Mt 8.4). Mesmo após os discípulos finalmente o reconhecerem como Filho de Deus e semente que esmagaria a Satanás, restaurando Israel, Jesus "advertiu os discípulos de que a ninguém dissessem ser ele o Cristo" (Mt 16.20).

Em alguns casos, tal silêncio foi ordenado em circunstâncias quase impossíveis. Considere, por exemplo, o milagre em Decápolis, em que grande multidão trouxe um homem surdo-mudo conhecido por todos. Jesus tomou-o de lado, curou sua audição e sua fala, e ordenou à multidão "que a ninguém o dissessem" (Mc 7.36). Marcos destaca, claro, que "quanto mais recomendava, tanto mais eles o divulgavam" (v.36b).

Outro exemplo, encontrado no livro de Lucas, é especialmente surpreendente. Lucas relata a história de conhecido líder da sinagoga, com certeza judeu influente, cujos afazeres familiares seriam observados publicamente. Este homem caiu aos pés de Jesus, lhe implorando que curasse sua filha de doze anos. Jesus começou a caminhar até a casa dele e grande multidão se juntou e os seguiu. Enquanto estavam andando, veio a notícia que a menina havia morrido. Quando Jesus e seu verdadeiro séquito chegaram, já havia pranteadores profissionais ali.

Jesus expulsou a todos com exceção dos pais. Levou, então, para dentro Pedro, Tiago e João, e ressuscitou da morte a menina. Jesus então "lhes advertiu que a ninguém contassem o que havia acontecido" (Lc 8.56) e voltou para a multidão. Partiu com os discípulos, deixando que os pais resolvessem o que diriam aos que lá fora haviam se reunido para o funeral.[21]

Quando testemunhas atônitas de milagres impossíveis recebiam a ordem de ficar caladas, a ordem parecia contra-senso. Afinal, se Jesus era o Messias, por que não dizer aos discípulos para divulgar a notícia de seus sinais e maravilhas por todo lado? Jesus, contudo, explicou por que não queria que as pessoas divulgassem a notícia de seus milagres: os milagres não eram a mensagem. Mesmo após algo tão profundo quanto o foi a transfiguração, Jesus or-

21 Sou grato a John MacArthur por destacar este exemplo, notando também o quanto era absurdo (e impossível) o pedido de Jesus que a família se calasse quanto à ressurreição.

denou aos discípulos que permanecessem calados porque: "É necessário que o Filho do Homem sofra muitas cousas, seja rejeitado pelos anciãos, pelos principais sacerdotes e pelos escribas; seja morto e, no terceiro dia, ressuscite". (Lc 9.22). Em outro lugar, disse-lhes que "não divulgassem as coisas que tinham visto, até ao dia em que o Filho do Homem ressuscitasse dentre os mortos" (Mc 9.9).

A GRANDE COMISSÃO

O evangelho não é o fato de que Jesus é o Messias, ou Jesus teria enviado seus discípulos muito antes do que fez. O evangelho é a boa nova de que Jesus é o Messias que foi crucificado no lugar de pecadores e ressurgiu da morte no terceiro dia. Sendo assim, depois da crucificação e ressurreição, foram removidas dos discípulos as restrições. Eles foram ordenados a esperar até a vinda do Espírito Santo para lhes dar poder, e em seguida, começar um movimento global que se espalharia por toda nação. É impossível exagerar o radicalismo de tal conceito na história da redenção.

Para ilustrar a importância desse mandato de evangelismo, todos os quatro evangelhos terminam com alguma variação da Grande Comissão (Mt 28.18-20; Mc 16.15; Lc 24.46-47; Jo 20.21). De fato, as últimas palavras de Jesus sobre a terra foram mais um desafio aos discípulos de ser testemunhas "tanto em Jerusalém como em toda a Judéia e Samaria e até aos confins da terra" (At 1.8).

Deus nunca antes havia ordenado que todos os seus seguidores vivessem vidas consumidas por levar as novas da redenção por todos os cantos do mundo. Os discípulos esperavam que Jesus restaurasse o reino de Israel (At 1.6) e ao invés disso, foi-lhes mandado que aguardassem por isso. No entanto, enquanto esperavam, eles levariam o reino de Deus a toda criatura.

Em vez de edificar uma nação mediante obediência pactual, com intuito de atrair as nações do mundo a Deus, por intermédio de seguirem com sabedoria os seus mandamentos, o Novo Testamento conclama os cristãos a: "Ide por todo o mundo e pregai o evangelho a toda criatura" (Mc 16.15). Contrastando a ordem de Deus à nação de Israel de ficar e obedecer, Cristo manda a igreja ir e proclamar para edificar um novo corpo, composto de pessoas de todas as nações.

Em lugar de utilizar a obediência de uma nação como meio de atrair o mundo a Deus, a igreja é chamada para atrair as pessoas a Deus por meio do evangelho. É por isso que Paulo disse que não foi chamado para batizar, "mas para pregar o evangelho" (1 Co 1.17). Não levou uma mensagem de obediência a determinadas leis como meio de transformação global, como fez Moisés em Deuteronômio 4. Foi pelo mundo pregando a Cristo, e este crucificado (1 Co 1.23; 2.2).

Israel deveria usar a obediência à Torá para criar uma bela cultura que atraísse as pessoas à salvação, pela fé em Javé e sua glória. Por sua vez, a igreja deveria viver de modo sacrificial, para fundamentar uma invasão global de pessoas que proclamem o belo evangelho que atrai as pessoas à salvação pela fé no Deus glorioso.[22] O fim é o mesmo. O método da missão é diferente.[23]

Era este o plano de Deus desde o princípio (1 Pe 1.20). Desde a promessa inicial a Adão e Eva, no jardim do Éden, de que teriam um descendente que esmagaria Satanás, à dispersão das nações em Babel, ao chamado de Abraão e em toda a odisseia de Israel, Deus dirigia a história redentiva até o ponto de enviar seu filho à terra como luz do mundo. Agora o seu povo deve levar essa luz a todo descrente que estiver no planeta.

IMPLICAÇÕES DA GRANDE COMISSÃO SOBRE O EVANGELISMO

A apatia quanto ao evangelismo é inexplicável pela seguinte razão: a grande Comissão não é apenas um dos grandes mandamentos, mas marca uma mudança na história redentiva. É correto dizer que a morte e ressurreição de Jesus é ponto focal de toda a história, mas é apenas metade da verdade. O corolário é que o propósito da vida, desse momento em diante, é glorificar a Deus, dizendo a verdade sobre o seu Filho a tantos quanto pudermos.

É essa a paixão descrita no Novo Testamento. Tão logo a igreja foi

22 Anderson, "Missiology," 22.

23 Peters chama isso de "uma virada na metodologia, mas não em princípio ou propósito" (Peters, *A Biblical Theology of Missions*, 21).

lançada, a narrativa de Atos traça seu crescimento e sua expansão. Crentes, por toda a parte, cresceram na fé e tornaram-se ativos em difundir o evangelho. Após sua conversão, Paulo e Barnabé se encontraram pregando em quase toda a cidade de Antioquia, incluindo, igualmente, gentios e judeus. Lucas escreve que Paulo e Barnabé foram ousados e disseram à multidão: "Porque o Senhor assim no-lo determinou: Eu te constituí para luz dos gentios, a fim de que sejas para salvação até aos confins da terra" (At 13.47). Paulo via a si mesmo como receptor da Grande Comissão e viu também seu lugar na história redentiva. É impressionante o resultado dessa ousadia: "Os gentios, ouvindo isto, regozijavam-se e glorificavam a palavra do Senhor, e creram todos os que haviam sido destinados para a vida eterna" (At 13.48).

Em outro lugar, Paulo descreve o cristão como sendo *constrangido* por amor a Cristo a instar com outros para que venham à fé em Jesus (2 Co 5.14, 20). Paulo toma emprestada a linguagem de Babel e se assemelha a um embaixador, enviado por Deus, com o propósito de reconciliar nações alienadas e inimigas (2 Co 5.18-20). Viveu uma vida suportando o sofrimento e aflições com o propósito de levar o nome de Jesus a lugares onde ele ainda não havia chegado (Rm 15.20).

O impulso evangelístico evidente em Paulo não era exclusivo a ele, mas marca de todo cristão que entende corretamente seu lugar na obra redentora de Deus. É por esta razão que Pedro explica que o propósito da santificação é que o crente esteja pronto a evangelizar a cada momento. Escreve ele: "antes, santificai a Cristo, como Senhor, em vosso coração, estando sempre preparados para responder a todo aquele que vos pedir razão da esperança que há em vós" (1 Pe 3.15).

Ao vermos toda a historia redentiva cumulada na Grande Comissão, temos entendimento maior do imperativo de proclamar o evangelho e uma justa paixão por evangelismo. Apenas quando obedecerem à ordem de Deus de evangelizar, os crentes serão verdadeiros imitadores do coração de Deus para com o mundo.

CAPÍTULO 3

CASO COMUM DE DESCRENÇA:
PERSPECTIVA BÍBLICA QUANTO AOS INCRÉDULOS

JON ROURKE

Alguns cristãos pensam que, para evangelizar, é necessário encontrar terreno comum com os descrentes. Mas, porque todo incrédulo possui algumas características comuns, essa busca de um ponto de partida igual pode ser enganosa. Todo incrédulo tem um engano em comum, um destino em comum e um libertador em comum. Em suma, possuem um caso de incredulidade em comum. Entender as implicações disso fará que o evangelista seja mais compassivo, trazendo a glória do evangelho ao centro da conversa.

O que vem à sua mente quando escuta a palavra *pagão*? E o vocábulo *incrédulo*? Para muitos, isso faz pensar em imagens de selvagens nus envolvidos em irrestrita devassidão. São palavras usadas negativamente, e implicam em completa falta de moralidade.

Tais palavras, contudo, nem sempre tiveram conotações religiosas ou morais. O pagão, antigamente, era alguém que morava nos urzais, em charnecas distantes. Em inglês, *heathen* (pagão) significa "das charnecas", fora dos limites do centro urbano. A palavra *pagão (pagano)* era a palavra latina usada pelos romanos para indicar um soldado incompetente. Só passou a tomar significado religioso no Século II quando Tertuliano a adotou para indicar qualquer pessoa que não fosse fiel soldado de Cristo.[1] Hoje, estas palavras, muitas vezes, são usadas por cristãos para descrever as pessoas a quem a Bíblia se refere simplesmente como *descrentes* ou *incrédulos* (Lc 12.46; 1 Co 6.6).

A maneira como falamos a respeito dos perdidos influencia o modo como os tratamos. Se virmos os descrentes como inimigos selvagens, seremos menos capazes de compaixão por eles. Se os virmos como almas perdidas carentes de socorro, seremos mais propensos a ajudar. O evangelista bíblico não deve ver o mundo externo como inimigo, e sim, como campo missionário. O descrente está perdido e longe de Deus. O crente não deve zombar dele nem vê-lo como inimigo, mas lutar para lhe mostrar compaixão.

Este capítulo tem o propósito de identificar características comuns do incrédulo. Entendido corretamente, esses pontos comuns devem impelir os cristãos a uma fidelidade maior no evangelismo. Essas observações se aplicam a todo descrente, por mais que o seu pecado pareça bom ou mau. Aplicam-se ao ateu, ao idólatra, até mesmo ao agnóstico. Os que estão sem Cristo, em suma, têm um caso em comum de descrença, marcado por um engano em comum, um destino comum, e um mesmo libertador em comum.

UM ENGANO COMUM

Sun Tzu, em *A Arte de Guerra* diz que "toda guerra é engano"[2] e Satanás é especialista em enganar quando se trata de desinformação. Satanás é o pai da mentira (Jo 8.44), e o mundo inteiro está sob seu poder (Ef 2.2). Porém, quando as pessoas não reconhecem sua existência e sua intenção malévola, o perigo fica mascarado. Para alguns, ele parece mais poderoso do que na realidade é; para outros, ele parece menos mau do que é realmente. Outros ainda negam a sua existência por completo. Em todos esses casos, o resultado é o mesmo. Satanás conseguiu ajuntar um exército de seguidores enganados, distraindo-os da verdade e fortalecendo-os a angariar outros mais.

---

1 James Hastings, John Alexander Selbie, and John Chisholm Lamb, eds., *Dictionary of the Apostolic Church* (New York: Charles Scribner's Sons, 1918), 2:665.

2 Sun Tzu, A Arte da Guerra, Sun Tzu (Rio de Janeiro, RJ: Ediouro, 2009),

O evangelho de João relata um diálogo intenso entre Jesus e uma turba anárquica. Naquele confronto, Jesus traçou a genealogia de cada incrédulo diretamente até o próprio diabo. Quando a multidão estava prestes a negá-lo como o Cristo, Jesus diagnosticou corretamente o fato de que tal negação era baseada nessa origem. A intenção assassina da multidão incrédula combinava com a natureza homicida do pai espiritual que tinham em comum. Essas pessoas foram enganadas por Satanás e desviadas de seguir a Cristo (Jo 8.39-47).

Tragicamente, muitos há que ouvirão a verdade do evangelho e, no entanto, se recusarão a crer porque foram dissuadidos pela desinformação do ateísmo, da falsa religião ou da autojustiça. A Bíblia deixa claro que todos esses representam uma supressão voluntária da verdade (Rm 1.18). A rejeição do evangelho é a manifestação externa da corrupção interna do entendimento, induzida por Satanás. Por mais clara que seja a apresentação do evangelho, por mais apaixonado o pregador, o ouvinte é incapaz de conhecer a verdade. Paulo disse que isso é porque "o que de Deus se pode conhecer é manifesto entre eles, porque Deus lhes manifestou" (Rm 1.19). Noutras palavras, todas as pessoas sabem a verdade a respeito de Deus, mas os incrédulos simplesmente escolhem rejeitá-la.

Fazem isso porque foram enganados pelo mundo, por si mesmos, e por Satanás (1Jo 2.16). Assim, voluntariamente, "detêm a verdade pela injustiça" (Rm 1.18). Paulo deixa claro que não é por falta de evidência ou razão que alguém é impedido de receber o evangelho. Pelo contrário, "os atributos invisíveis de Deus, assim o seu eterno poder, como também a sua própria divindade, claramente se reconhecem, desde o princípio do mundo, sendo percebidos por meio das coisas que foram criadas. Tais homens são, por isso, indesculpáveis" (Rm 1.20).

Um dos grandes mistérios da existência humana não é a existência de Deus, mas a existência daqueles que o rejeitam. Como é possível que alguém – na verdade, a maioria das pessoas no mundo – possa ter visão clara da natureza e dos atributos de Deus, e ainda recusar-se a adorá-lo? É porque foram enganados por Satanás. Em outro trecho, Paulo escreve "se o nosso evangelho ainda está encoberto, é para os que se perdem que está encoberto, nos quais o deus deste século cegou o entendimento dos incrédulos, para que lhes não resplandeça a luz do evangelho da glória de Cristo, o qual é a imagem de Deus" (2Co 4.3-4).

Paulo explica que, como resultado de suprimirem a verdade quanto a Deus, os incrédulos são escravos de um ciclo infindável de confiança em si mesmos e em sua própria sabedoria. Um descrente "não aceita as coisas do Espírito de Deus, porque lhe são loucura" (1 Co 1.14). Em vez de crer naquilo que sabem ser verdade, o pecado e Satanás deram ao pecador confiança na carne e isso o faz rejeitar a Deus e substituí-lo por alguma outra coisa. Não é ignorância, mas ódio de Deus, resultado de uma cosmovisão carnal que se coloca contra o Senhor.

Algumas pessoas se enganam, pensando que sua religião seja a verdadeira. A realidade é que essa religião não está de acordo com o funcionamento do mundo, contém contradições, e foi inventada por demônios ou por pessoas enganadas. No entanto, por seu engano, elas preferem crer naquilo que é obviamente loucura e não na verdade sobre Deus.

Outros rejeitam a Deus, substituindo-o por seus próprios padrões. A verdade é que tais padrões são arbitrários, e a maioria das pessoas não consegue viver segundo esses padrões autofabricados. Todo seu sistema é oco, contudo eles creem nele porque foram enganados.

Tal engano é sobrenatural e demoníaco. No momento, Satanás é o príncipe da potestade do ar (Ef 2.2) e atua nos filhos da desobediência. Isso significa que ele recebeu acesso limitado, porém direto, ao mundo e aos que nele habitam.

O Novo Testamento mostra como Satanás aflige as pessoas com moléstias e doenças (Mc 9.17-29), prova os crentes com tentações (Lc 22.31), possui incrédulos (Lc 22.3) e atua até mesmo para fazer as pessoas serem mexeriqueiras e inúteis (1 Tm 5.13-15). Ele não limita seu trabalho apenas aos descrentes. Satanás pode obter base de operações na vida de cristãos, promovendo falta de perdão (2 Co 2.10-11), enfiando uma cunha entre marido e esposa quando estes não desempenham suas mútuas responsabilidades íntimas (1 Co 7.5). Vemos o poder de sua influência na igreja primitiva quando ele encheu o coração de Ananias para mentir ao Espírito Santo (At 5.3). Infelizmente, essa influência não se limitou a Ananias, e poucas horas depois, sua esposa cometeu o mesmo pecado, recebendo o mesmo juízo. De alguma forma, Satanás impediu que Paulo chegasse até a Macedônia e dará poder ao Anticristo durante a tribulação para realizar milagres, feitos para convencer a humanidade incrédula de que é o Messias (1 Ts 2.18). Ele se apresenta como anjo de luz (2 Co 11.14), decidido a ocultar sua verdadeira identidade e escondendo sua verdadeira motivação.

Contudo, quanto ao poder de Satanás, o mais sério é sua atividade de enganar as pessoas para rejeitarem a Deus.

A tarefa do evangelista não é amarrar a Satanás, mas quebrar o ciclo do engano, introduzindo a verdade. Os frutos desse esforço ficam na vontade de Deus. A Bíblia diz que a grande maioria continuará a rejeitar a verdade até o Juízo Final, e que muitas vezes Deus os deixará em seus próprios artifícios.

O evangelho é a graciosa advertência de Deus a uma raça humana enganada de que sobrevirá destruição global. Para muitos, essa mensagem cai em ouvidos ensurdecidos, e a mensagem é tirada deles da mesma maneira que o diabo arrebata a semente na parábola dos solos (Mc 4.15). Outros possuem um assentimento intelectual dos fatos, mas quando vem a perseguição, voltam à sua vida antiga, murchos como a planta que nasceu em solo superficial, chamuscados pela perseguição (Mc 4.16-17). Ainda outros creem no que leram, sabendo que o juízo virá, mas quando consideram tudo que terão de deixar para trás – lar, posses, família, amizades – para livrarem-se do juízo, parece-lhes ser o preço alto demais, e a sedução do mundo prevalece. São como a planta sufocada pelos cuidados do mundo (Mc 4.18-19). Somente uns poucos são capazes de atender a advertência, vencer a perseguição, resistir a tentação de continuar em sua crença antiga, e fugir da vida antiga. São os poucos que creem e que produzem frutos que evidenciam isso (Mc 4.20). Quanto aos descrentes, Satanás cegou seus olhos. Surrupiou a semente do evangelho antes que ela enraizasse, perseguiu os que a aceitaram superficialmente, e tentou a outros com as coisas do mundo, fazendo que abandonassem sua fé falsificada. É o retrato do não-convertido. É o que significa não ser salvo. É ignorar a advertência, residir permanentemente na cidade da destruição, e ser condenado por tal decisão.

DESTINO COMUM

Hebreus 9.27 é muito claro: "aos homens está ordenado morrerem uma só vez, vindo, depois disto, o juízo". Isso é tão verdadeiro quanto abrupto. Vimos que todos os descrentes são enganados por Satanás e estão necessitados da verdade. São aqueles que "tropeçam na palavra, sendo desobedientes, para o que também foram postos" (1 Pe 2.8). O resultado final desse tropeço, dessa rejeição de Deus, é o inferno. Os incrédulos vão para lá. Todos eles têm destino comum.

Ninguém, no Novo Testamento, falou mais sobre o inferno do que Jesus. A palavra γεέννα (geenna) aparece doze vezes no Novo Testamento, onze vezes falada por Jesus. Apesar disso, as pessoas ainda objetam a existência dele. Talvez por ser revoltante para o nosso senso falho de justiça. Tantos estão indo para lá – como isso pode ser culpa deles? Afinal de contas, foram enganados por Satanás.

Mas a Bíblia é inequívoca. 1 Tessalonicenses 5.3 diz que os incrédulos enfrentarão *repentina destruição*. Isso não significa que o inferno será por breve tempo, mas que lhes sobrevirá de repente. O vilão da parábola do rico e Lázaro é visto sendo atormentado por chamas e em busca desesperada por alívio (Lc 16.23-24). Mesmo em estado eterno, a queimadura causa fumaça eterna (Ap 14.9-11), o que implica combustão eterna.

A Bíblia não fala de simples cessar da existência após a morte. Na verdade, a Bíblia fala especificamente da natureza contínua do tormento que haverá, chamando-o de "eterna destruição" (2 Ts 1.9). Além do mais, o termo *destruição* é apenas uma entre cinco figuras usadas para descrever o inferno. Essas incluem trevas, fogo, "chorar e ranger de dentes", e castigo, além de morte e destruição (Mt 8.12; 25.30; ver também Mt 13.42,50).

Em Apocalipse 19.20, a besta e o falso profeta, sendo ambos agentes humanos controlados por Satanás durante a Tribulação, são "lançados vivos dentro do lago de fogo que arde com enxofre". Longe de serem aniquilados nesse ato, Apocalipse 20.7-10 explica que sofrerão por mil anos e, mesmo então, seu tempo não terá se cumprido. Em vez de obter liberdade, o diabo se juntará a eles e, juntos, serão atormentados "de dia e de noite, pelos séculos dos séculos" (Ap 20.10).

Por mais horrível que seja imaginar o inferno, Deus é justo ao mandar os incrédulos para lá. O ser humano é culpado de crimes contra Deus. O inferno é horrível, não só porque é castigo justo ao crime, mas porque é próprio, devido à grandeza daquele que foi ofendido por tais crimes. Não é questão somente do que fez o pecador, como também questão daquele contra o qual ele cometeu o mal. Tendo pecado contra um Deus infinitamente santo, a punição ao sofrimento eterno não é injusta. Se um jogador de futebol brigar com outro jogador de futebol, tem como penalidade ser expulso da partida. Se brigar com o juiz, pode ter uma suspensão por muitos jogos. Deus é infinitamente mais elevado do que um juiz futebol.

O selo final do destino para os não salvos acontecerá na morte. A morte é a passagem para o juízo, e o Juízo Final é descrito em Ap 20.11-15. O Juízo Final tem início com uma estupefaciente descrição do sentenciamento dos ímpios. O veredicto lhes será passado na morte, aqueles que estão terrivelmente contidos na profundeza do mar, na morte e no *hades*, encontrarão sua sentença final.

Quando aqueles que morrem na incredulidade forem conduzidos à presença de Deus, serão confrontados com a total e desorientadora falta de um universo material. O único ponto fixo de referência será o terrível trono do juízo. Será o fim da atual ordem mundial e tudo que restará sobre a terra e o aparentemente infindo universo serão as almas condenadas dos descrentes que morreram. Seu único pensamento será a total inutilidade das possessões materiais para determinar o destino, e a total impossibilidade de qualquer tentativa de mudar isso agora.

Verão Jesus sentado em um trono maior que qualquer outro que exista no universo. Será um trono branco, indicando a pureza e justiça dos julgamentos que dele procedem. Nessa altura, o destino do descrente já está certo. Nada haverá no processo do julgamento que mude o resultado nem diminua a justiça do veredicto.

Deus é juiz compassivo. Mostra misericórdia aos que a pedem em fé. Está pronto a perdoar, e tem o céu reservado para seus filhos, para que demonstre eternamente sua compaixão por eles. Contudo, essa compaixão não mitiga o inferno. Em Deus, o amor e a ira coexistem e isso faz parte da sua glória. É impossível tomar um dos atributos de Deus e sugerir que isso diminua outro de seus atributos. Santidade e justiça são obrigatórios e essenciais, existindo em grau infinito, em um ser cujos atributos não funcionam de modo independente. Um juiz humano que soltasse um criminoso por compaixão, certamente mereceria perder o cargo. Deus, em sua glória, demonstrará igualmente sua compaixão e sua ira. Os que morrem sem o seu evangelho terão a experiência justa desse castigo, e a glória de Deus será vista. É seu destino comum.

Contudo, tal destino não está inteiramente reservado para o futuro. Na verdade, os descrentes estão expostos a essa ira até mesmo nesta vida. Vivem, a cada dia, na encruzilhada de seu juízo, impedidos de ir ao inferno apenas pela misericórdia do Deus que, embora ofendido e irado, ainda é infinitamente paciente. Por esta razão, os cristãos devem ter compaixão pelos descrentes, que possuem destino terrível, contudo, vivem suprimindo a verdade e escolhendo rejeitar qualquer esperança de escape.

O evangelista não deve apenas advertir as pessoas do seu destino, mas oferecer-lhes um caminho para escapar dele. Não fazemos isso minimizando os efeitos do pecado nem dizendo que se acreditarem no evangelho seu castigo desaparecerá. Pelo contrário, explicamos que Jesus carregou sobre si o castigo, em lugar daqueles creem.

Nos Estados Unidos do ano de 1791, foi determinado um imposto sobre bebidas destiladas para ajudar no pagamento da dívida nacional. Os fabricantes de destilados protestaram tomando as ruas do oeste da Pensilvânia, formando rapidamente uma rebelião armada, conhecida como a Rebelião do Uísque. O Presidente George Washington conclamou quase treze mil tropas, provenientes de diversas milícias estaduais para subjugar a oposição. Decididos a enfatizar a autoridade do governo nascente, os líderes da "Rebelião do Uísque" foram acusados de traição.

Nos meses seguintes, muitos foram soltos ou perdoados, mas outros tiveram de enfrentar o julgamento. Dois homens foram condenados por alta traição e sentenciados à morte por enforcamento. No entanto, pela primeira vez na história dos Estados Unidos, George Washington perdoou os condenados criminosos. Em ato de bondade imerecida, os criminosos tiveram sua justa sentença removida.[3]

Não é o que acontece no evangelho. O que Deus Pai faz pelos pecadores arrependidos é bem diferente. Ele não oferece clemência, comuta uma sentença ou simplesmente perdoa o ofensor. Antes, cumpre inteiramente a sentença de morte, mas a derrama sobre outro. O Senhor Jesus sofreu toda a condenação de nosso pecado, portanto, a sentença não foi comutada, mas transferida. Mais exorbitante e surpreendente é o fato de Jesus declarar àqueles que creem no evangelho não apenas que são perdoados, mas justos!

Se esticarmos um pouco essa ilustração, é como se George Washington não apenas tivesse perdoado os rebeldes do uísque, mas tivesse sido, ele mesmo, executado por seus crimes após ter concedido a Medalha de Honra do Congresso e ordenado que um monumento fosse erguido na capital para honrá-los.

A compaixão e o perdão de Deus para quem se arrepende não pode ser entendida como mero perdão. A clemência pode ser frouxa, e o evangelho não é frouxo. Deus não foi clemente com aqueles que ele perdoaria, mas derramou plenamente a merecida ira, sobre o único substituto que poderia suportá-la. Essa ira será derramada em juízo pelo pecado, sobre a pessoa de Jesus na cruz, ou sobre o indivíduo que se encontra no inferno eterno.

UM LIBERTADOR COMUM

Existe, na Galeria Nacional de Arte, em Washington, um quadro pintado por Ludolf Backhuysen intitulado "Navios em apuros sobre a costa rochosa". Em poderoso cenário, ela mostra três navios holandeses lutando contra terrível tempestade, chegando quase a ser destruídos na praia rochosa. A carga adquirida pelos navios em viagens por terras distantes era grande, e as três naus estão seriamente danificadas, sendo que uma quarta foi totalmente destruída pelo vendaval.

3 William Hogeland, *The Whiskey Rebellion: George Washington, Alexander Hamilton, and the Frontier Rebels Who Challenged America's Newfound Sovereignty* (New York: Simon & Schuster, 2006), 238.

É um gênero de arte chamado de *vanitas*, por retratar a futilidade dos atos humanos. De modo muito semelhante, todo incrédulo atravessa este mundo com a carga do pecado e das esperanças vazias, prestes a ser esmagado pelas rochas da justiça de Deus. Sua única esperança, como no caso daqueles navios, está em um libertador.

Todo descrente está sob um engano comum, e possui também um destino comum. Porém, mais importante, tem em comum um mesmo libertador. Só existe um nome debaixo do céu pelo qual pecadores, homens e mulheres, podem ser salvos. É o que Paulo quis dizer ao descrever Jesus como "Salvador de todos os homens" (1 Tm 4.10).

Um dos maiores desafios na discussão sobre os perdidos está na ideia que há descrentes eleitos, ou seja, que há aqueles que foram escolhidos desde antes da fundação do mundo para a salvação, cujo lugar no céu está garantido e, no entanto, suas vidas não dão a menor evidência daquilo que Deus tem reservado para eles. Não há nelas evidência de que um dia se arrependerão e serão salvas. Olhe para o seu passado, e você encontrará tal pessoa.

Este é um enorme incentivo evangelístico. Nada é mais eficiente ao estimular o evangelismo do que a realidade que a mensagem de esperança seja recebida por alguns. Em Atos 18.9-10, Paulo recebeu uma promessa: "Não temas; pelo contrário, fala e não te cales; porquanto eu estou contigo, e ninguém ousará fazer-te mal, pois tenho muito povo nesta cidade". É uma declaração surpreendente. O Senhor tinha almas que salvaria na cidade de Corinto, e desejava usar Paulo exatamente para esse propósito. Paulo respondeu a essa promessa passando a morar naquela cidade por um ano e meio, tempo que gastou ensinando a Palavra de Deus (At 18.11).

Sem dúvida, havia pessoas salvas no último mês do ministério de Paulo em Corinto que tinham passado os dezessete meses anteriores em aberta rebeldia contra Deus. No entanto, quando foi o tempo de Deus, ele as salvou. A perfeita redenção de Cristo tornou-se efetiva em suas vidas.

É importante entender que o Libertador comum pagou, pelos pecados dos eleitos, um preço suficiente para justificar a ira de Deus contra eles. Há um libertador comum para todos quantos creem. Ao ler em 1 Timóteo 2.6 que Jesus se entregou em resgate por todos, entendemos, pela declaração direta de Jesus em Mateus 20.28, que sua missão no mundo não era ser servido, mas servir e dar sua vida em resgate por muitos. Neste caso, os *muitos* tem de esclarecer o *todos* de 1 Timóteo 2.6. Jesus não morreu para pagar a penalidade do pecado daqueles que jamais crerão, se assim fosse, a punição eterna deles no inferno seria descabida.

Contudo, 1 Timóteo 2.6 oferece esperança para o evangelista. Sendo que não sabemos quem são os eleitos, proclamamos com ousadia que qualquer que deixe seu pecado e se volte para o evangelho terá o resgate pessoal de Jesus. De fato,

> depois de chamar Jesus de "resgate por todos", Paulo explica que tal resgate é "testemunho que se deve prestar em tempos oportunos" (1Tm 2.6). Noutras palavras, Jesus é o resgate para as pessoas porque o evangelho pode ser-lhes pregado. No tempo oportuno de Deus, um testemunho pode ser dado a qualquer pessoa, em qualquer lugar, de que Jesus é o resgate, se tão somente ela deixar o pecado e crer no evangelho.

O fato de existir apenas um nome debaixo do céu pelo qual pessoa possa ser salva deverá estimular os cristãos ao evangelismo. Significa que todo descrente, não importa o tipo de pecado ou rebeldia em que esteja, não importa que religião siga, tem a mesma solução. Aqueles que se apresentam como religiosos não serão salvos a não ser que firmem sua fé no Salvador ressurreto. Igualmente, a pessoa abertamente imoral, não obstante a categoria do pecado que a esmaga pela culpa, tem a mesma esperança. Se invocar o nome do Senhor Jesus, será salvo (At 2.21; Rm 10.13). A ressurreição de Cristo oferece para o mundo a esperança de escapar da morte eterna (Jo 11.25). O evangelho oferece a salvação a todas as pessoas (Rm 10.13) e o Pai convida a todos que venham (1 Tm 2.3-4).

Todo crente tem, na realidade, algo em comum com o incrédulo. Toda pessoa que já nasceu no mundo foi criada à imagem de Deus. Os seres humanos foram projetados por Deus, para demonstrar a glória dele em suas vidas, de uma maneira impossível aos anjos, animais ou árvores. Se não fosse permitido a Satanás desviar a raça humana, ela teria continuado em perfeita obediência a Deus, gozando comunhão com ele e exaltando a sua glória. Mas por causa do pecado, esse relacionamento se quebrou. Esta é ainda mais uma razão pela qual o cristão tem de ter compaixão pelos incrédulos. Eles vivem sem saber que foram criados com o propósito de engrandecer a glória do Senhor com suas vidas. É outro jeito de dizer que, devido ao seu engano, eles nem sabem por que vivem.

É normal que o pai tenha relacionamento com seus filhos. No mundo espiritual, é o incrédulo que quebrou tal relacionamento. Todo mundo – mesmo o cristão – experimenta a primeira morte. Mas os não salvos experimentam também uma segunda morte. Sim, porque Jesus morreu em lugar dos pecadores, existe esperança! Mediante o evangelho, poderão ter restaurado o relacionamento com Deus. "Pois também Cristo morreu, uma única vez, pelos pecados, o justo pelos injustos, para conduzir-vos a Deus; morto, sim, na carne, mas vivificado no espírito" (1 Pe 3.18).

No canto esquerdo superior do quadro que mencionamos acima, há um tom dourado nas bordas exteriores das nuvens carregadas. Isso simboliza o fim da tempestade e o alvorecer da esperança. Se a tempestade se dissipa antes dos navios quebrarem, não fica explícito nessa pintura. Semelhantemente, o crente tem o privilégio de compartilhar com o descrente a alvorada da esperança que existe no Filho. Um dos maiores privilégios que o cristão tem é o de compartilhar a verdade radical do Salvador divino a um mundo já condenado. A coisa mais amável a ser feita é apresentar acertadamente quais as terríveis consequências de rejeitar o salvador, implorando ao incrédulo que se converta enquanto ainda há tempo.

CAPÍTULO 4

A Palavra da Verdade em um Mundo de Erro:
Fundamentos da Apologética Prática

Nathan Busenitz

A apologética não é uma forma filosófica reservada para profissionais ou acadêmicos. Entendida corretamente, a apologética é uma ferramenta para o evangelista ajudar as pessoas a verem com clareza a verdade do evangelho. A apologética não trata de ganhar discussões, mas de ganhar almas. A base da apologética, portanto, é a Bíblia. Ela procura defender a Escritura usando a Escritura. Os nove fundamentos seguintes auxiliarão o evangelista a entender o que é uma falsa cosmovisão, bem como utilizar as Escrituras de modo a apontar pessoas para Cristo.

A apologética, muitas vezes, foi definida como "a resposta do cristão aos ataques do mundo contra as afirmações de verdade das Sagradas Escrituras";[1] "o ramo da teologia cristã que trata de oferecer provas racionais das afirma-

1 Robert L. Reymond, *Faith's Reasons for Believing* (Ross-shire, Scotland: Mentor, 2008), 18.

ções da verdade do cristianismo";[2] "a reivindicação da filosofia de vida cristã contra as diversas formas não cristãs de filosofia de vida";[3] "defesa arrazoada da religião cristã";[4] e "a arte da persuasão, disciplina que considera as maneiras de aprovar e defender o Deus vivo àqueles que não têm fé".[5]

Derivada da raiz grega *apolog* (απολογ), a palavra quer dizer literalmente "defesa legal" ou "resposta a uma acusação formal". Para os primeiros cristãos, à medida que os líderes da igreja faziam diversos apelos aos imperadores e outros governantes romanos hostis, a apologética incluía um elemento distintamente legal. No entanto, esses apologistas antigos preocupavam-se igualmente com "uma demonstração filosófica, teológica e histórica da verdade do cristianismo".[6] Nisto eram semelhantes aos apologistas de hoje, dedicados inteiramente a "fazer defesa da fé cristã".[7]

Em geral, os estudiosos evangélicos contemporâneos concordam com a definição básica da apologética, ainda que difiram muito quanto à sua aplicação. Conquanto afirmem universalmente que o cristão é chamado a defender a fé, discordam quanto ao melhor método de fazê-lo. Assim, surgiram numerosas escolas de apologética – da clássica para a de evidências até a pressuposicional.[8] Embora diferentes na abordagem, tais sistemas compartilham o mesmo alvo: demonstrar e defender a verdade da mensagem cristã em meio a um mundo antagônico.

Os crentes têm de olhar a Palavra de Deus como autoridade final para a avaliação comparativa dos méritos de qualquer abordagem apologética. Isso implica necessariamente o princípio protestante de *sola scriptura* – ou seja, somente a Escritura é autoridade final de fé e prática. Os evangélicos comparti-

2 William Lane Craig, "Faith, Reason, and the Necessity of Apologetics," in *To Everyone an Answer*, ed. Francis Beckwith, William Lane Craig, and J. P. Moreland (Downers Grove, IL: InterVarsity, 2004), 19.

3 Cornelius Van Til, *Christian Apologetics* (Phillipsburg, NJ: P&R, 2003), 17.

4 R. C. Sproul, John Gerstner, and Arthur Lindsley, *Classical Apologetics* (Grand Rapids: Academie, 1984), 13.

5 W. Edgar, "Christian Apologetics for a New Century," in *New Dictionary of Christian Apologetics*, ed. W. C. Campbell-Jack and Gavin J. McGrath (Downers Grove, IL: InterVarsity, 2006), 3.

6 Ronald B. Mayers, *Both/And: A Balanced Apologetic* (Chicago: Moody, 1984), 8–9.

7 Sean McDowell, *Apologetics for a New Generation* (Eugene, OR.: Harvest House, 2009), 17.

8 Para mais detalhes sobre essas diferentes abordagens, ver *Five Views on Apologetics*, org. Steve B. Cowan (Grand Rapids: Zondervan, 2000).

lham essa convicção com os Reformadores e os pais da igreja, mas no final, cremos nisso porque é a afirmação da própria Escritura.[9] Como revelação de Deus, a Escritura reflete seu caráter perfeito (Jo 17.17) e porta sua plena autoridade (Is 66.2). É o "poder de Deus" (1 Co 1.18), a "palavra de Cristo" (Cl 3.16) e espada do Espírito (Ef 6.17). Obedecer a Palavra é obedecer ao seu Autor. Assim sendo, procuramos ser bíblicos em tudo que fazemos (Sl 119.105).

Para o evangelista, vale a pena entender a apologética porque é uma ferramenta valiosa no testemunho que damos às outras pessoas sobre Cristo. Quando a apologética é biblicamente aplicada, o evangelismo é fortalecido. Para sermos verdadeiramente bíblicos na aplicação da apologética, temos de basear nossa abordagem na Palavra de Deus. Como observa Scott Oliphint:

> *A Bíblia deve ser central em qualquer discussão apologética. É da Bíblia que precisamos, e devemos abri-la se quisermos pensar em apologética e começar a nos preparar para isso. Lutar a batalha do Senhor sem a Espada do Senhor é loucura. Deixar de usar a única arma capaz de penetrar o coração seria travar uma batalha perdida.*[10]

Em outro lugar, Oliphint e Lane Tipton acrescentam este ponto importante:

> *A apologética cristã é, em sua raiz, uma disciplina bíblica. Pode parecer, para alguns, redundante essa afirmativa, mas para outros, é uma proposta altamente contestada. Uma apologética reformada só é reformada quando sua doutrina, seus princípios, sua metodologia e tudo mais são formados e reformados pela Escritura.*[11]

---

9 A afirmativa é feita mais que duas mil vezes apenas no Antigo Testamento, de que Deus falou o que encontramos na Escritura (Êx 24.4; Dt 4.2; 2 Sm 23.2; Sl 119.89; Jr 26.2). Tal tema continua no Novo Testamento, onde a frase "palavra de Deus" é encontrada mais que 40 vezes (por exemplo: Lc 11.28; Hb 4.12; ver também 2 Tm 3.16–17). Repetidamente em suas páginas, a Bíblia afirma ser a Palavra de Deus – inspirada por seu Espírito (1Pe 1.21) e suficiente para toda necessidade espiritual (2 Tm 3.16–17; 1Pe 1.3).

10 K. Scott Oliphint, *The Battle Belongs to the Lord* (Phillipsburg, NJ: P&R, 2003), 13.

11 K. Scott Oliphint and Lane G. Tipton, *Revelation and Reason* (Philippsburg, NJ: P&R, 2007), 1.

Quando buscamos nosso método apologético na Palavra de Deus, procuramos olhar o próprio Deus.

NOVE FUNDAMENTOS PARA A APOLOGÉTICA PRÁTICA

Tendo isso em mente, a meta deste capítulo é desenvolver nove princípios bíblicos fundamentais quanto à apologética, que darão força ao evangelismo. Esses fundamentos não têm função exaustiva, mas visam oferecer um arcabouço inicial, baseado na Escritura, para considerarmos nossa aproximação evangelística. Embora uma crítica profunda dos diversos sistemas apologéticos esteja fora dos limites deste estudo, esperamos que esses princípios auxiliem os que pensam e examinam tais questões.

A autorização: a posição em prol da verdade é mandada por Deus

Em um mundo pós-moderno de tolerância e ambiguidade, que direito têm os cristãos de rejeitar as posições de outras cosmovisões, asseverando a verdade absoluta da mensagem do evangelho? A autorização vem de Deus. Somos aqueles que afirmam "a supremacia de Cristo na verdade em um mundo pós-moderno que está morrendo, putrefato, em decadência e dor. Abracemos portanto essa posição, proclamando-a com paixão, confiantemente, implacavelmente, pois afinal, é para isso que estamos aqui".[12] O senhorio de Cristo nos compele e comissiona a confrontar as falsas ideologias da cultura.

Todos os crentes, especialmente aqueles em posição de liderança espiritual, são comandados a defender a fé, lutar pela sã doutrina, compartilhar as boas novas com o próximo – não importa quão impopular seja esta mensagem. Somos chamados a derrubar aquilo que se levanta contra a verdade (2 Co 10.5), estar prontos para responder sobre a esperança que há em nós (1 Pe 3.14-16), a batalhar diligentemente pela fé uma vez por todas entregue aos santos (Jd 3-4). Quando as filosofias do mundo ameaçam a igreja, o apologista as expõe pelo que elas são realmente: expressões de loucura (Rm 1.22;

12 Voddie Baucham Jr., "Truth and the Supremacy of Christ in a Postmodern World," em *The Supremacy of Christ in a Postmodern World*, org. John Piper e Justin Taylor (Wheaton, IL: Crossway, 2007), 68.

1Co 1.20). Quando vem a perseguição, como certamente virá (Mc 13.9; 2Tm 3.12), o apologista estará pronto, sem vacilar, com sua defesa (Lc 21.12-15). Quando os falsos profetas introduzem heresias destrutivas na igreja, o apologista denuncia o erro (Tt 1.9-11) e vigia a verdade do evangelho (At 20.28; 1 Tm 6.20; 2Tm 1.14).

Com que direito ele faz essas coisas? É autorizado por ordem expressa de Deus. Ainda que outros o rotulem de prepotente ou orgulhoso – porque diz conhecer a verdade absoluta e condena como falsas as visões contrárias – o apologista fiel compreende que verdadeira arrogância seria negar o mandamento de Deus. A submissão à Palavra de Deus é, de fato, a essência da verdadeira humildade (Is 66.2).

Na época do Novo Testamento, os apologistas defendiam o cristianismo contra cosmovisões como a filosofia grega (At 17.16-31; Cl 2.8), a seita primitiva do gnosticismo que buscava conhecimento oculto (1 Tm 6.20; 1Jo 4.2-3), legalismo (Gl 2.15-21; Cl 2.20-23), e ensinamentos de diversos hereges (2 Pe 2; Jd 4). Fizeram-no em época de grande perseguição (2 Tm 1.8, cf. Ap 2.2-3), quando a tentação de abandonar a fé era ressaltada pela ameaça da violência (Hb 10.32-39).

Semelhantemente, hoje, os cristãos defendem a fé contra cosmovisões opostas tais como ateísmo naturalista, humanismo secular, outras religiões mundiais, e grupos de seitas heréticas pós-cristãs. Embora não enfrentemos a mesma ameaça de perseguição (pelo menos em sociedades ocidentais), vivemos em um mundo hostil ao evangelho. O espírito pós-moderno de tolerância pode tentar-nos a ficar calados ou pelo menos abrandar a mensagem.[13] Mas não podemos nos calar, nem ser frouxos. Temos autoridade para proclamar o que é antítese da sabedoria de nossa era. Como observa David Wells: "A verdade bíblica contradiz a espiritualidade cultural pós-moderna... A verdade bíblica a desloca, recusa permitir que operem os seus pressupostos, lhe declara a sua falência".[14] O evangelho nunca foi popular. Assumimos as ordens

13 Ver Stanley J. Grenz, *A Primer on Postmodernism* (Grand Rapids: Eerdmans, 1996). Grenz nota que o pós-modernismo se caracteriza pelo "abandono da crença em verdade universal" (163) e "a perda de qualquer critério final com o qual avaliar as diversas interpretações da realidade que competem no campo intelectual contemporâneo" (163). Questiona ainda a "suposição de que o conhecimento é certo" (165). Em contraste, os cristãos dizem que Deus e sua Palavra são critério final da verdade absoluta.

14 David F. Wells, "Culture and Truth," em *The Supremacy of Christ in a Postmodern World*, org. John Piper e Justin Taylor

de marchar, de autoridade mais alta que a opinião popular. Como disseram os apóstolos aos líderes religiosos de seu tempo: "Antes, importa obedecer a Deus do que aos homens" (At 5.29).

O alvo: glorificar a Deus alcançando os perdidos

O alvo final da apologética é glorificar a Deus (1 Co 10.31; 2Co 5.9), guardando a verdade e contendendo pela fé. Mas a apologética não é apenas defensiva. Conforme Robert Reymond explica:

> *No sentido mais pleno, a apologética é a defesa e vindicação da fé cristã contra todos os ataques daqueles que duvidam e descreem, inclui a apresentação positiva da razão da verdade do cristianismo e sua ampla suficiência de vir a encontro das necessidades espirituais do ser humano. Neste último sentido, a apologética não apenas é uma disciplina defensiva, como é também ofensiva, a ser empregada não só na defesa do evangelho como também em sua propagação".*[15]

Na apresentação de "argumentos positivos para reivindicações da verdade cristã"[16], a apologética, decididamente, tem de ser evangelística. Como disse Francis Schaeffer, "O lado positivo da apologética é a comunicação do evangelho à geração atual em termos que entendam."[17] O alvo não é apenas renunciar o erro, mas levar os pecadores ao arrependimento (2Tm 2.25). Embora em um debate a verdade sempre poderá vencer o erro, a meta do apologista não é ganhar a discussão, mas, mais importante, ganhar almas. Sendo assim, "o apologista deve estar sempre pronto a apresentar o evangelho. Não deve se envolver tanto em argumentos, provas, defesas e críticas a ponto de se esquecer de dar ao descrente aquilo que ele mais precisa".[18]

Ainda que a apologética e o evangelismo sejam conceitos diferentes, não

(Wheaton, IL: Crossway, 2007), 38.

15 Reymond, Faith's Reasons for Believing, 18.

16 Craig, "*Faith, Reason, and the Necessity of Apologetics*," 19.

17 Francis Schaeffer, *The God Who Is There* (Chicago: InterVarsity, 1968), 140.

18 John Frame, *Apologetics to the Glory of God* (Phillipsburg, NJ: P&R, 1994), 54.

podem existir isolados um do outro. Como cristãos, é-nos recomendado o dois: proclamar o evangelho e defender a fé. O Senhor instruiu seus seguidores a "fazer discípulos de todas as nações" (Mt 28.19 a), mas, também, os advertiu quanto a falsos mestres (Mt 7.15). Paulo recomendou a Timóteo "faze o trabalho de um evangelista" (2 Tm 4.5), mas também explicou a Tito que os líderes da igreja deviam ser "apegados à palavra fiel, que é segundo a doutrina, de modo que tenha poder tanto para exortar pelo reto ensino como para convencer os que o contradizem" (Tt 1.9). Pedro estimulou as esposas de descrentes a ganhar seus maridos a Cristo por seu procedimento piedoso (1 Pe 3.1). Alguns versículos depois, juntou essa instrução evangelística com a ordem: "santificai a Cristo, como Senhor, em vosso coração, estando sempre preparados para responder a todo aquele que vos pedir razão da esperança que há em vós" (1 Pe 3.15). O desafio de Judas de "batalhar diligentemente, pela fé que uma vez por todas foi entregue aos santos" (Jd 3) foi equilibrado com a esperançosa exortação: "E compadecei-vos de alguns que estão na dúvida; salvai-os, arrebatando-os do fogo; quanto a outros, sede também compassivos em temor, detestando até a roupa contaminada pela carne" (Jd 22-23).

Tais passagens ressaltam a dupla responsabilidade do cristão com respeito a alcançar o mundo ao seu redor. Somos chamados a ser apologistas e evangelistas. Devemos ser protetores e proclamadores, defensores e disseminadores, advogados e embaixadores. Esses papéis não são exatamente idênticos, mas não podem ser separados. Confrontar o erro é proclamar a verdade e vice-versa. Pregar o evangelho é simultaneamente "destruir fortalezas, anulando nós, sofismas e toda altivez que se levante contra o conhecimento de Deus, e levando cativo todo pensamento à obediência de Cristo" (2Co 10.4-5).

Se nosso alvo final é a glória de Deus, não podemos apenas contentar-nos com ganhar um debate. Nosso desejo é ganhar os perdidos (1 Co 9.20-23). Como disse com acerto John Piper: "O alvo final da igreja não é missões. A adoração de Deus é. Missões existem porque não há adoração".[19] Nossos esforços, tanto na apologética quanto na evangelização, são estimulados pelo desejo de ver Deus adorado e glorificado por aqueles que atualmente o rejei-

19 John Piper, *Alegrem-se os Povos* (São Paulo, SP: Cultura Cristã, 2001).

tam. “Portanto, a adoração é o alvo e o combustível de missões. É o alvo em missões porque visamos conduzir as nações ao abrasante e consumidor prazer da glória de Deus”.[20] Porque a apologética é parcela intrínseca do esforço missionário, partilha esse mesmo alvo.

A resposta: nossa apologética tem de apontar para Cristo

Sendo que o alvo da apologética é evangelístico, sua mensagem deve estar centrada na pessoa e obra de Jesus Cristo. Ele é a resposta a todos os males sociais e a cada coração que o busca. “Mas nós pregamos a Cristo crucificado”, Paulo explicou aos coríntios, “escândalo para os judeus, loucura para os gentios” (1 Co 1.23). De maneira semelhante, disse aos crentes de Colossos: “o qual nós anunciamos, advertindo a todo homem e ensinando a todo homem em toda a sabedoria, a fim de que apresentemos todo homem perfeito em Cristo” (Cl 1.28). Armado com o lema “para mim, o viver é Cristo, e o morrer é lucro” (Fp 1.21), Paulo enfrentou o mundo como embaixador de Cristo, rogando aos ouvintes “em nome de Cristo, vos reconcilieis com Deus” (2 Co 5.20). Ele jamais tomou uma posição apologética que não apontasse para Cristo. Quer no Areópago (At 17) quer no tribunal diante do governador romano (At 26), a defesa da fé feita por Paulo sempre era centrada no evangelho (1 Co 15.3-4).

Uma apologética que deixa de apresentar o evangelho por inteiro deixa no mesmo lugar os pecadores: ainda perdidos. Até confessarem Jesus como Senhor e crer que Deus o ressuscitou da morte, eles permanecem mortos em seus pecados (Rm 10.9). Sua eternidade depende do que farão com Jesus Cristo. À pergunta: “O que devo fazer para ser salvo?” Jesus é a única resposta (At 16.30-31). Para o problema do pecado, ele é a única solução. Como disse João Batista a respeito de Jesus: “quem crê no Filho tem a vida eterna; o que, todavia, se mantém rebelde contra o Filho não verá a vida, mas sobre ele permanece a ira de Deus” (Jo 3.36).

Não podemos nos contentar com uma abordagem apologética que diminua ou negligencie o evangelho. Afinal de contas, nossa meta final não é apenas converter os ateus ao teísmo ou evolucionistas ao criacionismo, mas

---

20 Ibid.

chamar os incrédulos (quer sejam eles ateus ou teístas, evolucionistas ou criacionistas) a receberem Jesus Cristo. Os argumentos quanto ao teísmo e criacionismo são importantes, mas a apologética cristã será incompleta se parar por aí e não proclamar o evangelho.

Uma ilustração disso está no fato de que muitos evangélicos deram grande valor à conversão do renomado ateu britânico Antony Flew do ateísmo para o teísmo. Ele documentou sua mudança de ideia no livro *There is a God*, onde admitiu que os argumentos do projeto inteligente o levaram a "aceitar a existência de uma Mente infinitamente inteligente".[21] No fim do livro, Flew nota que poderia estar aberto ao cristianismo, mas não chega a reconhecer nenhum compromisso pessoal com Cristo. Por sua parte, Flew se identifica como deísta.[22]

Como avaliar esse tipo de conversão? Por um lado, alegramo-nos porque um renomado ateu renunciou publicamente seus erros anteriores. Podemos ser gratos pelos esforços daqueles que, por sua influência, o ajudaram a ver a falência filosófica do sistema ateu. Mas não podemos estar completamente satisfeitos com o resultado, pois o Professor Flew não se tornou cristão.

Quando o apóstolo Paulo esteve diante da oposição, quer no areópago quer diante de Festo e Felix, não se contentou apenas em convencer seus ouvintes da existência de Deus. Na verdade, eles já eram teístas. Contudo, eles tinham renhida necessidade de se reconciliarem com Deus, razão pela qual a mensagem de Paulo era centrada no evangelho de Jesus Cristo. Em uma época quando o ateísmo naturalista ganha aprovação popular, poderá ser tentador pensar que defender a existência de Deus deva ser nosso principal alvo. Mas se deixarmos de fora a mensagem cristocêntrica do evangelho, nosso trabalho apologético ficará incompleto.[23] Fomos comissionados a fazer discípulos do Senhor (Mt 28.18-20), não apenas teístas. Assim, pregamos Cristo crucificado a todas as pessoas, quer elas creiam quer não creiam em Deus.

---

21 Antony Flew, *There Is a God* (New York: HarperCollins, 2007), 158.

22 Antony Flew e Gary R. Habermas, "My Pilgrimage from Atheism to Theism: An Exclusive Interview with Former British Atheist Professor Antony Flew," Philosophia Christi 6, no. 2 (Winter 2004). Online at http://www.biola.edu/antonyfl ew/fl ew-interview.pdf.

23 Se nos esquecermos da mensagem do evangelho que é centrada em Cristo, corremos o perigo de nos juntar a outros teístas, incluindo cristãos não evangélicos, em um esforço de convencer os não teístas a tornarem-se teístas.

A autoridade: a Palavra é o padrão final da verdade

Porque a Bíblia é a Palavra de Deus, ela é revestida de autoridade, e não existe padrão mais alto do que o próprio Deus. Nossa abordagem e nossos argumentos têm de ser estabelecidos na autoridade da Escritura, mesmo quando usamos evidências extrabíblicas como afirmações secundárias. Isso vem da convicção de que Jesus é Senhor e sua Palavra é padrão final. John Frame nota:

> *O senhorio de Jesus é nossa proposta última. Uma proposta última é um compromisso básico do coração, uma confiança final. Sendo que cremos nele com mais certeza do que cremos em qualquer outra coisa, ele (e, portanto, sua Palavra) é o critério, o padrão final da verdade. Que outro padrão poderia ser maior que esse? Que padrão teria maior autoridade? Que padrão conhecemos mais (ver Rm 1.19-21)? Que padrão acaba validando todos as demais autoridades?*[24]

Em outro lugar, Frame reafirma essa posição:

> *Quando Deus fala, devemos ouvir com o mais profundo respeito. O que ele diz é mais importante que quaisquer outras palavras que poderíamos ouvir. Na verdade, as suas palavras julgam todos os afazeres do ser humano (João 12.48). A verdade de suas palavras, portanto, tem de ser nossa mais profunda convicção, nosso mais básico compromisso. Podemos descrever esse compromisso também como nossa pressuposição mais básica, porque trazemos tal compromisso a todo nosso pensamento, buscando levar todas as nossas ideias de conformidade com ele. Tal pressuposição é, portanto, nosso critério máximo de verdade. Medimos e avaliamos todas as demais fontes de conhecimento por ela. Levamos cativo todo pensamento à obediência de Cristo (2 Co 10.5).*[25]

24 John Frame, *Apologetics to the Glory of God* (Phillipsburg, NJ: P&R, 1994), 6–7.

25 John Frame, "Presuppositional Apologetics," in Five Views of Apologetics, ed. Steven B. Cowan (Grand Rapids: Zondervan, 2000), 209.

Assim, a Palavra de Deus é central na tarefa apologética. Se Jesus é frente e centro da apologética, a revelação que ele fez de si mesmo deve ser preeminente.

Isso não quer dizer que as evidências provenientes da revelação geral e da experiência humana não tenham lugar em nossa apologética. Jesus apontou os seus milagres àqueles que o criticavam (Jo 5.36; 10.38), Paulo apelou para a criação (At 14.15-17; Rm 1.20), à consciência (Rm 2.15), e até mesmo para a confusão cultural (At 17.22-30); Pedro observou o poder do comportamento cristão apologético (1 Pe 3.1; 14-16). No entanto, os apelos à revelação geral e à experiência pessoal só chegam até certo ponto nessa tarefa apologética. É necessária a revelação específica para explicar e interpretar a revelação e experiência geral (Sl 19.1-10; 2Pe 1.19-21).[26]

Portanto, devemos dar prioridade à Palavra de Deus – fonte e autoridade da verdade absoluta. "A tua palavra é a verdade", escreveu o salmista. "As tuas palavras são em tudo verdade desde o princípio, e cada um dos teus justos juízos dura para sempre" (Sl 119.142, 160). O Senhor Jesus orou: "Santifica-os na verdade; a tua palavra é a verdade" (Jo 17.17). Os apóstolos entenderam que as Escrituras eram "palavra da verdade" (2Tm 2.15; Tg 1.18), e o evangelho da salvação como "mensagem da verdade" (Ef 1.13; ver também Cl 1.15). Como palavra inspirada do Deus vivo, a Escritura é "útil para o ensino, para a repreensão, para a correção, para a educação na justiça, a fim de que o homem de Deus seja perfeito e perfeitamente habilitado para toda boa obra" (2Tm 3.16-17). O verdadeiro conhecimento de Deus, revelado nas páginas da Bíblia, pelo divino poder de Deus, nos tem doado "todas as coisas que conduzem à vida e à piedade" (2Pe 1.3).

A autoridade e suficiência da Escritura fazem dela uma ferramenta apologética essencial. Somente "a palavra de Deus é viva, e eficaz, e mais cortante do que qualquer espada de dois gumes, e penetra até ao ponto de dividir alma e espírito, juntas e medulas, e é apta para discernir os pensamentos e propósitos do coração" (Hb 4.12). Quando a meta é transformar de verdade os corações das pessoas, temos de empregar as Escrituras.

---

26 Para uma explanação de como o compromisso pressuposicional para com a autoridade bíblica trabalha junto ao apelo secundário para as evidências extrabíblicas, ver, de Nathan Busenitz, *Reasons We Believe* (Wheaton, IL: Crossway, 2008).

A agência: a mensagem tem poder pelo Espírito Santo

A Escritura é o componente essencial da apologética cristã porque seu poder vem todo do Espírito Santo. É a sua Palavra (1 Pe 1.11; 2Pe 1.21; Zc 7.12; At 1.16) e a sua espada (Ef 6.17, cf. com Hb 4.12). Somente o Espírito Santo convence o incrédulo de seu pecado (Jo 16.6-15), abre os que estão cegos para a verdade (1 Co 2.6-16), regenera o coração (Jo 3.5-8; Tt 3.3-7), e, subsequentemente, produz frutos de justiça (Gl 5.22-23). Foi o Espírito que deu poder à igreja nascente (At 1.8), capacitando os crentes a "anunciar, a palavra de Deus com intrepidez" (At 4.31). Como disse Paulo aos Tessalonicenses: "porque o nosso evangelho não chegou até vós tão-somente em palavra, mas, sobretudo, em poder, no Espírito Santo e em plena convicção, assim como sabeis ter sido o nosso procedimento entre vós e por amor de vós" (1 Ts 1.5).

A não ser que o Espírito abençoe o uso de sua palavra para convencer o coração dos pecadores, nenhuma argumentação poderá fazer que alguém realmente abrace e assuma a Cristo.[27] Assim, concordamos com as palavras de Francis Schaeffer que disse: "É importante lembrar primeiro que não podemos separar a verdadeira apologética da obra do Espírito Santo, nem de uma relação viva em oração com o Senhor da parte do crente. Temos de entender que no fim, nossa luta não é contra sangue e carne".[28]

O apologista cristão tem de depender do Espírito de Deus em oração constante, confiando nele para usar sua Palavra e fazer a obra. Com certeza, fazemos o melhor possível para realizar nosso trabalho de modo claro e correto, mas no final, descansamos na realidade de que só Deus transforma os corações. Seu Espírito é o agente divino desta mudança.

A compreensão desta verdade liberta o apologista para se concentrar em apresentar a mensagem do evangelho (e confiar os resultados a Deus), em vez de se distrair com discussões mesquinhas sobre questões secundárias. Conta-

27 Seguindo essas linhas, R. C. Sproul, John Gerstner, and Arthur Lindsley observam: "A objeção mais frequente contra a apologética é que seja um exercício de futilidade, dado o fato de que ninguém jamais argumentou até entrar no reino de Deus. A obra da redenção é obra do Espírito Santo e jamais será realizada pela apologética, por mais convincente que seja" (Classical Apologetics, [Grand Rapids, Acadamie, 1984], 21).

28 Schaeffer, *The God Who is There*, 140-41.

-se a história de um evangelista que dava testemunho a um estudante em um campus universitário. Ao encontrar o evangelista, o estudante imediatamente levantou o que achava ser objeção impossível. Ele exigia prova de que Jonas pudesse ser engolido por um grande peixe e ainda sobreviver. O evangelista não se deteve, mas sabiamente respondeu: "Sabe, podemos conversar sobre isso mais tarde, mas agora, eu quero lhe falar de Cristo". Enquanto o evangelista compartilhava o evangelho, o Espírito moveu o coração do jovem, que foi convencido, arrependeu-se dos pecados e entregou sua vida ao Salvador. Depois, o evangelista perguntou-lhe se ainda queria conversar a respeito de Jonas. Já transformado o coração, o jovem respondeu com palavras simples de fé: "Não, não precisa. Se é o que a Bíblia diz, eu creio". O Espírito havia aberto seus olhos à verdade e despedaçado toda objeção que ele tivera anteriormente.

Podemos ganhar na argumentação porque a verdade sempre pode vender o erro. Mas ainda que tenhamos respondido todas as objeções e perguntas, não poderemos forçar a fé. Só o Espírito Santo concede a fé salvadora ao coração escravizado pelo pecado. A apologética bíblica reflete essa realidade.

A atitude: temos de ser marcados por confiante humildade

Saber que a Palavra de Deus é verdade nos dá confiança. Saber que somente o Espírito Santo transforma o coração nos mantém humildes.[29] Lembrar que, não fosse a sua graça (Ef 2.8-9), ainda estaríamos mortos em nossos pecados (Ef 2.1-3) nos ajuda a confrontar os perdidos com amor e cuidado. Assim, proclamamos a verdade sem concessões, mas não sem compaixão. Ainda que a mensagem seja uma ofensa para eles (1 Co 1.23) o apologeta tem de cuidar para não ser pedra de tropeço por sua própria petulância ou espíri-

29 Humildade não significa falta de confiança. Discordamos fortemente com aqueles que igualam a humildade à falta de certeza quanto ao evangelho. Eis um exemplo de uma abordagem com a qual discordamos: "Nós, cristãos, cremos que Deus nos deu o privilégio de ouvir e abraçar as boas novas, receber a adoção em sua família, e filiarmo-nos à igreja... Acima de tudo, cremos que nos encontramos com Jesus Cristo... no entanto, pelo que sabemos, podemos estar errados quanto a algum ou todos os aspectos disso, e teremos de assumir tal possibilidade. Sendo assim, o que nós dissermos ou fizermos tem de ser feito com humildade (John G. Stackhouse, *Humble Apologetics* [Nova York: Oxford University Press, 2002], 232).

to litigioso. "Afinal, porque o evangelho pode ser ofensa em alguns aspectos (porque, para começar, presume que todo ser humano é pecador), aqueles que pregam e defendem o evangelho não devem ser contenciosos".[30]

Ao mostrar amor aos perdidos, o evangelista imita o exemplo de Cristo que, "vendo uma grande multidão compadeceu-se deles, porque eram como ovelhas que não têm pastor" (Mt. 9.36; Mc 6.34). A resposta de Jesus era imediatamente evangelística. "E, então, se dirigiu a seus discípulos: A seara, na verdade, é grande, mas os trabalhadores são poucos. Rogai, pois, ao Senhor da seara que mande trabalhadores para a sua seara" (Mt 9.37-38).

O apóstolo Paulo deu semelhante instrução a Timóteo quanto ao modo de confrontar o erro na igreja:

> *Ora, é necessário que o servo do Senhor não viva a contender, e sim deve ser brando para com todos, apto para instruir, paciente, disciplinando com mansidão os que se opõem, na expectativa de que Deus lhes conceda não só o arrependimento para conhecerem plenamente a verdade, mas também o retorno à sensatez, livrando-se eles dos laços do diabo, tendo sido feitos cativos por ele para cumprirem a sua vontade.* (2Tm 2.24-26)

O apóstolo Pedro, semelhantemente, instruiu seus leitores a estar sempre prontos com sua defesa, "com mansidão e temor" (1 Pe 3.15). Nas duas passagens, a abordagem apologética era marcada por uma disposição graciosa, respeitosa e paciente, tendo em vista a transformação do coração na vida do descrente.

Ao mesmo tempo, temos de notar que existe clara distinção entre aqueles que estão sinceramente enganados (devendo estes ser tratados com compaixão) e os que ativamente enganam a outros (e devem ser fortemente denunciados). Os autores do Novo Testamento condenavam abertamente os falsos mestres, admoestando os crentes a se afastarem daqueles fornecedores do mal. Jesus advertiu seus discípulos: "Acautelai-vos dos falsos profetas, que

30 James E. Taylor, *Introducing Apologetics* (Grand Rapids: Baker Academic, 2006),

se vos apresentam disfarçados em ovelhas, mas por dentro são lobos roubadores" (Mt 7.15). Paulo disse aos Gálatas: " Mas, ainda que nós ou mesmo um anjo vindo do céu vos pregue evangelho que vá além do que vos temos pregado, seja anátema" (Gl 1.8). Pedro descreveu os falsos mestres assim: "Com eles aconteceu o que diz certo adágio verdadeiro: O cão voltou ao seu próprio vômito; e: A porca lavada voltou a revolver-se no lamaçal" (2 Pe 2.22). De maneira semelhante, Judas os descreveu como: "Estes, porém, quanto a tudo o que não entendem, difamam; e, quanto a tudo o que compreendem por instinto natural, como brutos sem razão, até nessas coisas se corrompem" (Jd 10). João avisou seus leitores para que evitassem qualquer associação com falsos mestres: "Se alguém vem ter convosco e não traz esta doutrina, não o recebais em casa, nem lhe deis as boas-vindas. Porquanto aquele que lhe dá boas-vindas faz-se cúmplice das suas obras más" (2Jo 1.10-11).

Desse modo, o Novo Testamento faz uma clara distinção entre compaixão e comprometimento. Buscamos ganhar os pecadores apresentando a verdade em amor, mas temos de evitar qualquer acomodação a falsos mestres – até mesmo em um esforço de sermos agradáveis. O Novo Testamento jamais equaciona verdadeiro amor à ideia pós-moderna de tolerância. O amor bíblico regozija-se na verdade (1Co 13.6), detesta o mal (Rm 12.9), e anda segundo os mandamentos de Cristo (2Jo 6). Sendo assim, o apologeta cristão aspira equilibrar a compaixão bíblica para com os perdidos com justa indignação contra os que conduzem os outros ao erro.

A pressuposição: os incrédulos já sabem que Deus existe

A Bíblia ensina que os incrédulos já sabem certas realidades espirituais, ainda que "detêm a verdade pela injustiça" (Rm 1.18). O apologista cristão está certo em pressupor que os descrentes já saibam certas verdades, ainda que as neguem. Por exemplo, o descrente crê inatamente que existe um Deus, "porquanto o que de Deus se pode conhecer é manifesto entre eles, porque Deus lhes manifestou" (Rm 1.19, cf. v.21). Embora os ateus digam que não acreditam em Deus, a Bíblia diz que Deus não acredita nos ateus. Deus se revelou a eles de tal modo que, ao negá-lo, eles "são indesculpáveis" (Rm 1.20).

Na criação, Deus deu aos descrentes um testemunho externo de sua glória (Rm 1.20). Assim, "os céus proclamam a glória de Deus" (Sl 19.1), "o mundo e tudo que nele habita" apontam para o Criador (At 17.24), as estações testemunham o seu cuidado e providência (At 14.15-17) e até mesmo o corpo humano é maravilhoso lembrete de seu gênio criador (Sl 139.13-14). A ordem e o projeto do mundo natural, incluindo a sua existência, levam o descrente à inescapável conclusão de que Deus existe. Somente "o insensato diz no seu coração: Não há Deus" (Sl.14.1, cf. Rm 1.22), no entanto, as suas razões para isso são morais e não lógicas (como deixa claro o restante do Salmo 14).

Deus deu aos descrentes um testemunho interno à sua lei moral pela consciência.

O apostolo Paulo chama isso de "norma da lei gravada no seu coração" (Rm 2.15) porque "conhecendo eles a sentença de Deus, de que são passíveis de morte os que tais coisas praticam, não somente as fazem, mas também aprovam os que assim procedem" (Rm 1.32). Junto com o mundo criado que os cerca (e revela a verdade de que Deus é o Criador, Sustentador, Provedor e Projetista), a consciência dentro das pessoas testemunha sobre uma ordem moral transcendente, da qual Deus é Padrão e Juiz supremo (Ec 12.14). Aos seres humanos foi ainda dado um senso do eterno, porque Deus "pôs a eternidade no coração do homem, sem que este possa descobrir as obras que Deus fez desde o princípio até ao fim" (Ec 3.11).

O evangelista recebe grande ajuda em sua missão por causa desses testemunhos sobre Deus. O descrente tem consciência nata do fato de que Deus – o Criador, Sustentador e Juiz do universo – existe. Os descrentes já são cônscios da eternidade e sentem culpa por terem violado sua própria consciência. O testemunho da revelação geral de Deus tornou evidente para eles estas verdades.

Com certeza, a revelação especial da Escritura é necessária para explicar especificamente quem é o Criador e o que ele exige. A mensagem do evangelho é essencial para que o descrente entenda plenamente sua condenação diante de Deus e a sua necessidade da obra salvadora de Jesus Cristo. Os efeitos da depravação e do pecado fazem que o descrente erre nos seus raciocinios e reprimam a verdade (Rm 1.18-22). Apesar disso, o evangelista poderá presumir corretamente que os incrédulos já estão conscientes de algumas verdades fundamentais sobre Deus, porque Deus lhas tornou evidentes.[31]

Em nível prático, quer dizer que não precisamos tomar desvios por argumentos complicados sobre aquilo que os incrédulos já sabem (como a existência ou não de Deus), mas podemos construir sobre aquilo que Deus já tornou evidente a eles, confiando no Espírito Santo para realizar a sua obra.[32]

31 C. Wayne House observa com as seguintes palavras os efeitos da depravação sobre a apologética: "Toda a apologética evangélica concorda que seja total a depravação humana e que o pecado permeou inteiramente cada ser humano. Isso separa homens e mulheres da necessária união com Deus exigida para a vida eterna, também fazendo com que as pessoas tenham raciocínios errados. [Mas] será necessário admitir que o não regenerado, no plano humano, não tenha nada que possa fazer? Certamente não! (Ver House, "A Biblical Argument for Balanced Apologetics: How the Apostle Paul Preached Apologetics in the Acts" em *Reasons for Faith*, Norman Geisler e Chad V. Meister [Wheaton, Ill: Crossway 2007], 60.

32 Isso não significa que seja inútil o esforço apologético de mostrar a razão de se crer em Deus. Pelo contrário, tais esforços ajudam muito para afirmar a fé dos crentes. Porém, com base nos pressupostos bíblicos, para ser um evangelista fiel, não são necessárias detalhadas discussões filosóficas sobre a existência de Deus.

CAPÍTULO 5

Cristo, o Salvador:
Evangelismo como uma Pessoa, não um Plano.

Rick Holland

Grande parte do evangelismo moderno tem se institucionalizado. São apresentados sistemas, passos e resumos de como compartilhar o evangelho, em vez de simplesmente apresentar Jesus às pessoas. Embora o evangelismo bíblico necessite ter certa gravidade teológica, é essencial que o plano não ofusque a pessoa. O evangelista deve sempre lembrar que a essência da mensagem é a Pessoa de Jesus Cristo.

O avião estava lotado e supostamente todos os lugares estariam tomados. Sentado ao lado da janela no voo 747 da *British Airways*, fiquei surpreso porque os dois lugares a meu lado continuavam vazios. Egoisticamente, já pensava em como tornaria aquelas vagas tão caras em uma cama de tamanho *king* para tirar uma boa soneca.

Essa esperança evaporou quando um idoso casal inglês se aproximou daqueles lugares enquanto a porta do avião era fechada. Trocamos saudações polidas e dirigimos a atenção à conhecida clínica de "fechem os cintos". Quando o vídeo de instruções para o voo acabou, tive forte convicção de que deveria compartilhar o evangelho com aquele casal.

Tendo cerca de duas décadas de ministério pastoral com a pregação semanal e ensino da Palavra de Deus, não deveria ter nenhuma dificuldade para iniciar uma conversa evangelística. Mas a verdade era que tive dificuldade para encaminhar a conversa para assuntos espirituais.

Depois de mais de uma hora de conversa fiada em que eu tentava virar o assunto para o evangelho, finalmente eu deixei escapar:

– Os Senhores são crentes?

– Crentes no quê? – perguntou a mulher.

Passei os próximos três minutos apresentando o plano de salvação. Enquanto terminava, silenciosamente eu me congratulava por minha clareza, brevidade e coragem evangelística. Mas isso durou pouco. Eles não tinham o mínimo interesse em falar sobre ir ao céu ou receber perdão dos pecados. Na verdade, o homem fechou a conversa com uma atitude ofendida:

– Senhor, não estamos interessados em discutir religião com você.

As próximas onze horas foram muito chatas, sendo que eu estava sentado à janela do avião sem nenhuma outra saída.

Pensei muito sobre aquele encontro nas próximas semanas e meses. Na verdade, fico pensando nisso até hoje. Por que alguém não estaria interessado no perdão dos pecados, na presença da esperança nesta vida e certeza do céu na vida futura, bem como mil outros benefícios da salvação? Quanto mais eu pensava sobre isso, mais a resposta daquele homem indicava o motivo. Eu me perguntava por que alguém rejeitaria os benefícios da salvação. Eu não perguntava por que alguém rejeitaria o Salvador ou a salvação. Acho que ele estava certo. Minha apresentação do evangelho soava mais como um lance de vendas para uma nova religião do que uma apresentação do Salvador Jesus Cristo que ressurgiu e está vivo.

A SALVAÇÃO SERIA UM PLANO?

Desde criança, ouço a expressão "plano de salvação". Livros, folhetos evangelísticos e pregadores têm organizado os fatos do evangelho e a resposta a ele em forma de um plano. A sistematização dos elementos essenciais do evangelho em uma progressão lógica com certeza é útil. Crentes que desejam ver outras pessoas salvas tipicamente utilizam alguma espécie de apresentação como as "Quatro Leis Espirituais" ou assistem aulas de "Evangelismo Explosivo". Tais abordagens podem oferecer direção para aprender a explicar o evangelho. Elas garantem a inclusão da teologia e dos fatos necessários ao explicar como o pecador pode ser justificado diante de Deus. Contudo, ficando somente neles, poderão causar um mal-entendido não intencional. Acho que isso explica a reação daquele casal no avião. Olhando em retrospectiva, consigo ver onde a maneira que eu explicava o evangelho caiu na ênfase sobre a veracidade bíblica, nas implicações teológicas do plano de Deus de salvar os pecadores, e nos benefícios da salvação. Mas havia alguma coisa no pano de fundo que deveria estar no palco central, algo nas margens que deveria ser primordial, algo apenas mencionado que deveria ser a proclamação mais importante. Esse algo era alguém – Jesus.

Toda apresentação evangélica das Boas Novas explica Jesus. Quem ele é, o que fez na cruz, como buscá-lo como Salvador – são marcas registradas de todo plano autêntico do evangelho. Mas se o evangelho for explicado e entendido apenas como um plano, a resposta poderá ser filosófica e estéril. Quando o evangelho é explicado e entendido como alguém a quem podemos conhecer, a resposta será relacional. Por favor, não rejeite essa mudança de ênfase. Não é errado dizer ao pecador o plano da salvação, porém, estou convicto de que um cuidadoso exame das Escrituras dará nova orientação aos nossos apelos evangelísticos, saindo de dados a serem cridos em direção a um Salvador a ser contemplado. A salvação trata da pessoa de Jesus Cristo, e não apenas de um plano.

COLABORADORES COM DEUS

Em sua última reunião com os discípulos, Jesus lhes disse que, quando viesse o Espírito Santo, ele glorificaria o Filho apontando as pessoas para o Messias (Jo 16.14). O Espírito Santo convence os corações, abre os olhos espirituais, afirma a veracidade das Escrituras e regenera as almas, para que elas se voltem a Cristo para a salvação. O alvo final é que as pessoas se curvem diante de Jesus Cristo como Senhor e Salvador nessa vida para evitar a submissão forçosa na vida eterna.

Deus Pai é consumido com a mesma ocupação que o Espírito Santo – glorificar o Filho. Ele expressou seu prazer com Jesus em seu batismo (Mt 3.13-17). Declarou sua afirmação a Pedro, Tiago e João no Monte da Transfiguração (Mt 17.1-13; Lc 9.35). Não se esqueça do fato de que os milagres realizados por Jesus – aquilo que o tornou mais conhecido durante seu ministério terreno – eram expressões do desejo do Pai de glorificar o Filho. Em uma ocasião, quando Jesus soube que Lázaro estava enfermo, ele disse: "Esta enfermidade não é para morte, e sim para a glória de Deus, a fim de que o Filho de Deus seja por ela glorificado" (Jo 11.4). O mesmo aconteceu no casamento em Caná depois que Jesus transformou água em vinho e "manifestou sua glória" (Jo 2.11).

O Espírito Santo glorifica o Filho fazendo que as pessoas direcionem seu olhar para Jesus; Deus Pai glorifica o Filho afirmando ser somente ele o Redentor que sofreu a morte, ressurgiu, subiu ao céu, e é coroado. Quando nós proclamamos as glórias de Jesus, estamos nos unindo a Deus Pai e Deus Espírito Santo neste empreendimento. Pai e Espírito são inabaláveis em sua dedicação a glorificar a Jesus, e nós somos privilegiados e ordenados a fazer o mesmo.

UM TEXTO ESSENCIAL

O fundamento do evangelismo é descrito de modo objetivo em 1 Pe 2.9 – versículo chave que sustenta nossos esforços evangelísticos.

Pedro escreveu esta breve carta pouco antes da primeira leva de perseguições severas que tragou os cristãos em Roma. Poucos anos mais tarde, o imperador Nero enlouqueceria e apenas assistiria enquanto metade da capital era devorada pelas chamas. Quando os romanos enfurecidos reagiram ao incêndio criminoso de sua cidade amada, Nero encontrou bode expiatório perfeito para seu crime: os cristãos.[1] Contudo, a igreja que se encontrava no Império Romano não estava preparada para enfrentar a fúria de Nero. Não a mereciam e não tiveram nenhuma forma de antevê-la.

Com um coração de pastor, Pedro ansiava ajudar esses cristãos a pensar de maneira correta sobre as provações que sofreriam. Parte do sofrimento

---

1 Este drama é documentado pelo historiador romano Tácito em *Anais*. Verifique também, de Victor Dury, *History of Rome and the Roman People*, vol. 5, org. J. P. Mahaffy (Boston: C. F. Jewett, 1883).

que lhes aguardava seria tão terrível que muitos seriam levados para o céu. Pedro está resoluto quanto a encorajar os crentes que temem pela própria vida. Assim, enquanto as chamas fechavam o cerco sobre os cristãos em Roma, Pedro calmamente os cercava de cuidados, lembrando-os da sua "tão grande salvação" (1 Pe 1.1-12).

Poderíamos esperar que essa epístola estivesse repleta de consolo e encorajamento quanto às provações. Mas, conquanto Pedro ofereça esse encorajamento (1 Pe 2.21-25; 4.12-19), a tônica de sua carta é que eles foram salvos "a fim de proclamardes as virtudes daquele que vos chamou das trevas para a sua maravilhosa luz" (1 Pe 2.9).

Em face de perseguição sem precedentes, Pedro os chamava para a tarefa do evangelismo. Ele lhes lembrou de sua salvação, do salvador, da necessidade de representar a Cristo não obstante o que acontecesse nesta vida (1Pe 1.17). Não estamos apenas promovendo o evangelho, mas sim, o próprio Jesus. Não explicamos apenas a Palavra de Cristo e sim, a Pessoa de Cristo. Envolvemos as pessoas em conversas sobre o que Deus fez por nós por meio de seu Filho. Estamos chamando as pessoas a um novo relacionamento com o Deus vivo encarnado em Jesus. Existimos para glorificar a Cristo, e quando o fazemos, estamos imitando o Espírito Santo e a Deus Pai.

AS EXCELÊNCIAS QUE PROCLAMAMOS

Pedro lembrava a Igreja situada no Império Romano que parte de ser cristão é viver uma vida que, figurativamente, alça estandartes onde estão inscritas as virtudes de Jesus Cristo. Os cristãos não devem ser intimidados ou perturbados (1 Pe 3.14), ao invés disso, devem prosseguir em sua vida, proclamando a esperança que possuem em Jesus Cristo, com gentileza e reverência. À medida que esses jovens cristãos se dispunham a cumprir o ensino de Pedro, ele lhes entregava esses estandartes que deveriam expor.

Jesus, a pedra fundamental humana (1 Pe 2.6-7)

É intrigante a analogia da pedra fundamental. Essa pedra funcionava como encontro das duas paredes que eram unidas na esquina, sendo assim chamada de *pedra de esquina*. Era o ponto de partida de qualquer projeto de construção, a pedra pivô de qualquer casa. Se fosse colocada inadequadamente, toda a estrutura seria afetada. Pedro usou isso como figura da proclamação do evangelho, mostrando que o modo como vivem os cristãos, requer que Jesus seja a pedra angular. Vivendo assim, a pessoa é eternamente estável e não se abalará. No evangelismo, os crentes proclamam as excelências desta pedra angular a todos quantos quiserem ouvir.

Jesus, pedra viva (1 Pe 2.4-5)

Para Pedro, o evangelho era simples: pregar a Jesus Cristo. É exatamente o que ele faz, proclamando Jesus como pedra viva. Por exemplo, ele escreve sobre "a Palavra de Deus que vive e permanece eternamente" (1 Pe 1.23) e então descreve Jesus como a "pedra que vive" (1 Pe 2.4). Há um maravilhoso paralelo entre a Palavra de Deus escrita e a Palavra de Jesus encarnada. Porque o próprio Jesus é autor e substância da Escritura, ele é também o objetivo de sua revelação.

Pouco tempo depois de sua ressurreição, Jesus caminhou de Jerusalém para Emaús (vilarejo cerca de catorze quilômetros de distância de Jerusalém) e, no caminho, encontrou dois discípulos. Enquanto a discussão se desenrolava sobre os eventos do final de semana anterior, Jesus virou a conversa para ele mesmo, explicando, a partir de "todas as Escrituras", a sua morte, ressurreição e exultação (Lc 24.27). Pedro aprendeu bem essa lição e ficou claro para ele que o objeto de toda a Escritura é o próprio Jesus. Sendo assim, ele lembrou seus companheiros crentes que Jesus é o objeto, o alvo, o prêmio, a atração, a fonte, o desejo e a doçura de sua fé que está arraigada nas Escrituras.

Chamar Jesus de pedra viva traria a Pedro lembranças doces e amargas. Apenas trinta anos antes, Jesus havia perguntado: "Quem diz o povo ser o Filho do Homem?" (Mt 16.13). Depois de algumas respostas populares, Pedro havia respondido: "Tu és o Cristo, o Filho do Deus vivo" (Mt 16.16). Em resposta, Jesus disse-lhe "Tu és pedra" (16.18) e isso marcou a mudança do nome Simão para Pedro.

No entanto, quando escreveu a cristãos atemorizados por suas vidas, Pedro chamou a Jesus de Pedra – não a ele. Mas Jesus não é apenas uma pedra qualquer. Devido à ressurreição, ele é a "Pedra que vive". Só ele oferece esperança na morte, pois só ele a conquistou. Ele é a pedra que define tudo, essencial para a edificação da vida cristã à qual fomos chamados para viver e proclamar.

Jesus: uma pedra rejeitada (1 Pe 2.7)

Junto com o fato de ser Jesus a Pedra viva, ele sofreu a tragédia de ser a pedra rejeitada. Pedro continua, dizendo "rejeitada, sim, pelos homens, mas para com Deus eleita e preciosa" (1 Pe 2.4). No ponto mais baixo da história humana, as pessoas rejeitaram que Jesus fosse o Messias, negaram ser ele o Salvador, atacaram suas afirmações de divindade.

A rejeição de Jesus tinha sido profetizada no Antigo Testamento (Is 8.14), predeterminada por Deus Pai (Sl 118.22-23), e testemunhada por Pedro (At 4.1-12). Essa rejeição aconteceu durante toda a sua vida, mas teve expressão máxima na crucificação. A cruz foi o clímax da rejeição de Jesus por parte do homem. E, mesmo quando Pedro escrevia essas palavras, percebia que tal rejeição era contínua.[2] Na verdade, ainda hoje, quando proclamamos as virtudes de Cristo, alguns a consideram loucura. A estas pessoas, ele continua sendo pedra de tropeço.

Isaías profetizou a rejeição de Cristo cerca de setecentos anos antes de seu nascimento (Is 8.14). Citando Isaías, Pedro explica que sempre haverá quem seja "desobediente" (1 Pe 2.7,8; 3.20) e escolha não edificar a vida sobre a pedra fundamental. Devido a tal recusa, eles enxergam Jesus como "Pedra de tropeço e rocha de ofensa" (1 Pe 2.8). Até nisso são vistas as belezas de Jesus – ele é a pedra fundamental sobre a qual ninguém poderá desviar. Ninguém se esquiva dele.

A mensagem do evangelho é fator determinante na vida de toda pessoa. O evangelismo confronta as pessoas com as excelências de Cristo, convidando-as para ver que o evangelho está no centro de seu destino eterno, e no centro do evangelho está Jesus Cristo. Jesus Cristo é o Grande Inevitável. Ou nós o encontramos agora em sua graça, ou no futuro, no final da jornada da

---

2 Observe o tempo perfeito no grego de 1 Pedro 2.4, expressando ação passada com resultados que continuam. Ver, de Karen H. Jobes, *1 Peter*, BEC (Grand Rapids: Baker Academic, 2005), 152–57.

vida. Então, ele não será uma pedra, mas um muro impenetrável o qual não poderemos dar a volta. O Pastor Leonard Goppelt disse o seguinte:

> *Cristo está disposto no caminho da humanidade em seu curso para o futuro. No encontro com ele toda pessoa é mudada: uma para a salvação, outra para a destruição... Não se pode apenas pular acima de Cristo ou continuar na rotina diária e passar de largo para construir um futuro. Aquele que depara com ele não tem como escapar de ser transformado pelo encontro: ou passa a ver e torna-se "pedra viva", ou tropeça sobre Cristo como um cego e cai em ruína.*[3]

Aos que recusam crer que Jesus é o caminho, ele é inconveniente, inoportuno, frustrante, causa de desdém e até mesmo de raiva. As pessoas rejeitam a Cristo desobedecendo a Palavra que aponta para ele como Senhor e Salvador. Caem com a pedra de tropeço.

A rejeição suportada por Cristo é um modelo a seguir por parte dos que são desprezados por sua fé, rejeitados pelas pessoas, mas que acabarão eventualmente vindicadas pela ressurreição, mediante o poder dele. Somente aqueles que não rejeitam a Cristo experimentarão a promessa de ressurreição e se qualificarão como "pedras vivas".

Jesus: pedra eleita e preciosa (1 Pe 2.6)

Depois de mostrar como o mundo rejeita a Jesus, Pedro faz o contraste entre como Deus enxerga seu próprio Filho. Enquanto as pessoas rejeitam a Jesus, ele permanece Pedra escolhida e preciosa para Deus. Ao chamar Jesus de pedra escolhida, Pedro indica que Deus selecionou e marcou especificamente a Jesus para trazer a salvação aos pecadores. Chamando-o de precioso, Pedro mostra como Jesus era verdadeiramente querido e precioso para o Pai, mais precioso para o Pai do que para qualquer pecador, contudo, Deus o sacrificou para redimir gente pecadora – algo que jamais conseguiremos compreender.

---

3 Leonhard Goppelt, *A Commentary on 1Peter*, org. Ferdinand Bahn, trad. John E. Aslup (Grand Rapids: Eerdmans, 1993), 144, 146.

Tenho três filhos, e amo a cada um imensuravelmente, mas o Pai, considera a Jesus como precioso em grau infimamente maior. Apesar das atitudes conflitantes que o mundo tem quanto a Cristo, Deus enviou seu Filho para morrer até mesmo por aqueles que o rejeitaram.

Pedro nos encoraja a considerar Jesus como precioso, valorizar Cristo porque jamais seremos decepcionados por ele em nossa fé. Ele se refere ao profeta Isaías para reforçar o que escreveu: "Eis que eu assentei em Sião uma pedra, pedra já provada, pedra preciosa, angular, solidamente assentada; aquele que crer não foge" (Is 28.16). Pedro fez uma aplicação dessa promessa aos crentes do primeiro século, garantindo assim que eles jamais seriam desapontados.[4] Isso implica que os cristãos têm de ser ousados e destemidos na propagação das excelências de Cristo. Não devemos nos envergonhar nem agora nem no futuro. Mesmo em nossa morte, a fé será vindicada.

É possível amar as coisas que cercam Jesus Cristo sem amar o próprio Jesus. Uma pessoa pode amar doutrina, sistemas teológicos, até mesmo o ministério, sem amar a Cristo. Mas para aqueles que verdadeiramente pertencem a ele, Jesus é precioso. É por isso que o evangelista proclama Cristo e não modificação comportamental. Por isso é que nossa santificação está ligada ao amor por Cristo e não em nossa própria justiça.

JESUS, NOSSA RESSURREIÇÃO

Jesus e os crentes têm algo em comum: Pedro nos chama de "pedras vivas" sendo ativamente construídas para a adoração de Cristo. Ele descreve nossa nova natureza com a mesma palavra que usa para descrever a natureza de Cristo; ambos estamos "vivendo". Jesus vive porque ressuscitou da morte, e nossa natureza – embora outrora morta nos pecados – agora vive pela vida de Cristo.

A vida que Pedro atribui aos crentes vem da ressurreição de Jesus. Porque ele ressurgiu, abriu o caminho para a ressurreição daqueles que creem nele. A morte foi vencida. Para nós, a morte não é o fim, mas o corredor onde entramos para a eternidade com o Salvador. É isso que

4 Pedro usa a partícula negativa mais forte no grego para afirmar essa promessa, "[illegible]. μ." (ou me).

tanto nos atrai a Jesus: embora ele tenha sido assassinado, ainda vive. Sua ressurreição é fonte constante de esperança para nosso maior medo: a morte. Se esse temor foi removido, vivemos a vida conforme ele a viveu: sem temor. Isso muda tudo: valores, decisões, alvos, relacionamentos, significado e evangelismo. Aguardamos a redenção de nossos corpos, sem maximizar o prazer desses corpos. Jim Elliot estava certo ao dizer: "Não é tolo quem dá aquilo que não pode guardar para preservar aquilo que não poderá jamais perder".[5] Lembro-me claramente de quando perguntaram o que eu tinha que o dinheiro não podia comprar e a morte não podia retirar? A resposta é Jesus e a ressurreição por ele oferecida. A nossa ressurreição foi garantida, portanto, devemos evangelizar como alguém que acredita nisso.

Jesus morreu e ressurgiu da morte. Este é o fundamento de nossa evangelização. Todo o evangelho repousa sobre a questão de Jesus ter ressuscitado da morte ou não. Paulo desenvolve essa teologia em sua carta à igreja que lutava em Corinto, cidade repleta de ideias filosóficas que consideravam a ressurreição demasiadamente fantasiosa. Em 1 Coríntios 15, Paulo estabelece que: se for impossível a ressurreição, então Cristo ainda estaria morto, e nossa fé seria em vão. Se isso fosse verdade, nossa pregação seria fútil, nossa fé sem valor, nosso arrependimento nulo, nosso Deus mentiroso, crentes que morreram estariam eternamente perecidos, nosso futuro seria lastimável e, certeira a nossa morte espiritual. Contudo, "de fato, Cristo ressuscitou dentre os mortos, sendo ele as primícias dos que dormem" (1 Co 15.20). Ele ressurgiu e é isso que nós pregamos. Proclamamos que a morte não é o fim. Somos testemunhas pessoais, confiantes e santas de que Cristo ressuscitou, conquistando a morte e nos livrando do pecado. O medo maior, que tem enganado todos os homens, foi destruído, e agora, todo crente pode dizer: "Onde está, ó morte, a tua vitória? Onde está, ó morte, o teu aguilhão?" (1 Co 15.55).

O veneno da morte é neutralizado pela ressurreição de Cristo. Essa é a essência da excelência de Cristo.

---

5 Entrada no diário de Jim Elliot de 28 de outubro, 1949. Ver Elisabeth Elliot, org. *The Journals of Jim Elliot* (Old Tappan, NJ: Fleming H. Revell Company, 1978), 174.

UM SACERDÓCIO DE ADORADORES

Qualquer que vivesse em Israel no tempo de Jesus saberia a respeito do Templo de Herodes em Jerusalém, local central para orações, sacrifícios e comunhão com Deus da parte dos judeus.

Todos conheciam sua beleza e esplendor, e entendiam seu significado e sua importância. Portanto, Pedro usou essa imagem vívida como metáfora de Cristo, da igreja, e o papel daqueles que creem.

No templo, havia sempre um sacerdócio, cuja responsabilidade era simplesmente representar Deus ao povo e o povo diante de Deus. Mas na Nova Aliança, os crentes são o sacerdócio santo. Representamos Deus ao povo por meio do evangelismo, e representamos as pessoas diante de Deus mediante nossas orações. Somos o local da presença de Deus e somos sacerdotes de Deus. Somos habitação do próprio Espírito de Deus. Nossa atividade espiritual diária é "oferecerdes sacrifícios espirituais agradáveis a Deus por intermédio de Jesus Cristo" (1 Pe 2.5). Os sacrifícios espirituais que oferecemos são nosso serviço de adoração, o culto a Cristo (Rm 12.1). A maior necessidade de qualquer coração humano é a de ser aceito por um Deus santo, todo poderoso e irado. Somos aceitos quando oferecemos o sacrifício por meio do Salvador.

A mensagem que proclamamos é dominada por esse pensamento. Em nosso evangelismo, oferecemos às pessoas um novo objeto de adoração. Chamamos as pessoas a deixar seus ídolos, que só podem oferecer satisfação temporária, e substituí-los pelo culto ao Deus Trino, cuja presença está cheia de alegria e prazeres eternamente (Salmo 16.11). As pessoas se esforçam tanto para tornar a vida sobre a terra como um céu, mas aqui nunca será o céu. Nenhum ídolo consegue trazer o céu para a terra. O evangelismo dá a oportunidade de entrar no mundo do descrente e oferecer-lhe um vislumbre do céu mediante o relacionamento com Jesus. A cruz possibilita tal vislumbre para todo que quiser crer. Somos sacerdócio santo, oferecendo culto santo mediante a cruz para o prazer de Jesus.

Martinho Lutero destacou a doutrina do sacerdócio de todo crente a partir desse texto. Ele cria corretamente que todos os crentes possuem acesso igual diante de Deus como seus sacerdotes.[6] Mas, com o privilégio de acesso sacerdotal, vem a responsabilidade de sermos evangelistas e intercessores. Estamos proclamando Deus às pessoas ao nosso redor. Estamos juntando dois partidos hostis, implorando que os rebeldes aceitem os termos de paz do Rei contra o qual eles cometeram atos de traição. Demonstramos a atração dessa oferta de paz ao destacarmos a beleza do próprio autor, o Príncipe da Paz (Is 9.6), Jesus Cristo, que se tornou nossa paz pessoal (Ef 2.14). Pela cruz, fomos adotados e somos raça santa. Essas são as suas excelências e essa é a nossa mensagem. Ele é nossa mensagem.

ADOTADOS PARA A VIDA

A adoção é um dos atos mais bondosos e compassivos que uma pessoa pode ser capaz. Pais que adotam são admiráveis, e as pessoas os respeitam por seu sacrifício. Na verdade, no império romano, os cristãos muitas vezes adotavam crianças que haviam sido "expostas". Crianças indesejadas, principalmente meninas, eram deixadas pelos pais nos altos das colinas ou nas soleiras das portas de casas, e quem quisesse poderia pegar essas crianças. A maioria era adotada por prostitutas, donos de escravos ou treinadores de gladiadores, em cada um desses casos, visando algum lucro financeiro.[7] Os cristãos começaram a salvar essas crianças, e adotando-as, criavam-nas no conhecimento do Senhor. Até os dias atuais continua essa tradição, arraigada na mensagem de que nós fomos adotados por Deus.

Paulo diz que Deus "nos predestinou para ele, para a adoção de filhos, por meio de Jesus Cristo, segundo o beneplácito de sua vontade" (Ef 1.5), e João escreve que "a todos quantos o receberam, deu-lhes o poder de serem feitos filhos de Deus, a saber, aos que crêem no seu nome" (Jo 1.12). É essa a imagem que Pedro quer trazer à mente de seus leitores. Ele deseja consolar

---

6 *De captivitate Babylonica ecclesiae praeludium* [Prelúdio Concernente ao Cativeiro Babilônico da Igreja] Weimar Ausgabe 6, 564.6. Para mais a respeito do entendimento de Lutero quanto a este conceito, ver Norman Nagel, "Luther and the Priesthood of All Believers," *Concordia Theological Quarterly* 61 (Outubro 1997).

7 Everett Ferguson, *Backgrounds of Early Christianity*, 3rd ed. (Grand Rapids: Eerdmans, 2003), 80.

e encorajar cristãos que estão com medo, que sentem que seus direitos como romanos foram extirpados depois de sua conversão. Pedro lembra-lhes que eles foram escolhidos por Deus desde antes da eternidade, ainda que suas vidas na atualidade estejam cheias de sofrimento e dor.

Os cristãos são povo escolhido de Deus. Lembrem que Pedro escreveu a um grupo misturado de crentes, tanto judeus quanto gentios. Ele emprega essa linguagem incrível sobre o relacionamento com Deus emprestado da intimidade que o Senhor tinha com o povo de Israel. É um eco que ressoa de Isaías 43, onde Deus anunciou que ele mesmo é o salvador de Israel, e declarou que livraria seu povo do cativeiro da Babilônia. "Assim diz o SENHOR, que te criou, ó Jacó, e que te formou, ó Israel: Não temas, porque eu te remi; chamei-te pelo teu nome, tu és meu" (43.1).

Mais que isso, a linguagem empregada por Pedro nos transporta de volta na história de Israel até o período do êxodo. Especificamente, essa linguagem nos transporta ao tempo quando Deus fez uma aliança com Israel, chamando-os de povo da Aliança, se eles o obedecessem continuamente. Em Êxodo 19.5-6, Moisés documenta a promessa de Deus a Israel:

> *Agora, pois, se diligentemente ouvirdes a minha voz*
> *e guardardes a minha aliança, então,*
> *sereis a minha propriedade peculiar dentre todos os povos;*
> *porque toda a terra é minha;*
> *vós me sereis reino de sacerdotes e nação santa.*
> *São estas as palavras que falarás aos filhos de Israel.*

Pedro importou essa promessa e aplicou-a a seu auditório, lembrando que eles estão incluídos entre o povo escolhido de Deus. Sendo assim, eles são uma nação santa, ordenados a funcionar como sacerdócio real mediando Deus, em Cristo, às nações.

Possessão de Deus

Não somos apenas sacerdotes e povo escolhido; somos também uma "nação santa" (1 Pe 2.9). A igreja consiste do povo santo de Deus, estabelecido como luz neste mundo. Os cristãos são cidadãos de outro mundo – mundo de justiça e retidão, e nosso Rei nos conclama à obediência e aliança. Paulo motiva os filipenses a esse sentimento quando escreve: "Pois a nossa pátria está nos céus, de onde também aguardamos o Salvador, o Senhor Jesus Cristo" (Fp 3.20).

A nossa proclamação inclui um chamado para a santidade, e explica o processo de santificação. A vida santificada é a única prova de que a alma foi salva. Temos de desenvolver a nossa salvação com temor e tremor (Fp 3.12), perseguindo conformidade à imagem de Cristo para a qual fomos predestinados (Rm 8.29). Temos de morrer para o pecado e viver para a justiça. É um propósito vivo pelo sofrimento de Jesus na cruz (1Pe 2.24). A mensagem é simples: Deus nos tem doado tudo que é necessário para a vida e a santidade (2 Pe 1.3) e essa espécie de vida resulta naturalmente em toda pessoa que pertence a Deus (1 Pe 2.9).

Que figura linda – pertencer a Deus! Novamente, Pedro nos transporta de volta ao Antigo Testamento, ao tempo de Oséias, quando Deus prometeu: "Desposar-te-ei comigo para sempre; desposar-te-ei comigo em justiça, e em juízo, e em benignidade, e em misericórdias... Semearei Israel para mim na terra e compadecer-me-ei da Desfavorecida; e a Não-Meu-Povo direi: Tu és o meu povo! Ele dirá: Tu és o meu Deus!" (Os 2.19-23).

Não entenda mal sua preciosidade para Deus como crente em seu Filho. Você é agora filho de Deus. Se ele entregou sua possessão mais preciosa por amor de você, com certeza ele proverá tudo o mais de que você precisa como seu filho ou sua filha (Rm 8.32). Deus não se envergonha de ser chamado de nosso Deus (Hb 11.16) e Jesus não se envergonha de ser chamado de nosso irmão (Hb 2.11), tudo porque somos sua possessão – pertencemos a ele. É o que precisamos pregar a um mundo carente de companheirismo e aceitação. Que melhor amigo haveria, senão Jesus Cristo?

VASOS DE MISERICÓRDIA

A disciplina faz parte da maioria das famílias. Não deve ser surpresa que meus filhos frequentemente requeiram disciplina. Mas de vez em quando, ao invés de demonstrar justiça mediante a disciplina, eu estendo a eles misericórdia. Eles se comprazem mais na misericórdia do que na disciplina, até a ponto de, chegando o momento da disciplina, geralmente implorarem: Papai, misericórdia! De modo singelo, isso mostra o clamor de todo coração diante de um Deus santo. A boa nova da salvação é que em Jesus, em vez de Deus usar a justiça, ele mostra misericórdia.

A misericórdia é o outro lado da graça. A graça nos dá aquilo que não merecemos, enquanto a misericórdia não nos dá aquilo que merecemos. Todos os benefícios acima descritos são possibilitados somente pela misericórdia que recebemos. Pedro começou sua carta bendizendo a Deus pela misericórdia estendida aos pecadores (1 Pe 1.3). Continuou, referindo-se à bondade do Senhor e usando isso como convite para nos achegarmos a Jesus (1Pe 2.3).

Quando Paulo quis destacar a misericórdia de Deus, disse que ele era rico em misericórdia (Ef 2.4). Deus não foi sovina ao derramar misericórdia sobre aqueles que dela necessitam. De fato, Paulo chama a Deus de "Pai de misericórdia" (2 Co 1.3). Essa misericórdia não para com a salvação, mas continua por toda a vida do cristão. Por esta razão, o autor de Hebreus insta para que nos "acheguemos confiadamente, junto ao trono da graça, a fim de recebermos misericórdia e acharmos graça para socorro em ocasião oportuna" (Hb 4.16). Deus é um Deus tão misericordioso que o local onde ele está presente irradia misericórdia. E essa misericórdia é o que proclamamos porque ela afetou nossa identidade de maneira radical.

Existe uma transformação radical e gigantesca na pessoa que entregou sua vida a Cristo. Nosso destino mudou do inferno para o céu. Nossa natureza mudou de filhos da ira para filhos de Deus. Nosso propósito mudou de viver para si mesmo para viver para o Senhor. Reconhecemos que apenas por misericórdia fomos chamados das trevas para a sua maravilhosa luz. Fomos arrancados do pecado, de Satanás e do inferno para um reino de paz, luz e justiça. Estamos a caminho do céu. Isso dá a motivação bem como o conteúdo de nosso evangelismo. Temos o privilégio de contar a outros o que Deus fez em nossa vida.

A misericórdia de Deus se estende a indivíduos – é pessoal. Ele me escolheu, ele me santificou, ele me salvou. O evangelho é uma mensagem pessoal porque a misericórdia de Deus é pessoal. E tudo sobre a cruz grita misericórdia! Ele nos transforma em vasos redimidos da misericórdia divina.

O EVANGELHO É UMA PESSOA

Tudo se resume nisto: nossa mensagem é uma pessoa. Proclamamos uma pessoa, não um dogma, um regulamento ou uma religião. Nossa mensagem é uma conversação tendo em seu centro um indivíduo. Estamos falando de Jesus. Estamos louvando a Jesus. Exaltamos a Jesus.

Em Colossenses 1.28 Paulo resume o propósito de seu ministério na simples declaração: sobre ele pregamos. Com ênfase, ele muda o pronome pessoal à frente de sua profissão. A importância está em Jesus em sua mensagem evangelística. Se você não estiver proclamando a beleza de Cristo em sua apresentação do evangelho, está perdendo o ponto principal do evangelho. O evangelho trata de uma pessoa e o relacionamento que temos com essa pessoa. Rejeitar o evangelho é rejeitar essa pessoa (Mt 7.21-23).

Toda vez que começamos uma conversa evangelística pedimos que as pessoas "considerem a Jesus" (ver Hb 3.1). Entendido de forma correta, isso simplifica bem o evangelismo. Não é um exagero de simplificação dizer que evangelismo fiel nada mais é do que explicar tudo que é excelente sobre Jesus e o que ele fez por aqueles que creem nele. O plano de salvação é a pessoa de Jesus Cristo. Temos de apresentar os pecadores àquele que morreu por eles para salvá-los de seus pecados. A única esperança que temos é o evangelho. E Jesus Cristo é esse evangelho.

CAPÍTULO 6

ABRIR MÃO DO LUCRO:

TODAS AS COISAS PARA TODAS AS PESSOAS

JOHN MACARTHUR

A instrução de Paulo sobre evangelismo em 1 Coríntios 9 conclama os cristãos a abrir mão de suas liberdades por causa de seu testemunho ao mundo. Enquanto o mantra de contextualização chama os crentes a se conformarem ao mundo para que o evangelho pareça mais relevante, o verdadeiro evangelismo requer separação disciplinada. Arraigados em amor, os cristãos devem abrir mão de seus desejos pessoais a fim de ganhar almas.

Muito do treinamento moderno de evangelismo enfoca, erroneamente, a técnica. Há uma tendência de um evangelismo reducionista, como se ele fosse pouco mais do que uma pequena série de proposições básicas, que induzisse as pessoas a concordar com quaisquer dessas proposições que sejam aceitáveis. São oferecidas aulas, livros são escritos, cursos são desenvolvidos que consistem em pouco mais que métodos de conversação e monólogos memorizados. A ideia subjacente é que a pessoa aprende a ser melhor evangelista usando determinada técnica ou lembrando certa fórmula.

É claro que o abuso mais óbvio dessa abordagem errônea do evangelismo é vista naqueles que acham que o evangelista tem de viver conforme a cultura a fim de ganhá-la. É a pior espécie de reducionismo, porque assume demais para o mensageiro bem como, invariavelmente, inclina e deturpa a mensagem. Os que acreditam que a chave do evangelismo bem sucedido está em familiarizarmo-nos com o mundo, inevitavelmente, estarão reduzindo a mensagem ou obscurecendo sua clareza para torná-la mais palatável ao mundo que estão tentando imitar.

Os evangelistas da Bíblia eram totalmente contra as culturas vigentes. Não se tornaram parte da cultura, antes, fizeram o contrário daquilo que a cultura exigia. João Batista, claro, é o exemplo mais destacado de um radical totalmente diferente, mas outros profetas também exemplificam bem tal tradição. Vestiam-se de modo diferente, muitas vezes comiam de maneira diferente, tinham comportamento bizarro e eram totalmente diferentes do mundo a seu redor. Na verdade, o modelo no Novo Testamento é que os cristãos sejam marcados por santidade, que os tornaria diferentes em tudo da cultura em que estavam inseridos – não iguais a ela (2Co 6.7).

PAULO: EVANGELISTA MODELO

O exemplo estelar de evangelismo no Novo Testamento está na vida do apóstolo Paulo. Evangelismo pulsava em seu coração e sua vida. No final de seu ministério, o evangelho havia lançado igrejas gentílicas por todo o império romano, e quase todo gentio convertido podia traçar a mensagem de volta à pregação de Paulo. O que o tornou tão efetivo em evangelizar os perdidos? Há pelo menos sete explicações para isso.

Mensagem certa

Paulo era evangelista efetivo porque se mantinha em uma mensagem certa. Na verdade, 2Timóteo 4.17 diz que o Senhor fortaleceu a Paulo para que, em seu evangelismo, o evangelho fosse proclamado "plenamente, com inteireza". Paulo estava claramente ligado à verdade, não tolerando qualquer variação na mensagem proposta (2Co 11.4; Gl 1.7). Uma das razões pelas quais as pessoas não surtem efeito em sua evangelização é que elas estão incertas quanto ao conteúdo do evangelho.

Motivo urgente

Paulo sabia que todas as pessoas eventualmente terão de comparecer perante o trono de juízo de Cristo para prestar contas do que fez nesta vida.

Paulo entendia que as pessoas receberiam um galardão por sua fidelidade na vida cristã (2 Co 5.10). Noutras palavras, ele sabia que daria contas de sua vida e seu serviço. Por esta razão ele disse que o amor de Cristo o constrangia a gastar a vida em busca dos que estão perdidos (2 Co 5.14). Observe que imediatamente após descrever esse julgamento para recompensas, escreveu que à luz desse julgamento ele teria como alvo "persuadir os homens" quanto à verdade de Jesus (2 Co 5.11). Era motivado ao evangelismo porque entendia que seria galardoado pela maneira que vivia.

Chamado divino

Paulo exclamou: "Ai de mim se eu não pregar o evangelho!" (1 Co 9.16). Sabia que Deus o chamara para proclamar o evangelho aos outros e essa necessidade era uma responsabilidade que tinha. Deus enviara Paulo a levar o evangelho aos gentios, e tinha, portanto, um senso divino de seu chamado de evangelizar.

Ansiosa ousadia

Ao examinar a si mesmo, Paulo concluiu: "não me envergonho do evangelho, porque é o poder de Deus para a salvação de todo aquele que crê, primeiro do judeu e também do grego" (Rm 1.16). Essa ousadia tremenda o fez proclamar: "Para mim, o viver é Cristo, e o morrer é lucro" (Fp 1.21). Ele tinha confiança em seu Salvador, e essa confiança produziu coragem em seu evangelismo.

Andar no Espírito

Paulo dependia do poder e direção do Espírito Santo. Estava constantemente cheio do Espírito Santo (Ef 5.18), conhecia a realidade de ter a mente cheia do conhecimento da vontade de Deus (Cl 1.9). Não havia pecado não arrependido na vida de Paulo que pudesse entristecer o Espírito, porque estava sempre submisso à vontade de Deus (1 Ts 5.19). Começando em Atos 13.2, quando o Espírito Santo disse: "Separai-me, agora, Barnabé e Saulo para a obra a que os tenho chamado" até o seu eventual martírio, Paulo sempre experimentou o poder do Espírito Santo.

Deliberada estratégia

A estratégia de Paulo pode ser vista em Atos 18, onde descreve sua chegada a Corinto. Primeiro ele foi para a sinagoga, porque era judeu e seria aceito ali. Com sua pregação, alguns se converteram a Cristo e com ele se tornaram uma equipe de coevangelistas para alcançar a comunidade gentílica. Utilizou o mesmo modelo judeu-gentio de forma comum e com grande efeito. Algumas pessoas acham que depender do Espírito significa não ter planos ou estratégias, mas Paulo tratava seu evangelismo estrategicamente e de maneira deliberada.

Desejo resoluto

Paulo vivia como se tivesse uma dívida para com todo descrente. Sentia-se devedor por conhecer aquilo que eles precisavam tanto conhecer. Via os descrentes como pessoas que estavam indo para a destruição, e conhecia o que poderia mudar totalmente o destino que eles tinham. No mínimo, ele lhes devia a mensagem da salvação. Paulo evangelizava como um homem desejoso de quitar uma dívida.

Estas sete breves explicações mostram o amplo espectro do que tornava Paulo um evangelista tão efetivo. Por trás dessas razões, contudo, há ainda um princípio de importância vital que o apóstolo ensinou aos coríntios. Este princípio governava a sua metodologia. Paulo estava disposto a sacrificar qualquer coisa e tudo em sua vida se, com isso, pudesse ganhar mais pessoas para Cristo. Em suma, ele estava disposto a abrir mão de tudo para alcançar os perdidos.

O capítulo nove de 1 Coríntios é uma apologia da razão de Paulo ser tão apaixonado pelo evangelismo. Ele expressou seus intentos evangelísticos em quatro frases específicas: se sacrificaria "a fim de ganhar o maior número possível" (v.19); "a fim de ganhar os judeus"; "ganhar os que vivem debaixo da lei" (v. 20); e "com o fim de ganhar os fracos".

> *Porque, sendo livre de todos, fiz-me escravo de todos, a fim de ganhar o maior número possível. Procedi, para com os judeus, como judeu, a fim de ganhar os judeus; para os que*

> *vivem sob o regime da lei, como se eu mesmo assim vivesse, para ganhar os que vivem debaixo da lei, embora não esteja eu debaixo da lei. Aos sem lei, como se eu mesmo o fosse, não estando sem lei para com Deus, mas debaixo da lei de Cristo, para ganhar os que vivem fora do regime da lei. Fiz-me fraco para com os fracos, com o fim de ganhar os fracos. Fiz-me tudo para com todos, com o fim de, por todos os modos, salvar alguns. (1Coríntios 9.19-22)*

Às vezes esses versículos são usados para defender uma abordagem evangelística que atraia os descrentes por meio de métodos moralmente questionáveis. Já ouvi abuso desse princípio da parte de gente que o utiliza como justificativa para o tornar-se como o mundo para ver pessoas vindas a Cristo. Líderes musicais que dizem que sua música tem de ser como a música do mundo, para que ganhem as pessoas. Pastores que dizem que as ilustrações dos seus sermões têm de vir da cultura popular para que o evangelho pareça relevante às pessoas dentro dela. Alguns usam essa passagem até mesmo para justificar a adoção de qualquer cosmovisão pagã que estiver em voga na cultura que estão tentando alcançar.

É irônico que tais práticas sejam justamente o contrário do que Paulo estava dizendo em 1 Coríntios 9. Paulo acreditava que o amor limita nossa liberdade, não a expande. O apóstolo não ensinava que os fins justificam os meios. Métodos carnais jamais devem ser usados para criar terreno comum com os descrentes. Pelo contrário, Paulo destaca que ele restringia sua liberdade cristã, se necessário fosse, para alcançar aqueles que eram exageradamente rígidos (e assim, mais fracos que ele). Como observa um comentarista: "Paulo recusava permitir que sua liberdade impedisse os outros de seguir o caminho de Cristo".[1]" Ao fazer isto, ele "evita tornar-se antinomiano, e cuida para não transgredir os princípios morais eternos de Deus".[2]

---

1 Richard L. Pratt Jr., *1 and 2 Corinthians*, Holman New Testament Commentary (Nashville: Broadman Holman, 2000), 151.

2 Craig L. Blomberg, *1Corinthians*, NIVAC (Grand Rapids: Zondervan, 1994), 184.

Fica indubitavelmente claro tanto pelo contexto desta passagem quanto pelos outros ensinamentos do apóstolo, que Paulo jamais sancionaria uma conduta carnal (1 Ts 4.3-7) por imagens (Fp 4.8); humor (Ef 5.3-5) ou conversação (Cl 3.8; Tt 2.6-8) como meio de construir pontes para alcançar os perdidos. Junto com os outros autores do Novo Testamento (Tg 1.27; 4.4; 2Pe 1.4; 2.20; 1Jo 2.15-17), Paulo era coerente em exortar seus ouvintes a não assumir a corrupção da cultura vigente, mas distanciar-se dela (por exemplo, Rm 8.13; 1Co 6.9,18; Gl 5.19-20; Cl 3.5; 2Tm 2.22; Tt 2.12). Paulo defendia negar a si mesmo – não autoindulgência.

Ele explicou isso claramente em 1 Coríntios 9.19: "Porque, sendo livre de todos, fiz-me escravo de todos, a fim de ganhar o maior número possível". Faria qualquer sacrifício necessário para ganhar as pessoas a Cristo.

Os coríntios queriam saber se o cristão tinha liberdade de simplesmente fazer o que achava certo, e Paulo disse que não. Poderiam até ter liberdade para algumas coisas questionáveis, mas arriscavam-se a fazer com que outras pessoas tropeçassem. Portanto, um evangelista deveria limitar sua liberdade por amor ao próximo, dizia Paulo.

De fato, 1 Coríntios 9.19-22 é um exemplo do quanto Paulo sacrificou sua liberdade cristã a fim de alcançar aqueles que ainda não tinham tal liberdade. Grande parte do capítulo mostra exemplos específicos de como Paulo limitava sua liberdade. Talvez ele tivesse direito de se casar, mas recusou fazê-lo (1 Co 9.5). Tinha o direito de ser pago pelas igrejas, mas continuou trabalhando para sustentar seu próprio ministério (1 Co 9.6-16). Na verdade, no capítulo 8, Paulo disse que o crente tem até o direito de comer comida sacrificada a ídolos, mas que muitas vezes será mais sábio abster-se disso (1 Co 8.4-5).

Paulo tinha liberdade de fazer o que queria, mas tornou-se escravo de todos a fim de ganhá-los. No que pode ser descrito como sacrifício premeditado, ele decidiu abrir mão de sua liberdade para ganhar as pessoas para Cristo. A lição não é tornar-se como o mundo, fazendo o que ele faz, mas limitar nossa liberdade para evitar que, desnecessariamente, as pessoas se afastem de Jesus.

Essa abordagem do evangelismo é impopular, pois sempre envolverá a autonegação. Não seria uma questão tão forte se fôssemos chamados a nos abster de coisas das quais na verdade não gostamos. Mas Paulo está pedindo que os crentes limitem a sua liberdade, exerçam autonegação, se disponham a abrir mão de sua liberdade por amor do evangelho.

Paulo se tornava escravo de todos voluntariamente (ἐδούλωσα - edoulōsa, v. 19).[3] Isso pode parecer paradoxal. Afinal, ele estava "livre de todos os homens"— como poderia ser novamente escravo? Êxodo 21.1-6, onde Moisés dá instruções quanto à escravatura em Israel, ilustra este paradoxo. Após seis anos de serviço, um escravo hebreu tinha de ser alforriado por seu senhor, e ter o direito de ir por seu caminho. Porém, tinha também o direito de voltar e dizer: "Não quero ir embora. Eu o amo e meu serviço é um ato de obediência tanto quanto é um ato de amor. Posso permanecer?" Se esse escravo decidisse ficar, o mestre o levava até a batente da porta, tomava uma sovela, e furava a orelha desse escravo. Tendo furada a sua orelha, esse escravo tinha um sinal visível para todos, de que ele era servo por amor. Seria escravo voluntário e não por obrigação. Teve sua liberdade, e a rejeitou pela alegria de ser novamente escravo.

De modo semelhante, o cristão tem a orelha espiritualmente furada. Tem a liberdade de viver conforme quer, mas escolhe ser servo dos não salvos, para ganhar alguns deles para Cristo. Isso não significa que eles vivam como incrédulos, mas sim, deixam de fazer o que ofende os descrentes. Abrem mão da liberdade para proteger o evangelho.

Tal princípio não era exclusividade de Paulo. Jesus ensinou: "quem quiser ser o primeiro entre vós será servo de todos" (Mc 10.44). Foi exatamente o que Jesus fez, pois no versículo seguinte disse: "Pois o próprio Filho do Homem não veio para ser servido, mas para servir e dar a sua vida em resgate por muitos". Paulo aplicou este versículo à sua própria vida e tornou-se escravo de todos quantos contatava.

Por que ele faria isso? Vivia assim para ganhar mais pessoas para Cristo. Escreveu Paulo:

---

3 A palavra grega aqui significa literalmente "escravizar" ou "trazer sob sujeição" e é vocábulo muito mais forte do que implica o termo "servo".

> *Lembra-te de Jesus Cristo, ressuscitado de entre os mortos, descendente de Davi, segundo o meu evangelho; pelo qual estou sofrendo até algemas, como malfeitor; contudo, a palavra de Deus não está algemada. Por esta razão, tudo suporto por causa dos eleitos, para que também eles obtenham a salvação que está em Cristo Jesus, com eterna glória. (2Tm 2.8-10)*

Paulo tornou-se prisioneiro regularmente, a fim de que o evangelho fosse ouvido.

Começando no versículo 20, Paulo oferece ilustrações práticas dessa atitude e como elas se aplicam ao evangelismo. Ele lembra que se adaptou aos costumes dos judeus a fim de ganhar os judeus. O que as leis cerimoniais ditavam, Paulo cumpria. Se para eles era importante determinada refeição, comida de certa maneira, Paulo o fazia. Se era importante guardar determinado dia de certo modo, também fazia isso. Se para eles determinado costume era importante, ele guardava esse costume. Por quê? Para ser ouvido por eles quando lhes expunha o evangelho.

Paulo não dizia que os crentes devem se acomodar à falsa religião para ganhar as pessoas a Cristo – estava dizendo que ganhava o direito de falar a verdade quando abria mão de sua liberdade, evitando ofendê-los em questões de costume e tradição. Se um cristão ofende desnecessariamente a uma pessoa, ele perde o direito de ser ouvido.

ENTREGANDO TUDO PARA GANHAR ALGUNS EM ATOS 15

Esse princípio não teve sua origem com Paulo, mas com os apóstolos em Atos 15. O Concílio de Jerusalém se reuniu para determinar o que fazer com os novos convertidos gentios. Havia alguns convertidos que ainda guardavam as tradições judaicas e queriam que os gentios convertidos se tornassem primeiramente judeus em seu modo de viver. Quando o concílio discutiu a questão, resolveu não incomodar os gentios convertidos a Deus, exigindo que seguissem os regulamentos judaicos (At 15.19).

Esses gentios eram salvos. Voltaram para Deus e receberam o Espírito Santo. Não havia mais nada a fazer por cerimonialismo. Mas os apóstolos afirmaram que deviam "escrever-lhes que se abstenham" daquilo que ofenderia os judeus (At 15.20). É um ponto sutil, mas com implicações profundas. O modo dos crentes gentios aplicarem esse princípio não seria pela participação em determinadas cerimônias, mas abstendo-se de certas liberdades. Não estariam vivendo como judeus para ganhar os judeus. Deveriam deixar de ofender os judeus para ganhá-los. Deveriam limitar sua liberdade por amor do evangelho. Isto é abrir mão para lucrar.

Primeiro, deveriam abster-se da contaminação dos ídolos (At 15.20). Isso quer dizer que deviam evitar a carne oferecida a ídolos. Essa carne não era apenas um empecilho para os gentios convertidos, como também ofensa para as pessoas judias (1 Co 8.4-7). Era um exemplo óbvio de uma liberdade, porque "um ídolo não é nada" (v.8), e assim, comer comida ofertada a ídolos é – quando isoladamente – ato completamente indiferente (1 Co 8.4,7). Os apóstolos, porém, pediram aos gentios para abrir mão dessa prática porque os judeus desprezavam a idolatria pagã. O alvo era evitar ofender tanto os gentios novos convertidos quanto os judeus incrédulos.

Segundo, tinham de se abster das relações sexuais ilícitas, da fornicação. Muita gente pensaria que essa questão era óbvia, mas a fornicação neste contexto tem um significado amplo. Refere a qualquer tipo de pecado sexual e o culto pagão dos gentios era, geralmente, relacionado com pecados sexuais. Os apóstolos queriam que os crentes gentios não tivessem nenhuma ligação com oferendas idólatras ou cultos gentílicos onde tais pecados estavam sendo praticados.

O Concílio de Jerusalém recomendou também que eles se abstivessem de carne de animais sufocados. Muitas vezes os gentios matavam seus animais dessa forma, enquanto os judeus matavam cortando o pescoço do animal, porque a lei judaica proibia que se comesse animais cujo sangue não tivesse sido drenado.

Finalmente, por amor aos judeus, eles deveriam abster-se do sangue. Era a exigência mais difícil, pois muitas cerimônias dos gentios requeriam que se bebesse sangue. Por que tais restrições foram coladas sobre os gentios? "Porque

Moisés tem, em cada cidade, desde tempos antigos, os que o pregam nas sinagogas, onde é lido todos os sábados" (At 15.21). Noutras palavras, havia fortes comunidades judaicas em todas as cidades dos gentios. Se os judeus vissem os cristãos fazendo essas coisas que para eles eram tão ofensivas (ainda que neutras para os gentios), teriam afirmado em sua mente que o cristianismo não era para os judeus. Aos gentios, abster-se de tais liberdades era apenas questão de preferência, porém, se insistissem em exercer essa liberdade, os judeus se recusariam a ouvir a sua evangelização. Tinham de evitar essa liberdade para não fazer nada que eliminasse a oportunidade do evangelho ser ouvido.

ENTREGANDO TUDO PARA GANHAR ALGUNS EM 1CORINTIOS 9

Talvez Paulo tivesse aprendido a lição de entrega de tudo a fim de ganhar alguns no Concílio de Jerusalém, em Atos 15. Não importa onde o tenha aprendido, ele viveu por esse princípio e queria que os coríntios fizessem o mesmo. Em 1 Coríntios 9, disse: "... para os que vivem sob o regime da lei, como se eu mesmo assim vivesse, para ganhar os que vivem debaixo da lei" (v.20). Noutras palavras, quando com pessoas que estavam debaixo da lei (judeus), ele, ainda que não estivesse debaixo da lei, se colocava debaixo dos costumes que eles tinham.

Paulo não estava transigindo ou buscando uma solução meramente conciliatória. Guardava ações cerimoniais que eram indiferentes para Deus, assim como a carne sacrificada a ídolos era, para Deus, indiferente. Fazia isso para conseguir entrada no coração e na mente dos judeus, para levar-lhes o evangelho.

Um exemplo disso estaria no sábado. Paulo escreveu:

> *Um faz diferença entre dia e dia; outro julga iguais todos os dias. Cada um tenha opinião bem definida em sua própria mente. Quem distingue entre dia e dia para o Senhor o faz; e quem come para o Senhor come, porque dá graças a Deus; e quem não come para o Senhor não come e dá graças a Deus. (Rm 14.5-6)*

Algumas pessoas consideravam de suma importância guardar as leis dietéticas judaicas, enquanto outras não achavam isso muito importante; alguns achavam que o sábado devia ser observado, outros não.[4] O ponto, para Paulo, é que isso não deveria ser importante. Não é uma questão do que está certo ou o que está errado. Se o cristão puder acomodar a preferência de outros e conseguir que o evangelho seja ouvido, então Paulo diria que o amor vence sobre a liberdade.

Essa limitação da liberdade não era apenas por amor dos judeus. Havia casos também quando, por amor dos gentios, Paulo se absteria da liberdade que tinha em Cristo. Escreveu: "Aos sem lei, como se eu mesmo o fosse, não estando sem lei para com Deus, mas debaixo da lei de Cristo, para ganhar os que vivem fora do regime da lei" (1 Co 9.21). Quando estava entre os gentios, Paulo preferia não fazer aquilo que pudesse ofender os gentios. Dessa forma, evitava algumas observâncias judaicas que normalmente faria. Por exemplo, quando em Jerusalém, ele seguia os costumes dos judeus, mas quando em Antioquia, comia com os gentios, da mesma maneira que eles (Gl 2.1-14).

Há um terceiro grupo que requer a limitação de nossa liberdade: "Fiz-me fraco para com os fracos, com o fim de ganhar os fracos" (1 Co 9.22 a). Fracos eram aqueles cristãos exageradamente escrupulosos, imaturos em sua fé. Eram cristãos infantis, que não compreendiam a liberdade em Cristo. Por exemplo, havia na comunidade judaica alguns novos cristãos que ainda queriam guardar o sábado, frequentar o templo, manter contato com os rabinos e guardar certos costumes e festas judaicas em seus lares. Na verdade não haviam compreendido sua liberdade. Entre os gentios havia alguns que foram salvos da idolatria que não queriam nada a ver com comida sacrificada a ídolos, nada na comunidade que tivesse ligação com os falsos deuses.

Esses novos crentes facilmente se tornaram em grupo ultrassensível e legalista. Quando Paulo estava entre eles, era como eles – não era legalista, mas deixou de lado a sua liberdade para evitar contendas desnecessárias. Era

4 Outra sutil, mas importante, distinção: se uma pessoa pensasse que as restrições dietéticas ou observação do Sábado ainda fossem obrigatórias para os cristãos, 2.16–20. Em Romanos 15 (como também Atos 15), a questão não era das pessoas que achavam obrigatórias essas leis, mas quem achava que seria sábio manter tais leis.

sensível às pessoas que facilmente se ofendiam, a fim de ganhar esses fracos, fortalecendo-os na fé em Cristo.

Assim, para o judeu, Paulo era judeu, e ao gentio, ele agia como gentio. Ao irmão mais fraco, ele era como o fraco. Fez isso porque "fiz-me tudo para com todos, com o fim de, por todos os modos, salvar alguns" (1 Co 9.22). Será que Paulo estava comprometendo negativamente sua fé? Não, existe diferença entre fazer concessões e limitar a liberdade. A diferença está naquilo que é, ou não é opcional. Limitar nossa liberdade é vir ao encontro de alguém dentro de seu próprio nível e deixar de lado aquilo que, para início de conversa, é opcional. Fazer concessões é deixar de lado a verdade ou aceitar falsos ensinamentos.

Paulo não procurava agradar a homens (Gl 1.10). Não modificava sua mensagem para torná-la mais palatável. Se a pessoa a quem Paulo estivesse evangelizando se ofendia pela cruz ou pela verdade da Escritura, isso não o preocupava. Mas se a pessoa se ofendesse por algum comportamento cristão (especialmente algo que não era, de início, necessário), então era uma preocupação para ele. Por esta razão o evangelista fiel segue o modelo de Paulo abrindo mão de sua liberdade, com o intuito de ganhar seus ouvintes.

Devemos observar que o princípio paulino de abrir mão para ganhar se aplica a situações culturais e não a verdades proposicionais. Ele agia de um jeito com o judeu, de outro com o gentio, e ainda outro, com crentes fracos. Isso não era hipocrisia, pois sua motivação provinha de um coração puro e estável. Também não era desleixo, pois tais mudanças não estavam ligadas às verdades da Bíblia, e sim, a questões culturais.

SERÁ QUE OS OUVINTES DEVEM AFETAR A MENSAGEM?

Surge então a questão de como a cultura deve afetar a mensagem. O evangelista deve alterar sua mensagem conforme o grupo a quem ele se dirige? Conquanto devamos nos esforçar ao máximo para apresentar a mensagem com excelência e efetividade ao mundo que nos cerca, temos de tomar cuidado para fazê-lo de forma a manter-nos fiéis ao evangelho e dentro dos limites bíblicos do que é moralmente correto. "Relevância" não é desculpa para diluir o evangelho numa tentativa de alcançar aqueles que não estão na igreja. Nem é a "contextualização" justificativa para fechar os olhos para linguajar ou comportamento pecaminoso a fim de nos identificar com determinada cultura ou subcultura. Mesmo em alguns círculos reformados[5], tem sido popular o alardear de liberdade cristã, enfatizando humor grosseiro e exibição de temas sexualmente escusos – tudo em nome de alcançar os perdidos.

Tal atitude de mente é espiritualmente perigosa e, no final, ineficaz. Nunca devemos nos rebaixar a ponto de tentar o próximo a pecar, não obstante a cultura ou o contexto. Diluir ou distorcer o evangelho é pregar um evangelho completamente "outro" (Gl 1.6-8). Utilizar métodos carnais para alcançar os perdidos seria por a perder e repreender o nome puro do Salvador a quem proclamamos (cf. 1Tm 3.7; 4.12; Tt 2.8). O evangelismo cristão não trata de sagacidade (1 Co 1.17), mas de fidelidade ao expormos a cultura que nos cerca à verdade imutável de Cristo (Ef 5.6-14). O mandamento "sede santos" se aplica a todos os esforços evangelísticos (1 Pe 1.15).

Como, então, os ouvintes deverão afetar a mensagem? O exemplo do apóstolo Paulo é bastante instrutivo aqui. Dois dos maiores sermões de Paulo eram de natureza apologética. No primeiro, dirigido aos filósofos gentios no Areópago em Atos 17, Paulo começou falando sobre a criação (vv. 22-29). No outro, dirigido ao rei Agripa, homem familiarizado com a religião judaica, em Atos 26, Paulo iniciou com as promessas do Antigo Testamento (vv. 7-8) e o seu próprio testemunho pessoal (vv. 8-23). Ainda que em cada um desses sermões os seus pontos de partida fossem diferentes para os dois grupos de ouvintes, a essência da mensagem era idêntica. Em ambos, ele fez rapidamente a transição para falar de Cristo (17.31; 26.15), a ressurreição (17.31; 26.23) e da necessidade do ser humano se arrepender (17.30; 26.20). Embora o contexto do apóstolo tivesse mudado, a mensagem do evangelho que ele pregava não mudou. Podemos destacar ainda que Paulo não empregou métodos teatrais baratos para estabelecer terreno comum com quaisquer de seus ouvintes nem valeu-se de comporta-

5 É triste e digno de nota que o ímpeto recente em direção a uma forma mais mundana de evangelismo vem de pessoas que geralmente mantém uma soteriologia reformada em outros aspectos. Mas a ideia de que para ganhar uma pessoa para o evangelho você tenha de viver exatamente como ela vive é absolutamente contrária ao ensino reformado de que Deus é soberano na salvação. Se a pessoa acredita que Deus é quem atrai as pessoas para si, não faz sentido crer também que um evangelista tenha de viver conforme o mundo ou não haverá progresso no evangelho.

mento escandaloso para chamar atenção. Em vez disso, ele explicou a verdade com clareza, acuidade e reverência, de forma apropriada a cada grupo. Não foi necessária mais nenhuma "contextualização".

O PAPEL DO AUTOCONTROLE

A espécie de autonegação exemplificada por Paulo para o evangelista sempre exigirá autocontrole. Ele explica que, para a pessoa realmente limitar sua liberdade, requer disciplina. O evangelista terá de abrir mão de algumas liberdades que de outra forma talvez não tivesse de deixar, e viver uma vida restringida pelos desejos de outrem. Não é fácil – daí o uso, por Paulo, da metáfora do atleta como ilustração: "Não sabeis vós que os que correm no estádio, todos, na verdade, correm, mas um só leva o prêmio? Correi de tal maneira que o alcanceis" (1 Coríntios 9.24).

Os moradores de Corinto conheceriam bem o exemplo. Desde os dias de Alexandre Magno o atletismo dominava a sociedade grega. Duas das competições atléticas mais famosas eram as Olimpíadas e os Jogos Isminianos, realizados em Corinto a cada dois anos. Para chegar às finais, os atletas nos Jogos Isminianos tinham de dar provas de treinamento extenso, e nos últimos trinta dias antes dos jogos, tinham de vir até a cidade e treinar diariamente no ginásio de esportes.[6] Só poderiam correr quando todas essas condições fossem cumpridas. Quando corriam e chegavam ao final da corrida, eram imortalizados. Os mais altos louvores e honras eram dados àquele que venceu esses jogos.

O ponto de Paulo é que um atleta tem a liberdade de comer a sobremesa, mas ele a deixa de lado quando está treinando. Não é que seja errado comer qualquer coisa antes da corrida, mas não seria uma ideia inteligente. O cristão tem o direito de comer comida sacrificada a ídolos, mas abre mão disso para ganhar os judeus ou os crentes mais fracos.

Os coríntios estavam tão ocupados tentando agarrar seus direitos que começavam a perder o prêmio. Em vez de obter o alvo de ganhar almas, corriam presos a seus próprios direitos. O resultado era o perigo iminente de ser

6 Pausanias, *Description of Greece*, 5.24.

desqualificado. Feriam seu testemunho e alienavam seu campo missionário para garantir liberdades inconsequentes.

Não desprezemos os sacrifícios requeridos ao evangelista. Sendo digno o seu alvo, é imenso o sacrifício que se requer. O evangelismo, neste aspecto, não é único. É impossível o sucesso acadêmico, espiritual, atlético ou marcial sem disciplina e autonegação proporcional à grandeza do alvo a ser atingido. O ponto ressaltado por Paulo é que as pessoas não podem ser bem sucedidas se não pagarem um alto preço, e com certeza o evangelismo vale o preço do sacrifício.

Temos de ser capazes de cortar qualquer coisa em nossa vida que nos impeça de alcançar as pessoas com o evangelho. Os atletas se negam muitos prazeres legítimos a fim de competir, e o fazem por um prêmio perecível (1 Co 9.25). Quanto mais dignos são os sacrifícios que os cristãos fazem para ganhar o próximo para Jesus?

Uma vez que entenda que sua vida estará repleta de sacrifícios por amor do evangelismo, o seu alvo estará claro e sua determinação será fortalecida. Isso produzirá confiança e nitidez. É por isso que Paulo disse: "Assim corro também eu, não sem meta; assim luto, não como desferindo golpes no ar" (1 Co 9.26). Uma pessoa sem meta na verdade não estará correndo em uma competição. Essa falta de objetivo não exige nenhum esforço. Mas o cristão maduro conhece seu alvo e corre com clareza e confiança.

Os atletas possuem resistência mental e disciplina física. Estão no controle de seus desejos, e seu desejo é ganhar. Paulo evangelizava de modo semelhante. Conhecia o seu alvo e estava disposto a sacrificar-se para atingi-lo, e assim, se submetia à disciplina espiritual. Desejos mundanos, paixões, carne – qualquer que fosse a luta espiritual que pudesse roubar-lhe a coroa – ele as subjugava para que pudesse ser escravo daqueles que ainda não eram salvos.

Por que alguém deve submeter o corpo e a vontade a uma disciplina severa? A resposta de Paulo é: "para que, tendo pregado a outros, não venha eu mesmo a ser desqualificado" (1 Co 9.27). É uma metáfora direta dos jogos Isminianos. Quando esses jogos começavam, um arauto saía e tocava uma trombeta para anunciar e chamar a atenção de todos. O arauto anunciava o evento, apresentava os competidores, definia os regulamentos. Um atleta que violasse qualquer dessas regras era imediatamente desqualificado.[7] Nessa analogia, Paulo era o arauto, espalhando o evangelho aos outros. Imagine como seria humilhante se o atleta fosse desqualificado. Paulo temia que se ele recusasse abrir mão de sua liberdade para alcançar o próximo, ele mesmo poderia ser desqualificado.

Existe uma tendência moderna de usar 1 Corintios 9 para justificar exorbitantes tolerâncias culturais em nome de "ser tudo para com todos" (ver versículo 22). Como já dissemos, essa atitude está longe do ponto de Paulo, que descrevia o evangelista como alguém disposto a abrir mão de liberdades, e não se aproveitar delas. Os atletas não comem cachorro quente para se identificar com seus fãs; cristãos não cedem à carne para misturar-se com o mundo. Exercitam autocontrole por amor de seu testemunho.

Tristemente, há muitos no serviço cristão que começaram servindo ao Senhor, mas não subjugaram a carne, e acabaram desqualificados. Os estouvados coríntios achavam que podiam ceder ao máximo sua liberdade, enquanto o dedicado apóstolo estava engajado em uma vida disciplinada de autonegação e autocontrole a fim de obter entrada no coração de seus ouvintes. Paulo os corrigiu, chamando-os para abrir mão da liberdade com base no amor, a fim de alcançar o próximo. É o modelo segundo o qual nós devemos viver.

Evangelistas efetivos não aparecem acidentalmente. São aqueles que se sacrificaram a fim de ser usados por Deus.

---

7 William L. Bevan, "Games," *Dictionary of the Bible* (org. William Smith; New York: Hurd Houghton, 1868), 1:864–866.

CAPÍTULO 7

EVANGELISMO NA MÃO DE PECADORES:

LIÇÕES NO LIVRO DE ATOS

JOHN MACARTHUR

O livro de Atos mostra não somente o nascimento da igreja, como também descreve o evangelismo como acontecia no começo da igreja. Ao contrário da ideia moderna de que as igrejas devam fazer que os descrentes se sintam à vontade, a ênfase da igreja de Atos era pureza. Na verdade, o maior desafio para a igreja primitiva não era a perseguição, mas tolerância do pecado. Conquanto o primeiro pecado documentado dentro da igreja (a hipocrisia de Ananias) pudesse ter, inicialmente, assustado e afastado incrédulos, o Senhor o utilizou para que a igreja retornasse ao foco: expandir mediante testemunho de santidade, incentivado pela perseguição.

O Novo Testamento apresenta um simples truísmo: quem ama Jesus Cristo se importa com o evangelismo. Os cristãos são continuamente chamados a comunicar o evangelho para o mundo. Quando Jesus ascendeu ao céu, ele deixou os discípulos em Jerusalém. Sua obra salvadora estava completa, a penalidade do pecado havia sido paga – mas havia ainda um trabalho a ser feito, e os discípulos permaneceram na terra para fazê-lo. Jesus comissionou seus seguidores a ir por todo o mundo pregar o evangelho a toda criatura, e ser suas testemunhas não somente em Jerusalém, mas até os confins da terra.

Haveria muita oposição. Os líderes judaicos, frustrados pela ressurreição, iriam opor-se ao cristianismo. Os apóstolos seriam presos, Estêvão e Tiago martirizados, novos convertidos condenados ao ostracismo. Além disso, os gentios tratariam o evangelho como tolice, e os cristãos seriam relegados a cidadãos de segunda classe na sociedade.

Mas o fato é que nenhum desses obstáculos impediu o evangelismo. Pelo contrário, quanto maior a oposição, mais o evangelho progredia. Havia, porém, um grande perigo naquele tempo, assim como nos dias atuais, que impedia o evangelismo: o pecado tolerado dentro da igreja.

O livro de Atos descreve uma das revoluções culturais mais surpreendentes da história. Jesus deixou seu desorganizado grupo de seguidores desnorteados e confusos, olhando para o céu. Deu-lhes o que só poderia ser tarefa impossível: levar a notícia de sua morte e ressurreição ao mundo todo. Contudo, chegando ao final do livro de Atos, aquele grupo inicial tinha sido transformado e expandido. Igrejas foram estabelecidas na Etiópia, em Roma, na Ásia e em todos os lugares entre elas. Ao final de Atos 2, a igreja se reunia no pórtico de Salomão, do lado de fora do Templo. O centro de oposição a Cristo tornou-se lugar de reunião de milhares de cristãos.

Por isso é que nenhum livro da Escritura ilustra tão claramente o poder do evangelho quanto o livro de Atos. Quando o Espírito Santo inaugurou a igreja e deu poder aos discípulos, seus membros foram transformados em pregadores, evangelistas e até mesmo mártires. Enquanto entregavam a vida pela nova igreja, ela florescia e crescia. No final de Atos 1 havia 120 seguidores de Jesus; mas até o final de Atos 2, a igreja acrescentou 3000 convertidos em um só dia, e esse crescimento tinha apenas começado. De fato, mais pessoas estavam se convertendo a cada dia (At 2.47).

A primeira oposição a esse crescimento veio de fora. Os líderes entre os judeus não olhavam os cristãos com favor. Tinham adotado medidas extraordinárias para eliminar Jesus e seus ensinamentos, e agora, os ajuntamentos públicos da igreja eram clara evidência de que seus esforços tinham fracassado. Retaliaram, prendendo e surrando alguns dos apóstolos, esperando que isso os silenciasse. Mas apesar dos ataques dos judeus, a igreja continuava crescendo cada dia mais. Se mais nada, a perseguição fez que o testemunho dos apóstolos fosse mais poderoso e promoveu o evangelismo em vez de esmagá-lo.

O PODER DO PECADO DE IMPEDIR O EVANGELISMO

Se a perseguição vinda de fora da igreja impulsionava o evangelismo, Atos 5 descreve um efeito oposto: pecado dentro da igreja teve poder para destruir o evangelismo. A liderança da igreja tinha suportado prisões, açoites, e proibições – e nada disso diminuía a marcha do movimento. Mas no momento que o pecado entrou na igreja, o Senhor chamou atenção à realidade de que o maior perigo na igreja não é perseguição externa, mas iniquidade interior.

É trágica a conhecida história de Ananias e Safira em Atos 5.1-11. Os detalhes são claros: um marido e sua mulher venderam um terreno com o propósito de dar o dinheiro à igreja para ajudar os pobres. Comprometeram-se publicamente a entregar todo o dinheiro aos apóstolos, e fizeram tal compromisso voluntariamente. Não foram pressionados a fazê-lo. No entanto, quando a venda foi realizada, ficaram com metade do dinheiro. Na frente da igreja, entregaram de maneira dramática a oferta aos pés dos discípulos, declarando publicamente que haviam doado todo o dinheiro da venda para a igreja. Era orgulho mentiroso revestido de falsa humildade que servia a eles mesmos. Pela primeira vez, o foco da igreja passou do evangelismo externo para a hipocrisia interna.

Apesar da natureza pecaminosa da transação, ela até que começara bem. A igreja era muito compassiva, e os cristãos demonstravam o amor de Cristo cuidando uns dos outros. Esse sacrifício altruísta seria preparação para o evangelismo. Além de amar uns aos outros, os cristãos sabiam que não podiam ter um testemunho efetivo aos necessitados de fora da igreja se os necessitados de dentro da igreja estivessem sendo ignorados.

Assim, a igreja primitiva tinha a prática de compartilhar seus recursos como meio de suprir as necessidades de seus membros. O resultado foi que "Da multidão dos que creram era um o coração e a alma. Ninguém considerava exclusivamente sua nem uma das coisas que possuía; tudo, porém, lhes era comum" (Atos 4.32). Isso foi vivamente exemplificado pelo sacrifício de Barnabé, que vendeu sua casa e publicamente deu o dinheiro para a igreja, para que as necessidades de outros crentes fossem aliviadas (Atos 4.36-37). Em razão dessa generosidade, "Com grande poder, os apóstolos davam testemunho da ressurreição do Senhor Jesus, e em todos eles havia abundante graça" (Atos 4.33). Os membros da igreja eram magnânimos uns com os outros, e o seu evangelismo era singularmente poderoso.

Neste contexto foi que Ananias vendeu uma propriedade e fingiu levar todo o dinheiro aos apóstolos. Estava imitando Barnabé, mas diferente dele, Ananias mentiu e guardou uma parte do que recebeu, e o fez com pleno conhecimento de sua esposa. Não ter dado tudo para a igreja não era o seu pecado. Deus jamais ordenou que vendessem e dessem tudo da venda para a igreja. Ananias não recebera ordem de dar nada. O pecado estava no engano arraigado no orgulho. Ele queria que as pessoas pensassem que tinha dado tudo.

Era hipocrisia. Numa igreja explodindo com amor, onde as pessoas não estavam contribuindo apenas com o que sobrava, mas oferecendo tudo que vinha da venda de suas casas e propriedades, Ananias e Safira queriam um pouco do prestígio que vinha pela visível alegria e devoção espiritual. Querendo ser admirados, desfilaram na frente da igreja, fingindo ter doado ao Senhor todo o dinheiro da venda de sua propriedade. Desejavam a reputação de piedosos, sacrificais, generosos. Esperavam o aplauso por tal sacrifício, ao mesmo tempo em que guardavam um pouco de dinheiro vivo para eles mesmos.

Como ficou claro que a perseguição da igreja, de inspiração demoníaca, tinha fracassado (At 3), Satanás mudou sua abordagem. Em vez de atacar a igreja somente por fora, resolveu atacar de dentro dela. A hipocrisia tornou-se arma escolhida por Satanás para assediar a igreja. Como a igreja crescia, em grande parte, porque os cristãos supriam as necessidades uns dos outros, Satanás entrou para torcer esse comportamento sacrifical.

Os atos de Ananias são o primeiro pecado descrito na vida da igreja. O ataque demoníaco inicial sobre a igreja de Jesus Cristo foi hipocrisia – o uso da religiosidade para se exibir em vez de servir à igreja. Não mudou muito nos últimos dois mil anos. Até hoje, é a principal arma de Satanás contra o evangelho. É o melhor jeito de apagar a chama do evangelismo. Deus odeia todo pecado, mas nada é tão feio quanto o pecado que procura pintar o orgulho como se parecesse beleza espiritual. Quando tais pessoas entram na igreja, elas a corrompem. Quando penetram a liderança da igreja, podem até matá-la.

O PECADO EXPOSTO

Como é de esperar de um Deus que odeia o pecado, o engano da hipocrisia de Ananias cedeu à percepção da liderança de Pedro (At 5.3). Pedro, que só poderia saber do engano por revelação direta de Deus, confrontou Ananias: "Ananias, por que encheu Satanás teu coração, para que mentisses ao Espírito Santo, reservando parte do valor do campo?" Ele reconhecia que Satanás estava por trás da mentira e que um ataque sobre a igreja era ataque contra o Espírito Santo.

Deus confirmou publicamente a verdade da acusação de Pedro, abatendo imediatamente a Ananias. É impossível avaliar quanto isso deve ter sido chocante para a igreja! Eles haviam passado de uma vitória espiritual para outra, passando de 120 em Atos 1, para muitos milhares em Atos 5. O Senhor os fortalecia quando perseguidos, e seu evangelismo era abençoado. Parecia até que nada poderia parar o crescimento da igreja. Mas então, Ananias caiu, dando seu último fôlego de vida diante de toda a congregação. Deus sacudiu a igreja matando-o.

Lucas descreve o resultado da explosão com seu típico comentário suavizado: "Ananias caiu e expirou, sobrevindo grande temor a todos os ouvintes" (At 5.5). O temor se estendeu além da congregação para os de fora da igreja que ouviram a notícia. Se existia alguma ilusão quanto à natureza da igreja, foi completamente destruída. A igreja não seria apenas diversão e jogos, porque o Deus da igreja é sério quanto ao pecado. Não é o que podemos chamar de *ambiente amigável ao inquiridor,* e com certeza não era um ambiente amigável ao pecado. Existe apenas um que "procura" dentro da igreja – o Senhor que busca a quem salvar – e ele não é bem-disposto na presença do pecado.

A mensagem que os cristãos têm de dar ao mundo não é que a igreja tolera pecado e pecadores, mas que Deus odeia o pecado. Quando o mundo entender que Deus julgará o pecado, as pessoas estarão preparadas para compreender também que Deus, por sua graça, providenciou um meio para o perdão completo. Essa é a mensagem do evangelho. O mundo precisa saber que o pecado mata, mas Deus perdoa.

Os judeus não embalsamam seus mortos, e assim, levaram rapidamente o corpo de Ananias e o enterraram. Três horas depois, sua mulher chegou sem saber o que havia acontecido (At 5.7). Pedro perguntou-lhe se tinham vendido o terreno pelo preço dito por seu marido, e ela – talvez pensando que agora seria elogiada por sua generosidade – respondeu: "Sim, por tanto" (At 5.8).

"Tornou-lhe Pedro: Por que entrastes em acordo para tentar o Espírito do Senhor? Eis aí à porta os pés dos que sepultaram o teu marido, e eles também te levarão" (v. 9). Imediatamente, ela caiu morta aos pés de Pedro, e os jovens levaram-na para fora e a enterraram junto ao marido (At 5.10).

Deus não brinca de igreja. A morte de Safira ilustra de modo poderoso que Deus odeia o pecado de seus santos, por mais triviais que possam parecer. Os pecados dos cristãos são o aspecto mais abominável da igreja porque permitem que Satanás destrua sutilmente sua credibilidade e abafe o evangelismo. Se alguém ensina uma falsa doutrina, será fácil tratar disso. Se alguém vem desconfiado da realidade da Trindade ou ataca a pessoa de Jesus Cristo, ele ou ela será facilmente combatido porque esses erros são claramente reconhecidos. Os enganos tortuosos são mais perigosos, porque reinam no coração da pessoa e se tornam câncer escondido na igreja, até que sejam expostos e extirpados.

Porque o pecado foi exposto, o Senhor usou a ocasião para voltar a atenção da igreja para o evangelismo. Após esses enterros, "costumavam todos reunir-se, *de comum acordo,* no Pórtico de Salomão" (At 5.12), em contraste com aqueles momentos anteriores quando o pecado havia causado desunião na igreja. Ananias e Safira haviam mentido, poluindo a comunhão dos irmãos, mas Deus purificou a igreja, extirpando os pecadores, para que o testemunho fosse restaurado.

EVANGELISMO RESTAURADO

O evangelismo efetivo é dinamizado por uma igreja purificada. As pessoas talvez imaginem que uma igreja que trata o pecado afaste as pessoas em vez de atraí-las. Até certo ponto, isto é verdadeiro. Lucas explica que apesar dos apóstolos estarem realizando publicamente sinais e maravilhas, "dos restantes, ninguém ousava ajuntar-se a eles; porém o povo lhes tributava grande admiração" (Atos 5.13). Os crentes reuniam-se publicamente, mas ninguém estava se juntando a eles por impulso, pois sabiam que não deveriam tornar-se cristãos a não ser que estivessem dispostos a ter sua vida exposta. O mundo sabia que pessoas da igreja que não fossem autênticas corriam o risco de serem derrubadas e mortas por Deus – ninguém se juntou à igreja que não estivesse disposto a tal compromisso.

Uma igreja que recusa lidar com o pecado – como tantas igrejas hoje em dia – se torna campo de procriação tanto para crentes pecadores como também para falsos convertidos. Pessoas que fizeram falsa profissão de fé são permitidas até mesmo viver nessa mentira porque não existe exposição pública de seu pecado. É dito inúmeras vezes que uma igreja que pratica a disciplina eclesiástica destrói o evangelismo ou que a pregação de santidade afasta as pessoas da igreja. O mantra do movimento de busca de si mesmo é que os descrentes sintam-se bem dentro da igreja, ou o evangelismo não será bem sucedido. Contudo, na igreja primitiva, as pessoas souberam do espetáculo de Ananias e Safira, e duas vezes Lucas escreve "Sobreveio-lhes grande temor" (At 5.5, 11). O mundo sabia que a igreja tratava o pecado, e as pessoas não se ligavam a ela a não ser que fossem sinceras. Havia uma barreira, em curto prazo, para quem estivesse apenas curioso.

Contudo, em longo prazo, tal relutância não abafava o evangelismo. O mais chocante dessa história toda é que enquanto a morte punitiva de Ananias e Safira impedia os pecadores de filiar-se à igreja, "crescia mais e mais a multidão de crentes, tanto homens como mulheres, agregados ao Senhor" (At 5.14). O mundo sabia da pureza da igreja, o mundo sabia que Deus tratava o pecado, e o mundo sabia que o pecado seria exposto e julgado. Sabiam também que o evangelho oferecia perdão do pecado. Como resultado, a igreja que leva a sério o pecado será bastante efetiva em seu trabalho de evangelização ao mundo.

Com pureza vem o poder de Deus para alcançar os perdidos. Lucas revela que depois de tratar o pecado, "pela mão dos apóstolos, muitos sinais e maravilhas eram realizados entre o povo" (At 5.12). Confirmando seu evangelismo, eles realizavam milagres. Mais adiante, Lucas elabora sobre esses sinais:

> *a ponto de levarem os enfermos até pelas ruas e os colocarem sobre leitos e macas, para que, ao passar Pedro, ao menos a sua sombra se projetasse nalguns deles. Afluía também muita gente das cidades vizinhas a Jerusalém, levando doentes e atormentados de espíritos imundos, e todos eram curados (Atos 5.15,16).*

As pessoas creram no poder dos apóstolos e foram atraídas para a igreja. Este poder atraía o povo porque a pureza da igreja era coerente com sua mensagem. Embora os dons de cura e milagres não sejam realizados da mesma maneira na igreja hoje, permanece ainda o princípio de que Deus abençoa uma igreja pura com poder evangelístico.[1] Deus ainda realiza milagres por meio de uma igreja pura, e o maior de todos os milagres é o do novo nascimento.

EVANGELISMO, PUREZA E PERSEGUIÇÃO

Inevitavelmente, uma igreja pura, evangelisticamente ativa, atrairá a ira do sistema do mundo. Como o príncipe desta era é Satanás (Jo 14.30),

1 Com certeza Deus ainda responde orações sobre cura hoje. A diferença é que os eventos de Atos 5 confirmavam a autoridade de Pedro, enquanto hoje, quando os presbíteros oram pedindo cura, é o Senhor que cura com base na oração, não um apóstolo que cura como base de seu dom (Tiago 5.14). Para mais sobre essa distinção, bem como uma explanação mais completa sobre a cessação dos dons de sinais, ver John MacArthur, *1 Corinthians*, MNTC (Chicago: Moody, 1984), 358–62; e John MacArthur, *Hebrews*, MNTC (Chicago: Moody, 1983), 48–50. Para um entendimento da razão pela qual esses dons foram dados aos apóstolos, ver 2 Corintios 12.12, e uma explicação mais profunda em John MacArthur, *2 Corinthians*, MNTC (Chicago: Moody, 2003), 414–16.

qualquer que fuja do mundo para refugiar-se em Cristo torna-se inimigo de Satanás e terá a oposição daqueles que são do mundo.

O mundo opera sob princípios de lascívia, pecado e rebeldia, e assim, quando uma igreja cresce, ela começa a romper tal sistema. Quando pessoas são salvas, Satanás reage e começa a perseguição. O mundo não gosta quando a igreja faz ondas na cultura. Pelo seu testemunho de santidade, igrejas puras confrontam os pecados em sua cultura. Ironicamente, a perseguição resulta no crescimento da igreja. Mas uma igreja que tolera o pecado faz minar o seu próprio evangelismo. Por que, afinal, o mundo perseguiria uma igreja que tolera o pecado que ele ama?

Imediatamente depois de ser resolvida a questão de Ananias e Safira, rompeu um reavivamento na igreja de Jerusalém. O resultado da pureza foi um testemunho maior, e o sistema do mundo respondeu atacando a igreja. Lucas documenta que à medida que o evangelho ia adiante, o Sumo Sacerdote e os saduceus "tomaram-se de inveja" (At 5.17).

Os saduceus eram líderes religiosos que colaboravam com os invasores romanos para manter a paz na Judeia. Embora pequena minoria entre os judeus, eram ricos e influentes. Viam o cristianismo como ameaça ao seu controle. Milhares de pessoas estavam proclamando o nome de Jesus Cristo, milagres e curas estavam acontecendo, e ninguém podia negar que o poder de Deus permeava a igreja.

A reação dos saduceus foi encher-se de ira. Tomando os líderes da igreja, lançaram-nos na prisão (At 5.18). Como de costume, porém, Deus transformou em bem aquilo que Satanás pretendia fazer de mal – enviou um anjo que "abriu as portas do cárcere e, conduzindo-os para fora" (v.19). O senso de humor divino é visível nessa espécie de milagre desafiador. Os saduceus tinham duas características teológicas distintas que os separavam, principalmente dos fariseus: não acreditavam na ressurreição e não acreditavam em anjos. Ironicamente, quando encarceraram os discípulos por pregar sobre a ressurreição, foi um anjo que Deus usou para libertá-los.

Novamente, Deus tomou a perseguição dirigida contra a igreja pura e usou-a para encorajar o evangelismo. O anjo disse aos apóstolos: "Ide e, apresentando-vos no templo, dizei ao povo todas as palavras desta Vida" (Atos 5.20).

Jesus veio a este mundo dar vida aos que estavam espiritualmente mortos (Jo 5.21; Rm 4.17). Porque as pessoas estão mortas em seus pecados, são escravas dos princípios deste mundo. O evangelho declarado pelos discípulos mostrava como obter libertação do pecado e a herança da vida eterna.

Os saduceus, claro, não cederam, mas quando eles souberam da saída da prisão, os discípulos já se encontravam no templo pregando novamente. Chamaram (novamente) os discípulos e os interrogaram. Pedro, não restringido pela noite no cárcere, disse: "Antes, importa obedecer a Deus do que aos homens" (Atos 5.29). Surpreendentemente, Pedro viu esse segundo aprisionamento em menos de vinte e quatro horas, não como revés, mas como oportunidade de pregar o evangelho. Declarou aos líderes judeus: "O Deus de nossos pais ressuscitou a Jesus, a quem vós matastes, pendurando-o num madeiro. Deus, porém, com a sua destra, o exaltou a Príncipe e Salvador, a fim de conceder a Israel o arrependimento e a remissão de pecados" (At 5.30, 31).

Observe que Pedro falou-lhes da ressurreição – exatamente o tópico que tinham acabado de proibir que pregasse.

Quando o assunto era evangelismo, Pedro não tomava "não" como resposta. Não se intimidava com a rejeição do evangelho por parte da liderança judaica, porém, persistia em proclamar as boas novas de Jesus Cristo. A perseguição não produziu timidez, e sim, persistência. Pedro diz "Ele outorgou aos que lhe obedecem arrependimento a Israel e perdão dos pecados" (At 5.31). Apesar da perseguição e das ameaças de açoites e prisões, Pedro e os apóstolos ainda diziam com confiança: "Ora, nós somos testemunhas destes fatos" (At 5.32).

O RESULTADO DE UM TESTEMUNHO PURO

O testemunho de uma igreja pura, poderosa, perseguida e persistente produz convencimento do pecado no coração dos ouvintes descrentes. Isso não teria sido possível se Ananias e Safira fossem os evangelistas. Uma pessoa que vive no pecado não pode, com credibilidade, chamar outros a fugir da ira vindoura e ser transformada em pessoa justificada por Jesus Cristo.

Mas no capítulo cinco de Atos, depois de tratar a hipocrisia, a igreja experimentou crescimento, perseguição, e ainda maior crescimento. Lucas documenta como os saduceus reagiram à pregação do evangelho – "se enfureceram e queriam matá-los" (At 5.33). O testemunho de Deus terá efeito semelhante nas pessoas. Hebreus 4.12 diz: "Porque a palavra de Deus é viva, e eficaz, e mais cortante do que qualquer espada de dois gumes, e penetra até ao ponto de dividir alma e espírito, juntas e medulas, e é apta para discernir os pensamentos e propósitos do coração". É uma espada, e corta, abrindo totalmente, as pessoas. Os líderes judeus foram convictos, mas reagiram conspirando assassinar os apóstolos.

Enquanto o evangelismo de Pedro no templo produziu convertidos, seu evangelismo aos saduceus não produziu o mesmo. A salvação não é garantida, mas sim, o convencimento. Quando o evangelho é proclamado com clareza e acompanhado pelo testemunho de uma igreja purificada, as pessoas serão confrontadas com a realidade do pecado em suas vidas. Esse é o significado de convicção ou convencimento. As pessoas reconhecem que amam o pecado e, ou se arrependerão ou continuarão nele suprimindo sua convicção. Para uns, o evangelho é aroma "de vida para vida", para outros, "cheiro de morte para a morte" (2 Co 2.16). Nem toda convicção conduz à salvação, mas tal convicção é necessária para a salvação. Para se produzir esse convencimento, é necessário ser respaldado por um testemunho de pureza.

A verdadeira convicção é mental, não emocional. Pedro não evangelizou contando histórias de trazer lágrimas aos olhos dos ouvintes, gerando tristeza superficial e sentimento de culpa temporária. Esse convencimento é raso e não ajuda. Ao invés disso, Pedro pregava claramente sobre Cristo enviado por Deus para perdoar os pecados – um Cristo a quem o povo crucificou. Aos que evangelizou, Pedro disse que viviam rebeldes contra Deus, em seguida, ofereceu a essas pessoas a salvação se apenas elas se arrependessem. Em vez de se arrepender, os que ouviram a Pedro, ficaram enraivecidos porque seus pecados foram expostos, o que mostra que o evangelho produziu convicção.

Toda a narrativa de Ananias e Safira é intercalada por lições sobre evangelismo. Uma igreja que tolera o pecado corrompe o seu próprio testemunho e torna o evangelismo sem efeito. Mas, quando o pecado é eliminado, a igreja tem poder para pregar o evangelho com autoridade. A perseguição virá, mas até mesmo isso ajudará a espalhar a mensagem do evangelho.

Embora açoitados, presos, proibidos de pregar o nome de Jesus, os apóstolos saíram regozijando e testemunhando (At 5.41-42). Como Paulo, em Gálatas 6.17, eles portavam no corpo as marcas de Jesus. Esses açoites eram para Jesus. Estavam em seu lugar, recebendo a surra intencionada para ele.

Muitos cristãos, veteranos de algumas escaramuças evangelísticas, procuram uma demissão honrosa. Outros procuram aumentar o evangelismo projetando uma igreja que faça os não crentes sentirem-se bem-vindos e em casa. Mas o modelo da igreja primitiva oferece outro estilo. Seus membros amam uns aos outros de modo sacrifical. Contudo, eles recusam tolerar o pecado na comunidade, enfrentando ousadamente a perseguição, se necessário, por amor do evangelho. Essa espécie de igreja continua virando o mundo de cabeça para baixo (At 17.6).

PARTE 2

Evangelismo a partir do Púlpito

CAPÍTULO 8

DOMINGO PELA MANHÃ:
O PAPEL DO EVANGELISMO NO CULTO

RICK HOLLAND

O principal dever do pregador é chamar as pessoas à fé no evangelho. A verdade de que a humanidade é pecadora e Deus é glorioso em seu oferecimento da salvação tem de ser central a qualquer sermão que tenha o enfoque na cruz. Como cristãos, imploramos que as pessoas se reconciliem com Deus por meio de Cristo. Deixar de aplicar as verdades do evangelho ao coração do pregador, com efeito, anula a pregação do evangelho.

No aniversário de sua conversão a Cristo, Charles Wesley escreveu o amado hino "Mil línguas eu quisera ter/ para entoar louvor". É um de meus hinos prediletos pela gritante riqueza do evangelho que ele expressa. O segundo verso ressoa: *Meu gracioso Mestre e meu Deus, ajuda-me a proclamar, espalhar por todo a terra as honras de teu nome*".

Se os pregadores escutassem seus *ipods* antes de pregar, do mesmo modo que os atletas fazem em preparação para suas competições, este hino estaria na lista a ser ouvida antes do sermão. Que grande lirismo – implorar assistência divina para proclamar a honra do nome de Deus por todo o mundo. Nessas quatro linhas, Wesley expressa sua dependência de Deus, procurando o poder de Deus para espalhar o evangelho de Deus, para a honra de Deus, a pessoas que desconhecem a Deus. Quer declarada de forma escrita, quer não, ela deve fazer parte da declaração de missão de toda igreja. Isso é evangelismo.

Qual o papel do evangelismo no culto de domingo? Pergunte à maioria dos pregadores, e eles responderão: Um grande papel! Contudo, um exame cuidadoso da prática de sermões talvez não reflita a mesma convicção. Aos que têm compromisso com a pregação expositiva, existe uma armadilha em potencial na pregação evangelística.

Qualquer que se preocupa com a salvação de almas deveria preocupar-se com a pregação evangelística. Não estou me referindo a sermões de evangelização – ou seja, sermões em que, do começo ao fim, fazem explicação e apelo aos descrentes para que se arrependam e aceitem o evangelho – mas sim, sermões que revelam sempre a ligação da passagem ou do tópico com o evangelho. Quero, contudo, sugerir que toda pregação deva ter uma nota evangelística em sua melodia.

A história da igreja nos oferece esta lição: sempre que o evangelho era pregado, e pregado com frequência, as pessoas se convertiam, as comunidades eram transformadas, as nações eram abaladas. O poder onipotente de Deus reside nas boas novas de que Jesus Cristo é Senhor e Salvador (Rm 1.16; 1Co 1.18, 24). Porém, quando examinamos os púlpitos históricos que se desviaram de um testemunho fiel do evangelho, encontramos igrejas moribundas e declínio da sociedade.

O evangelismo é privilégio e responsabilidade de todo crente. Porém, os pregadores têm uma responsabilidade maior na missão de evangelismo. Na verdade, se traçarmos a origem da palavra pregar (κηρυσσο, kēryssō) no Novo Testamento, descobriremos que ela se refere mais frequentemente a um evento de fala pública, com o propósito de evangelismo.[1] De fato,

---

1 Das sessenta e uma ocorrências do vocábulo "pregar" no Novo Testamento todas, exceto nove, se referem diretamente à proclamação do evangelho. Das nove, três referem à pregação de João Batista (Mt 3.1; Mc 1.4, 7); três se referem a testemunhos pessoais por indivíduos que interagiram com Jesus (Mc 5.20; 7.36; Lc 8.39); duas se referem a comentários irônicos de Paulo quanto ao falso evangelho (Rm 2.21; Gl 5.11); e uma se refere à proclamação angélica do Cordeiro que abriu o livro dos sete selos (Ap 5.2). Os dois sinônimos de kēryssō (kerygma, mensagem) e κηρυξ (kēryx. pregador) aparecem respectivamente oito e três vezes no Novo Testamento. O substantivo kērygma sempre se refere à mensagem do evangelho, exceto em Mateus 12.41 e Lucas 11.32, onde se refere à pregação de Jonas. O substantivo kēryx duas vezes se refere a Paulo como pregador do evangelho e uma vez a Noé como pregador de justiça. Ver John R. Kohlenberger III, Edward W. Goodrick e James A. Swanson, *The Greek-English Concordance to the New Testament* (Grand Rapids: Zondervan, 1997), 427-428.

aquilo que entendemos hoje como pregação é mais parecido com a descrição neotestamentária de ensino e exortação (1 Tm 4.13). Pregadores fiéis devem ser não somente expositores da Escritura Sagrada, como também evangelistas.

Como Deus dotou algumas pessoas especificamente para o propósito de evangelismo (At 21.8; Ef 4.11-13), é fácil que pregadores achem que a evangelização seja apenas trabalho para o especialista assim dotado. Contudo, Paulo instrui Timóteo: "faze o trabalho de um evangelista" (2 Tm 4.5) e isso é bem diferente de dizer "Seja um evangelista muito bem-dotado". O trabalho de evangelismo não deve ser confundido com o dom de evangelismo.[2] Para o pastor, evangelismo é uma ordem a obedecer, uma obra a fazer, uma responsabilidade a cumprir, uma alegria a empregar. O evangelismo não deve apenas se sentar à mesa aos domingos. Deve sentar à cabeceira dela.

EVANGELISMO E PREGAÇÃO

Quando entendido e entregue corretamente, a pregação simplesmente não pode evitar ser de tom e natureza evangelística. A pregação cristã é a proclamação de Jesus, inerentemente lembrando às pessoas que Jesus é o único Salvador do pecado. É ele que integra o evangelismo com toda nossa pregação. Pregar a Jesus é ser evangelista, e ser evangelista é pregar a Jesus.

Paulo oferece sua descrição mais definida da pregação em 1 Coríntios 2.1-5. O apóstolo fora criticado por seu estilo de pregação e "loucura" de sua lógica. Seus cinco versículos, retrucando, mostram ser Jesus a centralidade integrante de toda sua proclamação:

> *Eu, irmãos, quando fui ter convosco, anunciando-vos o testemunho de Deus, não o fiz com ostentação de linguagem ou de*

2 Em Efésios 4.11, Paulo diz que Jesus deu dons de apóstolos, profetas, evangelistas, pastores, e mestres. No Novo Testamento, Filipe é o único indivíduo chamado de "evangelista" (At 21.8); contudo, em Mateus 28.18–20 todo crente é ordenado a proclamar o evangelho, em especial os pastores, como fica evidente em 2 Timóteo 4.5. O dom de evangelismo se manifesta em sucesso numérico na pregação evangelística – quer em particular, quer pública. Referir a Robert Thomas, *Understanding Spiritual Gifts* (Grand Rapids: Zondervan, 1999), 192–94; 206–7.

sabedoria. Porque decidi nada saber entre vós, senão a Jesus Cristo e este crucificado. E foi em fraqueza, temor e grande tremor que eu estive entre vós. A minha palavra e a minha pregação não consistiram em linguagem persuasiva de sabedoria, mas em demonstração do Espírito e de poder, para que a vossa fé não se apoiasse em sabedoria humana, e sim no poder de Deus.

Isto não quer dizer que Paulo só pregava sermões sobre a vida e morte de Jesus nem que fazia sermões expositivos apenas de um dos quatro evangelhos. Qualquer leitura das cartas paulinas mostra rapidamente que ele pregava e dava instruções sobre ampla gama de vivência cristã. No entanto, todo assunto tratado era ancorado em Cristo e na verdade do evangelho. D. A. Carson explica que Paulo "não podia falar muito tempo sobre alegria cristã, ou ética cristã, ou a doutrina cristã de Deus ou qualquer outra coisa, sem acabar ligando-a com a cruz".[3]

J. C. Ryle estende a centralidade de Cristo além de Paulo para toda a Bíblia:

Desafio todo leitor... a perguntar-se com frequência o que é a Bíblia para ele. Seria uma Bíblia em que você só encontra uma coletânea de preceitos morais e bons conselhos? Ou seria uma Bíblia em que Cristo é tudo? Se não for essa segunda opção, você terá usado a sua Bíblia com bem pouco propósito. Será como um homem que estuda o sistema solar, ignorando o sol – o verdadeiro centro de tudo. Não é de admirar que ache a Bíblia livro muito maçante![4]

Mais aguçado ainda, John Jennings lança o desafio:

Que Cristo seja o assunto de nossa pregação. Exibamos a divina

---

3 D. A. Carson, *A Cruz e o Ministério Cristão* (São José dos Campos, SP: Editora Fiel, 2009), . Ele continua, chamando a pregação de Paulo de "centrada no evangelho" e o próprio Paulo como "centrado na cruz".

4 J. C. Ryle, *Santidade* – 2ª edição (São José dos Campos, SP: Editora Fiel, 2009).

dignidade e beleza de sua pessoa como "Deus manifestado em carne" – desvendando seu ofício de mediador, a ocasião, o desígnio e o propósito de sua grande empreitada – lembrando nossos ouvintes dos detalhes de sua encarnação, morte, ressurreição, ascensão e intercessão – apresentando as características que ele porta de profeta, sacerdote e rei; como pastor, capitão, advogado e juiz. Demonstremos a suficiência de sua satisfação, o sentido e a excelência da aliança confirmada por e com ele, nossa justificação por meio de sua justiça, a adoção através de nossa relação com ele, nossa santificação por seu Espírito, nossa união com ele como Cabeça, e salvo conduto por sua providência. Mostremos como perdão, graça e glória cabem aos eleitos por meio de sua segurança e seu sacrifício, dispensados por sua mão. Declaremos e expliquemos em seu nome as suas mais santas leis, ensinando ao povo quaisquer deveres tenha ordenado a Deus, ao próximo, e a nós mesmos – avivando os santos para o dever, erguendo suas esperanças, estabelecendo e consolando suas almas por meio das preciosas e mui grandes promessas do evangelho, que nele são sempre "sim e amém".[5]

Jennings está certo. Jesus é sempre o assunto de nossa pregação. Há, na pessoa de Jesus, valor suficiente para encher todos os sermões de todo domingo por toda a eternidade.

Mas isso desperta uma pergunta com a qual todo pregador tem lutado: como destacar Jesus se ele não estiver no texto que você está pregando? É óbvio que isso não é um problema se você estiver pregando nos quatro evangelhos, ou em algum texto cristológico. Mas, e se a passagem sobre a qual está pregando não tiver Jesus e sua salvação como assunto?

Alguns resolvem o problema materializando claramente a Jesus em tais textos. A hipertipologia, a alegoria, a espiritualização e a analogia são empregadas para revelar que, se você olhar bem de perto, Jesus realmente está em

5 John Jennings, "Of Preaching Christ," em *The Christian Pastor's Manual*, ed. e rev. por John Brown (n.p., 1826; repr., Ligonier, PA: Soli Deo Gloria, 1991), 34.

tudo. Sim, as Escrituras falam de Jesus Cristo (Lc 24.27; Jo 5.39). Sim, ele é o foco e alvo de toda a Palavra escrita de Deus. Mas interpretar todo versículo, parágrafo ou toda perícope como sendo especificamente sobre Cristo faz com que o evangelho esteja nadando nas águas da hermenêutica de Orígenes. Orígenes via múltiplas camadas de significado além da leitura simples da Escritura.[6] Com muita frequência, amarrava tudo a uma ligação alegórica com Jesus. Contudo, nem toda passagem da Escritura é sobre Jesus. Encontrá-lo em lugares onde a mente do autor não o colocou despreza a intenção tanto do autor humano quanto do Autor divino.

Então, como pregamos Jesus a partir de textos onde ele não é o referencial direto? Simples: Jesus deve estar em todo sermão, ainda que não esteja em todo texto. Há uma enorme diferença entre fazer a transição de um texto para uma verdade do evangelho e encontrar o evangelho em um texto onde ele não está explicitamente referenciado. A maioria de nós conhece a frase de Spurgeon: "Tomo o meu texto e corro direto para a cruz".[7] Nisso eu concordo de coração com o Príncipe dos Pregadores. Encontrar uma rota para o evangelho a partir do texto da pregação é bem diferente de brincar de esconde-esconde com o evangelho em um texto que não o contém. As boas novas de que Deus proveu um Salvador deve ter centralidade integradora em nossos sermões, sem mexer com a intenção do autor em determinada passagem.

Existem diferentes abordagens a essa ligação do evangelho com o sermão, dependendo do texto. Por exemplo, alguns textos têm temas que conduzem claramente para o evangelho, mas que um leigo pode não perceber. Por exemplo, em 1 Samuel 14, Jônatas é condenado à morte por quebrar uma ordem de Saul. No entanto, os soldados de Jônatas o resgataram, o que podiam fazer por terem guardado perfeitamente essa lei (v.45). A ideia é que, uma pessoa pode ter um pecado perdoado se alguém ficar em seu lugar, e isso só dá certo se quem está no lugar do condenado estiver sem pecado aos olhos da Lei. Uma curta caminhada deste texto nos conduz ao evangelho, e essa

---

6 Orígenes empregava o método alegórico e via na Escritura três sentidos: literal (significado terreno), moral (relacionado à vida religiosa), e espiritual (relacionada à vida celestial) (*De Principiis* 4.2.49; 4.3.1); ver também, Roy B. Zuck, *Basic Bible Interpretation* (Colorado Springs: Cook, 1991), 36.

7 Lewis Drummond, *Spurgeon: Prince of Preachers* (Grand Rapids, Kregel: 1992), 222–23. Para mais sobre a filosofia da pregação de Spurgeon por trás dessa linha, ver de R. Albert Mohler Jr. "A Bee-Line to the Cross: The Preaching of Charles H. Spurgeon," *Preaching* 8, no. 3 (Nov/Dez 1992): 25–30.

espécie de exemplo é abundante no Antigo Testamento.

Outros textos possuem implicações mais amplas do evangelho. Por exemplo, se você estiver ensinando através de 1 e 2Reis, um tema comum é que o pecado leva ao juízo, enquanto o arrependimento conduz ao perdão. Outro tema é como a linhagem de Davi recusou viver segundo as promessas feitas a Davi, no entanto, Deus é fiel a essas promessas. Exemplos assim são muitos, e oferecem conexão fácil à mensagem do evangelho.[8]

A linha base é que no fim, toda passagem/texto/tópico acaba vindo para o assunto do pecado do homem e da glória de Deus. Quando essas questões surgem no sermão, não é difícil explicar, oferecendo o evangelho em curtas ou compridas apresentações. Na verdade, é imperativo que se faça exatamente isso.

AI DE MIM!

Em nenhum outro lugar a ordem de pregar o evangelho é mais bem personificada que em 1 Coríntios 9.16. Com uma responsabilidade de vasculhar a própria alma com consequências eternas, Paulo exclama: "ai de mim se não pregar o evangelho!" Noutras palavras, ele está dizendo: Serei amaldiçoado, condenado, maldito, se eu não proclamar a notícia de que Jesus é o Salvador! Com linguagem ainda mais forte, o apóstolo diz aos romanos que preferia ele mesmo ser condenado que ver seus irmãos judeus perecerem sem Cristo:

> *Digo a verdade em Cristo, não minto, testemunhando comigo, no Espírito Santo, a minha própria consciência: tenho grande tristeza e incessante dor no coração; porque eu mesmo desejaria ser anátema, separado de Cristo, por amor de meus irmãos, meus compatriotas, segundo a carne. São israelitas. Pertence-lhes a adoção e também a glória, as alianças, a legislação, o*

---

8 Dale Ralph Davis oferece um dos mais úteis exemplos de conectar toda passagem ao evangelho, honrando o intento original do autor, evitando as alegorias, simbolismos e significados ocultos desnecessários. Ver especialmente: Davis, *1Samuel* (Ross-Shire, England: Christian Focus, 2008), embora ele tenha também livros semelhantes sobre Josué a 2Reis.

> *culto e as promessas; deles são os patriarcas, e também deles descende o Cristo, segundo a carne, o qual é sobre todos, Deus bendito para todo o sempre. Amém! Romanos 9.1-5*

Não existe paixão mais forte e pessoal pelas almas do próximo do que quando se está disposto a sacrificar a própria alma pela salvação desse próximo. Será que Paulo realmente considerou trocar sua salvação pela deles? Não, ele estava usando a ilustração mais hiperbólica para expressar o mais intenso desejo de ver outras pessoas virem à fé em Cristo.

Como pregadores, é essa espécie de desejo ansioso que devemos nutrir pela salvação das almas. O evangelismo deve ser uma paixão motriz, alvo pessoal de cada momento em que o pregador abre a boca para falar. O puritano Thomas Brooks disse: "A salvação das almas deve ser primeiro e o máximo no olho do pregador, aquilo que está mais próximo e caloroso em seu coração".[9] É demasiadamente comum que pastores achem mais fácil focar na apreciação de seus sermões por parte de seus ouvintes, do que se as almas dos ouvintes recebem ou não a salvação.

O pregador tem de chegar a um acordo quanto ao fato de que o sermão não é um fim em si mesmo. É um meio para alguns fins – como o fortalecimento da fé, o encorajamento dos santos, a confrontação dos pecados. Com certeza, um dos principais fins é a salvação das almas. Os pastores devem assumir o fato de que o culto principal do domingo não é apenas a oportunidade de entregar um sermão, mas, mais importante, ver a conversão de almas.

ORGULHOSO DEMAIS PARA IMPLORAR?

Além do Senhor Jesus, é difícil imaginar um evangelista mais talentoso, dotado, fiel e destemido que o apóstolo Paulo. Porque suas cartas são tão teologicamente pesadas, alguém poderia concluir que ele era um teólogo esotérico intelectual, que ministrava em uma fabulosa de torre de marfim. Nada mais longe da realidade. Paulo empregava seus dons, dados por Deus,

---

9 Thomas Brooks, *The Works of Thomas Brooks*, 4 vols. (Carlisle, PA: Banner of Truth, 2001), 4:35.

e seu gênio teológico na persuasão evangelística. Explicou aos coríntios: "De sorte que somos embaixadores em nome de Cristo, como se Deus exortasse por nosso intermédio. Em nome de Cristo, pois, rogamos que vos reconcilieis com Deus. Aquele que não conheceu pecado, ele o fez pecado por nós; para que, nele, fôssemos feitos justiça de Deus" (2 Co 5.20,21).

Existe muito neste versículo para os pregadores.

Primeiro, observe como Paulo identifica a si e a seus companheiros como "embaixadores de Cristo". Ele via a si como promovendo a Cristo, não a ele mesmo. O louvor da sua pregação seria dirigido a Jesus, não a ele. Uma representação fiel de Cristo vai contra a maré da autopromoção no púlpito. A. F. Garvies desmascara essa tentação com estas penetrantes palavras ao pregador a respeito de sua pregação:

> *O próprio chamado traz consigo um perigo secreto e sutil ao pregador no desejo de receber o louvor dos homens. O aplauso humano pode parecer mais importante do que a aprovação divina. A popularidade pode parecer o seu céu, a obscuridade, seu inferno. Prevalece uma avaliação falsa do valor da pregação. O pregador atrai? Ele agrada? Os seus ouvintes o louvam? São essas as perguntas feitas, e não: Ele disse a verdade plena e destemidamente? Ofereceu a graça de Deus com ternura e sinceridade? Conclamou os homens efetivamente ao arrependimento, fé, e santidade? Mesmo se o pregador escapar da degradação de aparar as velas a fim de pegar a brisa da popularidade, ainda que o conteúdo e propósito de seus sermões permaneçam certos, facilmente ele pode pensar na habilidade de sua pregação e na reputação que está adquirindo mais do que na glória de Deus e no lucro dos homens.*[10]

Desejar o louvor dos homens acima da aprovação divina é um rasgo ministerial e no recuo das ondas há perigo de morte para o pregador (Tg 4.6). Enquanto estiver tentando direcionar o foco da congregação para Deus, existe sempre pre-

10 A. E. Garvie, *The Christian Preacher* (Edimburgo: T T Clark, 1920), 311.

sente um murmúrio de orgulho que audaciosamente procura roubar a glória (Is 42.8). É o epítome da hipocrisia ministerial, e isso se combate ao fazer como alvo da pregação a salvação das almas ao invés do aplauso das pessoas.

Segundo, Paulo continua sua metáfora identificando o referencial de sua representação – o próprio Deus. Lembra aos coríntios que "Deus instava através de nós". Deus envia seus representantes com os termos de paz que estão contidos no evangelho. É dever e privilégio do embaixador representar fielmente o seu soberano, com perspicácia e paixão.

Terceiro, Paulo revela sua atitude na pregação evangelística: implorar. Escreve ele: "Em nome de Cristo, rogamos que vos reconcilieis com Deus" – pedimos, insistimos, rogamos. É o apaixonado cuidado, a preocupação constante de Paulo em favor dos que estão perdidos. A palavra grega para "rogar" (δέομαι, déomai) tem uma gama de significados que vai desde forte desejo, pedido apaixonado, e até mesmo mendicidade emocional.[11] Somos orgulhosos demais para mendigar, chorar, implorar? Somos orgulhosos demais para pedir encarecidamente ao descrente que considere a Jesus (Hb 3.1)? As palavras de Spurgeon ressoam em meus ouvidos: "Oh, meus irmãos e minhas irmãs em Cristo! Se os pecadores serão condenados, que pereçam tendo os nossos braços em volta dos seus joelhos, implorando que fiquem e não se destruam loucamente".[12]

Que jamais seja percebido ou dito que somos orgulhosos demais para implorar que as pessoas se aproximem da cruz para obter perdão de seus pecados.

EMPECILHOS PARA A PREGAÇÃO DO EVANGELHO

Lucas, no capítulo onze, descreve uma tarde quando Jesus almoçava na casa de um fariseu. Enquanto ali, Jesus repreendeu a hipocrisia dos fariseus e advogados, com resultado previsível: "Saindo Jesus dali, passaram os escribas e fariseus a argüi-lo com veemência, procurando confundi-lo a respeito de muitos assuntos, com o intuito de tirar das suas próprias palavras motivos para o acusar" (Lc 11.53-54). No meio de toda essa hostilidade, enquanto milhares

---

11 Ver também Gálatas 4.12. Heinrich Greeven, "δεομαι," *TDNT* 2:40–42.

12 Charles Spurgeon, "The Wailing of Risca: A Sermon Delivered on Sabbath Morning, December 9th 1860," in *The Metropolitan Tabernacle Pulpit* (Pasadena, TX.: Pilgrim Publications, 1986), 7:11.

pisoteavam uns aos outros na tentativa de ouvir cada uma das palavras de Jesus, ele voltou-se para os discípulos e os encorajou a ser fiéis evangelistas.

Os discípulos haviam visto o Mestre sendo provocado e persistentemente atormentado. Encontravam-se em meio a uma multidão cujo coração estava disposto à matança. Era inevitável que esses homens estivessem apavorados. Se as multidões não gostavam de Jesus e do que ele dizia, que esperança tinham os discípulos em sua pregação?

O fato de que a rejeição pareça tão certa é uma das razões pelas quais relutamos em compartilhar a mensagem vivificadora de Jesus Cristo. Se, com nossas razões e desculpas, chegarmos ao denominador comum mais básico, teremos de admitir que é medo. É exatamente o empecilho paralisante que os discípulos enfrentaram: Temos medo, medo de rejeição, medo de parecermos ridículos, ser rotulados, perseguidos, despedidos do emprego, demovidos, passados de lado, ignorados, deixados de fora, desprezados, desafiados por questionamentos que não conseguimos responder, ou simplesmente envergonhados. É estranho que o temor nos impeça de proclamar a verdade de que o evangelho dissolve todos os temores.

Quando Jesus olhou nos olhos assustados de seus discípulos, providenciou um mapa para navegarem através de seus temores a fim de pregar seu evangelho. Esses "insights", esse entendimento, são para encorajar a todos nós na pregação evangelística. Em vez de temer a ameaça dos homens, devemos temer a Deus. Naquele momento de tensão, Lucas recorda as palavras de Jesus: "Digo-vos, pois, amigos meus: não temais os que matam o corpo e, depois disso, nada mais podem fazer. Eu, porém, vos mostrarei a quem deveis temer: temei aquele que, depois de matar, tem poder para lançar no inferno. Sim, digo-vos, a esse deveis temer" (Lc 12.4-5).

Jesus jamais garantiu a seus discípulos proteção de sua vida física. Na verdade, em sua maioria, eles seguiram os passos de João Batista e também morreram. No entanto, Jesus os conclamou ao mesmo nível de compromisso, lembrando-lhes que a coragem do pregador na transmissão da mensagem do evangelho está arraigada em seu entendimento da realidade do inferno. Deus é o autor da vida, soberano sobre a morte, e juiz de todos. Somente ele tem autoridade para determinar quem serão os habitantes do inferno.

O inferno é descrito como lugar de tormento e fogo "onde não lhes morre o verme, nem o fogo se apaga" (Mc 9.44), um "fogo eterno" (Mt 18.8); "fogo e enxofre" (Ap 14.10; 20.10; 21.8); e "fornalha de fogo" (Mt 13.42, 50). Jesus pregou mais sobre o inferno do que qualquer outra pessoa na Bíblia. No entanto, os teólogos ainda tentam extinguir o fogo do inferno. Clark Pinnock expressa sucintamente a perspectiva liberal da doutrina do inferno quando diz:

> *Permita que eu diga de começo que considero o conceito do inferno como tormento infindo do corpo e da mente uma doutrina exorbitante... Como um cristão pode projetar uma divindade tão vindicativa, de tamanha crueldade, cuja maneira inclua infligir tortura eterna sobre suas criaturas, por mais pecadoras que elas sejam? Com certeza um Deus que fizesse isso seria mais parecido com um Satanás do que com Deus.*[13]

É exatamente por esta razão que os pastores são chamados para pregar o evangelho, para participar da graça de Deus e impedir pessoas de irem para o inferno. Compare a citação de Pinnock com a de William Nichols, e pergunte-se qual teologia conduz a um evangelismo mais sincero: "O calor do fogo os atormentará para sempre, e o fedor do enxofre ofenderá seus sentidos, enquanto a negritude das trevas os horrorizará... Para os condenados que habitarem o lugar de ira eterna, o Inferno será a verdade aprendida tarde demais"![14]

Nos sermões domingueiros, os pregadores não devem negligenciar a pregação sobre os horrores do inferno ou a consequência catastrófica de rejeitar a Cristo. Quando deixamos de pregar sobre o inferno, ignoramos a ênfase nas Epístolas sobre o juízo vindouro, pulamos grande parte do ensino de Jesus nos Evangelhos, bem como arrancamos o livro de Apocalipse da Bíblia.

Alguns negligenciam o ensino quanto ao inferno, enquanto outros minimizam as tormentas do inferno. Subestimar a realidade do inferno leva a uma crença em uma espécie de purgatório onde se espera uma segunda oportunidade após a morte, fazendo, portanto, que as pessoas pensem haver muito

13 Clark Pinnock, "The Destruction of the Finally Impenitent," *CTR* 4, no. 2 (1990): 246-47.

14 William C. Nichols, introduction to *The Torments of Hell: Jonathan Edwards on Eternal Damnation*, ed. William C. Nichols (Ames, IA: International Outreach, 2006), ii, iv.

tempo para "acertar a vida com Deus". O inferno é dor física, solidão, trevas acentuando o medo, remorso, separação de Deus, e ausência de uma segunda chance. Deus nos envia como embaixadores para implorar que as pessoas se reconciliem com ele. Não se engane: falar da realidade do inferno é essencial para a pregação da mensagem do evangelho.

Conquanto o temor seja um empecilho para o evangelismo, outro impedimento é a excessiva familiaridade. Tal familiaridade pode entorpecer o zelo evangelístico. Liberdade excessiva com o sagrado conduz à complacência. Uma atitude relaxada para com a Palavra de Deus e a sua Grande Comissão distorcerá o seu foco, tirando-o da salvação de almas para a modificação comportamental e o ensino legalista.

Convicções calvinistas irresponsáveis também podem impedir a pregação evangelística. Um entendimento desequilibrado da soberania de Deus, destacando a sua vontade soberana na eleição em detrimento do meio pelo qual Deus conduz os perdidos a seu reino, pode gerar uma diminuição do fervor evangelístico na pregação. John Frame descreve essa tendência singular de pregadores calvinistas, bem como sua cura, da seguinte maneira:

> *Já ouvi calvinistas dizerem que nosso alvo na pregação deverá ser apenas espalhar a palavra, não conduzir à conversão, por ser este o trabalho de Deus. O resultado muitas vezes é uma espécie de pregação que cobre o conteúdo bíblico, mas contrário ao que faz a Bíblia, deixa de instar com os pecadores que se arrependam e creiam. Sejamos claros quanto a este ponto: o alvo da pregação evangelística é a conversão. E o alvo de toda pregação é uma resposta sincera de arrependimento e fé. O hiper-calvinismo, na verdade, desonra a soberania de Deus, pois sugere que (1) o vigoroso esforço humano, direcionado para um alvo, nega a graça soberana de Deus e, (2) tais esforços vigorosos não possam ser o meio escolhido de Deus para conduzir as pessoas para a salvação. O propósito soberano de Deus é salvar as pessoas por meio do testemunho de outras pessoas.*[15]

15 John Frame, *The Doctrine of God* (Phillipsburg, NJ: PR, 2002), 122–23.

A lembrança de que nós somos o meio que Deus, soberanamente, escolheu para levar a salvação ao mundo é o antídoto para o erro de usar a soberania de Deus como desculpa para limitar a evangelização.

Presumir que todos os que assistem o culto em nossa congregação aos domingos sejam salvos pode impedir os sermões evangelísticos. Paulo conclama todo crente a examinar sua posição na fé. Ele ordena os coríntios: "Examinai-vos a vós mesmos se realmente estais na fé; provai-vos a vós mesmos. Ou não reconheceis que Jesus Cristo está em vós? Se não é que já estais reprovados. Mas espero reconheçais que não somos reprovados" (2 Co 13.5-6; ver também 1 Co 11.28-31).

Deve haver regularmente uma autoavaliação de nossa fé em Cristo. É responsabilidade do pregador pregar o evangelho diante do qual a congregação possa fazer tal avaliação. João o apóstolo ecoa o mesmo princípio: "Ora, sabemos que o temos conhecido por isto: se guardamos os seus mandamentos... Nisto sabemos que estamos nele: aquele que diz que permanece nele, esse deve também andar assim como ele andou" (1 Jo 2.3,6). O pregador jamais deverá presumir que sua congregação tenha fé. O padrão de expectações bíblicas e a mensagem do Evangelho deverão ser apresentados semanalmente, para exame e salvação.

A pregação do evangelho glorifica o Salvador, santifica o pregador, conduz à salvação o pecador, revigora o crente, traz a igreja de volta ao foco, e incentiva esforços missionários. Em suma, a pregação do evangelho vira o mundo de cabeça para baixo (At 17.6). Temos uma missão e um mandato: fazer discípulos (Mt 18.18-20). E temos a lembrança semanal do evangelho funcionando como catalisador para a conversão dos que ainda não foram salvos. Por que algum pregador negligenciaria a pregação do evangelho?

Horatius Bonar disse: "Viveram homens, de quem nunca lhes foi perguntado por seus pastores, se haviam nascido de novo".[16] Que isso jamais se diga com respeito às pessoas das nossas congregações!

---

16 Horatius Bonar, *Words to Winners of Souls* (Boston: The American Tract Society, 1814), 33.

CAPÍTULO 9

EQUIPANDO OS SANTOS:
TREINAR OS CRENTES A GANHAR OS PERDIDOS

BRIAN BIEDEBACH

Os pastores têm a responsabilidade final de treinar seu povo para evangelizar.

Isso pode ser negligenciado por parecer um peso intimidante e esmagador, mas na verdade, a tarefa é mais simples do que se possa imaginar. O Novo Testamento mostra que o evangelismo – quando entendido corretamente – está intimamente ligado ao trabalho normal da igreja local. Como demonstra a igreja em Atos 6, o pastor focado no ensino e na oração será mais bem equipado para ajudar sua congregação a se apaixonar pela alegria de conduzir os perdidos ao evangelho.

Um dos principais alvos do pastor é equipar a congregação a levar o evangelho ao mundo. Se for verdade que o evangelismo é a principal tarefa do crente e que a principal tarefa do pastor é equipar os santos a fazer a obra do ministério, segue que ensinar a congregação a evangelizar será uma das maiores prioridades do pastor.

Contudo, em um mundo antagônico ao evangelho, e numa igreja que muitas vezes parece hesitante nesse mister, evangelizar pode parecer um desafio desanimador. Como equipar o seu rebanho a levar as boas novas a um mundo que odeia Cristo, é apático quanto à vida após a morte, e está disposto a rejeitar a revelação divina? Verdade é que a maioria dos pastores provavelmente desejaria treinar melhor os membros de suas congregações para ganhar os perdidos e muitas vezes, eles mesmos sentem-se inadequados na questão do evangelismo.

Destacando ainda mais essa fraqueza, não existe falta de programas oferecendo ajuda aos pastores nessa tarefa. É comum às igrejas promover seminários de final de semana, cursos após os cultos, conferências, classes de Escola Dominical – tudo com objetivo de equipar os santos para a obra do evangelismo. Mas, embora alguns programas de treinamento sejam de boa ajuda, talvez você se surpreenda que esses nãos são os principais recursos dados por Deus ao pastor visando essa tarefa. Na verdade, a melhor forma do pastor tornar seu povo apaixonado por evangelismo é ele mesmo ter essa paixão ministerial.

O pastor é responsável por estudar, discipular, pregar, aconselhar, testemunhar, visitar, liderar, e quase tudo e qualquer coisa mais que acontece na igreja. Se um pastor se dedica às responsabilidades certas, treinar os outros em evangelismo deverá ser subproduto natural daquilo que ele já faz. Isso ocorre quando lembramos estes três princípios: o evangelismo envolve mais do que testemunhar, o evangelismo é modelado pela pregação, e o evangelismo é motivado por meio da oração e o ministério da Palavra.

EVANGELISMO ENVOLVE MAIS DO QUE TESTEMUNHAR

Como eu cresci na igreja, as viagens missionárias a curto-prazo faziam parte normal dos meus anos de mocidade. Naquelas viagens, eu aprendi inicialmente a respeito de evangelização. Eu memorizara versículos chaves sobre a salvação e aprendi a compartilhar o evangelho ao aprender passagens do livro de Romanos.

1. A pessoa tem de reconhecer seu próprio pecado (Rm 3.23)
2. Porque Deus é santo, os pecadores merecem o castigo eterno por quebrar a sua lei (Rm 6.23)
3. Para solucionar o dilema da santidade de Deus e do pecado humano, Jesus morreu na cruz para que os que confiam na sua obra salvadora sejam salvos (Rm 5.8; 6.23)
4. Se a pessoa crê nisso, ela deve arrepender-se de seus pecados e confiar em Jesus Cristo como seu Senhor (Rm 10.9-10).

Armado com algumas passagens sublinhadas em minha Bíblia, os versículos que eu havia decorado e aqueles passos chaves para a salvação, passei muitos dias conversando com outras pessoas sobre o evangelho. Ia de porta em porta ou me aproximava das pessoas em um parque e perguntava-lhes se eu podia lhes falar de Jesus Cristo. Na maioria das vezes, essas pessoas eram completamente desconhecidas e, provavelmente, eu nunca mais as veria.

Embora dezenas de portas tenham sido batidas na minha cara, houve outros casos que me dava grande alegria, quando muitas pessoas escutavam. Algumas até mesmo seguiram os passos que eu lhes delineara, entregando sua vida a Jesus Cristo. Embora eu seja grato por essas experiências, crendo que Deus tenha usado algumas conversas para trazer pessoas a ele, o empreendimento todo na verdade não era "evangelismo" no sentido mais pleno da palavra. No máximo, foram ocasiões para "testemunhar", e testemunhar é apenas uma parcela do evangelismo.

No novo Testamento, o evangelismo envolvia muito mais do que somente "dar testemunho". O conceito de testemunhar vem da palavra grega μαρτυρέω (marturēo), que significa apenas "testificar". É um termo legal que pode referir-se a uma pessoa que testifica em tribunal aquilo que viu ou experimentou. Por exemplo, em João 5.33, João Batista "testifica" a verdade a respeito de Jesus. Todos os cristãos podem dar testemunho semelhante ao próximo sobre Jesus, ao descrever como eles mesmos vieram a conhecer o evangelho (1 Jo 1.2).

Testemunhar é responsabilidade de todo crente verdadeiro – especialmente dos que são dotados para o evangelismo. Mas o evangelismo bíblico vai além de testemunhar. O termo *evangelismo* é mais amplo e seu entendimento remonta ao que os evangelistas faziam nas Escrituras.

Efésios 4.11-12 é um exemplo. Paulo disse: "Ele mesmo concedeu uns para apóstolos, outros para profetas, outros para evangelistas e outros para pastores e mestres, com vistas ao aperfeiçoamento dos santos para o desempenho do seu serviço, para a edificação do corpo de Cristo". Nesse contexto, Paulo explica que Deus não somente edifica a igreja como também mantém a unidade da igreja por intermédio da diversidade de dons dados por Deus (4.7-16). Entre esses dons dados à igreja para crescimento e direção estão os evangelistas e pastores.

É um indicativo de que os evangelistas, como os pastores, estão ligados à igreja local. Conquanto os pastores sejam os que ensinam regularmente (1 Tm 5.17), os evangelistas são os que proclamam as boas novas da salvação com regularidade. O evangelista enfoca especificamente as áreas onde o evangelho ainda não foi ouvido, visando plantar e fortalecer a igreja. Por exemplo, em Atos 21.8, Filipe é chamado de evangelista. Mas é errado dizer que a única responsabilidade do evangelista é a proclamação (ou testemunhar).

Os evangelistas do Novo Testamento são mais parecidos com os missionários e plantadores de igreja do que pensamos normalmente ao ouvir a palavra *evangelista*. As cruzadas e conferências evangelísticas têm o seu lugar, mas o retrato bíblico do evangelista é alguém envolvido na plantação e no fortalecimento da igreja. John MacArthur diz:

> *O evangelista não é um homem com dez ternos e dez sermões que faz um espetáculo teatral. No Novo Testamento, os evangelistas eram missionários e plantadores de igreja... indo onde Cristo ainda não tinha sido pregado e conduzindo as pessoas à fé no Salvador. Então eles ensinavam a Palavra aos novos crentes, os edificando e mudando adiante para outro território.*[1]

A conexão mais clara no Novo Testamento entre o ministério pastoral e o evangelismo se encontra, com certeza, em 2 Timóteo 4.5, onde Paulo ordena a Timóteo: "faze o trabalho de um evangelista". O contexto é claramente pastoral. Timóteo sabia que a Bíblia era a Palavra de Deus (2 Tm 3.16) e que ele deveria aplicar-se à sua leitura (3.17). Na verdade, na presença de Deus e do Senhor Jesus Cristo, e à luz do reino vindouro, Timóteo deveria "pregar a Palavra" (4.2), "convencer, exortar, repreender" com paciência por ser ele ministro da Palavra de Deus. A longa descrição do ministério pastoral feita a Timóteo termina com a exortação de "fazer a obra do evangelista" a fim de cumprir seu ministério (4.5).

As instruções paulinas a Timóteo tornam-no exemplo perfeito do que deve ser o evangelista bíblico. É óbvio que tanto para Paulo quanto para

1 John MacArthur, *Ephesians*, MNTC (Chicago: Moody, 1986), 143.

Timóteo, a obra do evangelismo estava desembaraçadamente ligada a um ministério longo de pregação em uma igreja local. Isso significa que se o pastor for fiel ao seu ministério, pregando, corrigindo, aconselhando e se opondo aos erros, ele dará um exemplo de evangelismo à sua igreja. Sendo assim, a pregação da Palavra é capaz de equipar uma igreja para a evangelização.

É essencial que o pastor entenda isso. O melhor que ele pode fazer para fortalecer o evangelismo de sua congregação é cumprir com excelência as tarefas que Deus lhe deu para fazer. Quanto mais forte for a sua pregação, mais pessoas se tornarão discípulas, e quanto mais dedicado ele for para sua igreja, mais o evangelismo dela prosperará.

EVANGELISMO É MODELADO PELA PREGAÇÃO

Lembro claramente quando fiquei apaixonado pelo evangelismo. Era 1987 e eu passei o verão em Londres com outros jovens, falando sobre Jesus Cristo.

Naquela viagem, encontrei um homem que dizia ser sacerdote do satanismo. Quando o vi pela primeira vez, ele tinha cruzes invertidas costuradas em seu casaco e o número 666 aplicado nas costas. Conversamos um dia nas ruas de Londres e quando comecei a compartilhar versículos, ele afirmou que a Bíblia se contradizia. Citou alguns versículos que pareciam ser contraditórios e declarou que jamais seria possível que a Escritura fosse verdade. Quando procurei as referências, eu fiquei estupefato, não conseguindo responder às suas objeções. Mas disse-lhe que se ele pudesse me encontrar no final da tarde, eu teria descoberto como reconciliar aquelas passagens.

Passei a tarde com meus companheiros de viagem examinando aquelas passagens e orando pela conversão daquele homem. Fiquei surpreso porque ele resolveu aparecer de tardezinha e ainda mais surpreso porque ele estava com o rosto pintado com chamas vermelhas. Ele estava convencido de que o inferno seria uma grande festa e Satanás o recompensaria pelo mal que ele fizesse. Junto com o grupo, compartilhamos com ele o que aprendemos aquela tarde e foi o suficiente para ele dizer que queria conversar mais conosco.

Naquelas férias de verão, esse homem nos visitou diversas vezes, lendo a Escritura conosco, argumentando e até orando junto. No fim, ele arrependeu-se de sua rebeldia contra Cristo e entregou-se ao senhorio de Jesus Cristo. Lembro bem da noite em que ele começou a arrancar as cruzes invertidas de seu casaco. Naquelas semanas, nós o vimos transformado de dentro para fora. Sua atitude era diferente; seus amigos eram outros; toda sua aparência mudou.

Em agosto, voltei para a casa de meus pais na Califórnia. Já voltei diversas vezes a Londres, e à Missão da Cidade de Londres em Croyden e visitei o membro da equipe que nos recebeu. Mas nunca mais conversei com aquele homem desde a viagem missionária de 1987, e não conheço mais ninguém que o tenha visto. Minha oração é para que ele esteja servindo fielmente ao Senhor em algum lugar, mas não sei se é o que ocorre. O que sei é que não pude "cumprir a tarefa de evangelista" em seu sentido mais completo da palavra. Depois de firmar um compromisso verbal com Jesus Cristo, o que aquele homem mais precisava era ser pastoreado com a Palavra.

Em Efésios 4.11-12, Paulo descreve o papel instrumental dos pastores na edificação dos crentes para o serviço. A passagem descreve diferentes ofícios na igreja e implicitamente destaca que pastores e evangelistas são pessoas diferentes. Homer Kent nota que "O pastor-mestre geralmente descreve a pessoa com responsabilidades localizadas, diferente do evangelista".[2] Os evangelistas e os pastores têm muitas responsabilidades iguais, mas a principal diferença é que geralmente, o evangelista tem um ministério de pregação onde Cristo não é conhecido, enquanto o pastor-mestre tem um ministério contínuo onde uma igreja já está estabelecida. Nos dois casos, a pregação é o método de proclamação que domina seu ministério.

Embora muitas vezes seja entendido que a pregação é a ferramenta principal usada por um pastor para "pastorear o rebanho", o mesmo entendimento quando se trata de evangelismo é perdido. Isso se via na igreja primitiva. O primeiro exemplo que vemos de evangelismo baseado na igreja foi no sermão de Pedro em Atos 2, que serviu como fundamento da igreja. Em Atos 7, Estêvão pregou baseado em diversas passagens do Antigo Testamento, proclamando Cristo aos judeus. Paulo seguiu o mesmo padrão, e a primeira coisa que fazia ao entrar numa nova cidade era pregar aos judeus na sinagoga, e, em seguida, aos gentios.

---

2 Homer Kent, Jr., *Ephesians: The Glory of the Church* (Chicago: Moody,1971).

Porque Deus dá pastores à igreja com o propósito de equipar os santos para obras de serviço (Ef 4.11-12), e porque o ministério primário dos pastores é a exposição da Escritura à sua congregação, a pregação expositiva a equipará para a obra do serviço. E essa obra inclui o evangelismo. É claro que o evangelismo é diferente de mera pregação, mas a pregação correta é componente essencial para modelar o evangelismo. À medida que os membros da congregação adquirem compreensão mais profunda da Palavra de Deus, tornam-se mais bem preparados para testemunhar, fazer discípulos, e ministrar ao próximo que não conhece Jesus Cristo. Quando um púlpito expõe diligente, apaixonada e corretamente a Palavra de Deus, ele naturalmente ajuda a motivar seus membros a realizar a obra para a qual foram preparados.

EVANGELISMO É MOTIVADO PELA ORAÇÃO E PELO MINISTÉRIO DA PALAVRA

Muitos anos atrás, quando eu pastoreava uma igreja na África do Sul, um crente novo perguntou-me algo que me fez avaliar o que realmente faz que as pessoas sejam motivadas a compartilhar Cristo com os perdidos.

- Pastor, o que é um missionário?

Inicialmente, achei óbvia a resposta, mas perguntei-lhe por que ele queria saber. Ele replicou:

-- É que tenho conhecido todo tipo de gente aqui na África que se chamam de missionários, mas não consigo perceber o que eles têm em comum.

Estava claro para aquele jovem sul-africano que nem todos que se chamam missionários estão envolvidos diretamente na proclamação do evangelho. Um missionário é alguém enviado para ajudar a cumprir a Grande Comissão (Mt 28.19-20). A principal frase ativa deste trecho é "fazer discípulos". É o cerne do significado de ser missionário. Em Mateus 28.19-29, os particípios "batizando" (βαπτίξομτεσ baptizontes) e "ensinando" (διδάσκοντεσ didaskontes) ajudam a descrever como alguém "faz discípulos". No final, a não ser que a pessoa esteja envolvida em batizar os crentes novos, ensinando-lhes a guardar tudo que Cristo tem ordenado, não estará envolvida em tudo que manda a Grande Comissão.

Muitas pessoas que se chama de "missionárias" são desviadas por questões sociais tais como trabalho com órfãos da AIDS, alimentação de famintos, treinamento para trabalho, e o desempenho de muitos outros ministérios de misericórdia. Embora sejam de grande importância, o modelo claro da Escritura é que essas boas obras não podem estar separadas do ministério da igreja local. Ademais, a igreja local deve manter o foco correto de fazer discípulos batizando e ensinando, e tal foco motivará a congregação a influenciar o mundo para Jesus Cristo.

A questão é: como um pastor pode manter sua igreja (e seus missionários) sem desviar da meta principal, com questões sociais, ao mesmo tempo em que os mantêm preparados e motivados a influir em seu mundo para Cristo? Era a questão enfrentada em Atos 6. Enquanto a igreja tinha de lidar com a questão social (viúvas passando fome), ela teve de manter o foco do evangelismo. É uma situação esclarecedora porque representa a primeira vez que a igreja podia ter perdido o foco sobre a Grande Comissão para se envolver no ministério social. O modo como os pastores agiram nos ensina não apenas a prioridade da pregação e da oração, como também como uma igreja pode manter o foco no evangelismo ao mesmo tempo mantendo as pessoas fiéis umas as outras. Há três marcas daquela primeira igreja que nos ensinam sobre sua motivação evangelística: estavam ansiosos por servirem uns aos outros; a liderança tinha o foco sobre as coisas certas; o testemunho seguia naturalmente.

UMA IGREJA ONDE SERVIAM UNS AOS OUTROS

O capítulo seis de Atos começa com um problema. Na hora que a igreja experimentava crescimento exponencial, havia nela pessoas com necessidades físicas que não estavam sendo supridas. As viúvas de língua grega estavam sendo esquecidas, não adequadamente cuidadas pelos líderes.

Não era segredo que muitos judeus palestinos desprezavam os judeus de língua e cultura grega. Os judeus de idioma grego provinham de diversos lugares espalhados por todo o império romano (At 2.9-11); os judeus de idioma aramaico eram da Palestina. Conforme a tradição hebraica, havia uma esmola semanal para os carentes hebreus (doado toda sexta-feira e consistindo de quantia suficiente para quatorze refeições)[3]. Havia também uma distribuição diária para não residentes e transeuntes (que consistia em comida e bebida). Parece que, com o crescimento da igreja, ficou formada uma divisão entre os dois grupos, e as crentes de língua grega estavam sendo negligenciadas na distribuição para as viúvas da terra.

Observe como os apóstolos trataram a questão. Não pararam com a distribuição nem responderam de forma a demonstrar negligência no cuidado com os pobres da igreja. Pelo contrário, os apóstolos aproveitaram o interesse dos membros da igreja por cuidar uns dos outros, dizendo: "Irmãos, escolhei dentre vós sete homens de boa reputação, cheios do Espírito e de sabedoria, aos quais encarregaremos deste serviço" (At 6.3).

O versículo 5 de Atos 6 diz: "O parecer agradou a toda a comunidade" e elegeram homens que amavam a igreja. Isso não foi feito com desejo de ser politicamente correto, mas motivado pelo desejo dos apóstolos de ver o avanço do evangelho. Porque a igreja estava desejosa de cuidar uns dos outros, pôde continuar com o foco de alcançar os outros. Recusando se afundar em uma guerra de território político, as viúvas – bem como os homens – responderam com humildade. Como resultado, a igreja pôde concentrar-se no evangelismo.

A liderança da igreja primitiva (tanto os apóstolos quanto os primeiros diáconos) promoviam o evangelismo com a disposição de amar e servir uns aos outros. Esse é um lembrete essencial para aqueles pastores tentados a ver um foco interior da igreja como distração da tarefa de evangelização. Mas se a igreja não tiver harmonia interior, o evangelismo torna-se impossível. A mutualidade no serviço fez que a igreja mantivesse sua missão evangelística.

UMA LIDERANÇA ENFOCADA EM SUAS PRIORIDADES

No começo deste capítulo, tratei da responsabilidade pastoral de cumprir o trabalho de evangelista sendo fiel na pregação. Como a pregação da Palavra e a oração são os melhores meios para o ministro pastorear o rebanho, o melhor modo de demonstrar amor por seu rebanho é orar por eles e minis-

3 *b. B. Bat.* 8b. Ver também: *m. Pe'ah* 8:7; *b. B. Metz.* 38a.

trar-lhes a Palavra. Essa era a prioridade da primeira igreja, que disse: "quanto a nós, nos consagraremos à oração e ao ministério da palavra" (At 6.4).[4]

Tal liderança torna-se nosso padrão. Para manter o foco no evangelismo, os pastores se dedicaram à oração e à pregação. Pode até parecer contraintuitivo, mas considere as cinco maneiras que a pregação pastoral motiva sua congregação ao testemunho e evangelização:

1. Pregação do evangelho

Se ele articula clara e consistentemente a mensagem do evangelho em todo sermão, a sua congregação aprenderá o básico da mensagem da salvação e como explicá-la.

2. Admoestação

Instruindo a congregação a sair e compartilhar com descrentes o que aprendem a cada semana, ele desafiará os que estão crescendo no entendimento da verdade de Deus a proclamar o evangelho. Isso motiva a congregação a estar ativa no testemunho por ser isto a resposta ao que eles ouvem a partir do púlpito.

3. Ilustrações evangelistas

Se o pastor conta, como ilustrações, sobre ocasiões em que ele testemunhou e respostas que ele mesmo tem ouvido, sua congregação será encorajada a também testemunhar ao próximo. O pastor pode compartilhar os testemunhos daqueles que se converteram a Cristo por ter compreendido certas passagens, e isso pode encorajar outros a usar as mesmas passagens quando compartilham o evangelho com seus entes queridos.

4. Profundidade do evangelho

Sendo que a palavra evangelho (εὐαγγέλλιον evangelion) se encontra mais de noventa vezes no Novo Testamento, um pastor terá muitas oportunidades no decurso normal da pregação expositiva para se aprofundar mais

---

4 É digno de nota que os apóstolos tenham elevado suas próprias orações e estudo da Palavra acima de estar pessoalmente envolvidos no ministério de misericórdia da igreja. Essas prioridades vão contra grande parte do sentimento popular contra a pregação que se estende sobre o mundo evangélico moderno.

em seu significado. Às vezes será apropriado pregar um sermão inteiro a respeito de um único elemento no evangelho, como a crucificação ou ressurreição de Cristo. O pastor poderá enfocar temas específicos inerentes ao evangelho, tais como substituição, expiação, justificação. Especialmente enquanto estiver estudando os evangelhos, muitos sermões terão aplicativos relacionados ao evangelismo. Quanto mais o povo de um pastor vê o evangelho na Bíblia, mais eles o entenderão. O alvo é que, entendendo mais sobre o evangelho, o amem mais e fiquem mais ansiosos para compartilhá-lo com outros.

5. Entusiasmo contagioso

Um pastor que esteja animado com o fato de pessoas virem a Cristo naturalmente encorajará sua congregação a testemunhar. É difícil um crente deixar de compartilhar o evangelho quando as pessoas a seu redor estão tão apaixonadas por sua importância. Como Paulo exclamou: "Ai de mim se não pregar o evangelho!" (1Co 9.16). Destacando os batismos, permitindo que as pessoas deem seus testemunhos, enfatizando conversões radicais nas Escrituras, o pastor pode lembrar continuamente sua congregação da maravilha da salvação vinda a outras pessoas por meio do evangelismo.

São estes apenas cinco exemplos de como um pastor poderá equipar melhor sua congregação para o evangelismo, melhorando alguma coisa que ele já faz: pregar a Palavra. Enfim, os crentes empolgados por aquilo que aprendem da Palavra naturalmente compartilharão essas verdades com o próximo.

UMA IGREJA QUE TESTIFICAVA AOS PERDIDOS

O resultado de uma igreja em que a congregação serve ao próximo com autenticidade e os pastores têm o foco sobre as prioridades certas, é que a congregação naturalmente testemunhará aos que estão perdidos. Se a liderança da igreja tiver o foco certo, os membros da congregação não poderão deixar de compartilhar com seus vizinhos e familiares sobre as mudanças que estão ocorrendo em suas vidas.

Há uma expressão interessante em Atos 6.7 que encerra isso. Lucas escreve que em Jerusalém "se multiplicava muito a Palavra de Deus" (em inglês, na versão New American Standard diz "continuava se multiplicando" continua e ativamente). Lucas está nos comunicando que a Palavra de Deus proclamada estava sendo pregada em áreas cada vez mais extensas da comunidade de Jerusalém, como resultado da decisão dos apóstolos de se dedicar à oração e à pregação. Quando a Palavra de Deus é claramente proclamada e as sementes do evangelho caem sobre terra fértil, ela não pode deixar de crescer e se espalhar.

Surpreendente quanto a tal crescimento do evangelho é que aconteça pelos meios ordenados por Deus de oração e pregação. É um crescimento que não pode ser falso, nem estimulado falsamente, e muitas vezes tal crescimento rende resultados inesperados. Por exemplo, em Jerusalém, "grande parte dos sacerdotes obedecia à fé" (At 6.7). Com certeza era esse o grupo em Israel que menos esperavam ver convertido, mas espantosamente, muitos deles foram salvos.

Essa salvação não esperada é subproduto da pregação fiel da Palavra de Deus, e acontecem conversões desse tipo ainda hoje. À medida que crentes autênticos crescem no entendimento da Bíblia e do evangelho, naturalmente crescerão em amor uns para com os outros e no desejo de alcançar os perdidos com as boas novas de salvação da ira de Deus.

Se um pastor quer equipar melhor a sua congregação para o evangelismo, seus maiores esforços deverão estar na fiel exposição dos tesouros da verdade de Deus. A pregação bíblica banhada por oração será modelo de evangelismo e preparará os novos convertidos. A pregação bíblica motivará sua congregação a evangelizar como a primeira igreja em Atos – onde os líderes "concentravam na oração e ministério da Palavra".

CAPÍTULO 10

FALSA SEGURANÇA: UMA VISÃO BÍBLICA DA ORAÇÃO DO PECADOR

KURT GEBHARDS

Grande parte do evangelismo moderno se concentra na oração do pecador: "Senhor, eu te amo e sei que sou pecador. Entra em minha vida e torna-me íntegro..." Ao contrário da crença popular, a linguagem na maioria das "orações do pecador" simplesmente não é bíblica. Além disso, o resultado de usá-la é que as igrejas estão enfraquecidas, pessoas são enganadas, e são encorajados os falsos convertidos. Este capítulo explica o porquê e oferece uma abordagem melhor.

Em junho de 1988 eu era um jovem americano típico de dezesseis anos, terminando meu penúltimo ano do segundo grau. Tinha ido à igreja três vezes durante toda minha existência, sempre levado por outra pessoa. Mas, por alguma razão, nas férias de verão do penúltimo ano, resolvi ir por conta própria. Juntei-me ao grupo de mocidade para visitar um parque de diversões e consegui uma carona no banco da frente, ao lado do pastor da mocidade. Enquanto ele dirigia a van da igreja, falava-me de Jesus e do evangelho.

Não é necessário dizer que resolvi não voltar para casa no banco da frente da van. Eu apreciei a ousadia graciosa daquele pastor, mas para um novato espiritual como eu, era demais para suportar.

O cristianismo era novidade para mim, mas apesar de minha hesitação inicial, hoje percebo que Deus estava me atraindo de maneira poderosa para ele. Comecei a frequentar a igreja e a reunião de mocidade toda semana. Em novembro, um dos santos mais velhos da igreja se aproximou de mim e perguntou se eu havia me tornado cristão. Minha resposta refletiu tanto a minha ignorância que até hoje me envergonho dela.

-- Não, estou esperando o Ano Novo e posso lhe dizer que vai ser realmente grande.

Em minha mente, eu havia planejado o momento da minha conversão com uma oração do pecador estrategicamente colocada. Contudo, veio e foi-se o ano novo – e eu havia me esquecido. No dia 3 de janeiro, percebi que tinha perdido meu "encontro" com Deus. Depressa, ajoelhei-me ao lado da cama, pedi desculpas a Deus, e caminhei pela oração padrão que eu ouvira tantas vezes antes.

Havia um problema com minha tentativa vazia e de oração de fórmulas feitas: eu não tinha nenhum compromisso com Deus. Apesar de minha oração e frequência à igreja, estava mergulhando cada vez mais fundo no pecado e em seus prazeres. Não foi até meses mais tarde que Deus, em sua misericórdia, deu um fim à minha hipocrisia, libertando-me de meu pecado e minha superficialidade. Arrependi-me do meu pecado e submeti minha vida a Deus, e ele me transferiu das trevas para o reino de seu Filho amado (ver Cl 1.13). Noutras palavras, nasci de novo.

Minha história é comum. Muitas pessoas fazem a oração do pecador sem jamais se converter. No entanto, em grande parte da comunidade evangélica, a oração do pecador é quase universalmente aceita como o passo decisivo para tornar-se cristão. Além disso, muitos crentes consideram os seus encontros de evangelismo como tendo dado frutos apenas quando conduzem o descrente à oração do pecador. Mas, dada a importância crítica dessa questão – ou seja, a salvação – temos de examinar com seriedade o conceito da oração do pecador.

Essa "oração do pecador" é um exemplo de uma pressuposição errônea que infesta grande parte do evangelicalismo moderno. Vem da noção errada de que a decisão do pecador receber a Cristo é o fator determinante da salvação. A oração do pecador é produto do conceito de *decisionismo*, que remove totalmente a ideia de que, na realidade, é Deus quem atrai as pessoas para si. De fato, por essa pressuposição errada, muito do evangelismo moderno implica que, se a pessoa pede a Deus que ela seja salva, Deus é obrigado a atendê-la. Isso vira de cabeça para baixo a descrição que Jesus faz do novo nascimento (Jo 3.3-8) e representa uma séria distorção do evangelho. Enquanto Jesus disse que ninguém vem ao Pai se o Pai não o atrair a ele (Jo 6.44), a oração do pecador deixa implícito que são as pessoas que iniciam e selam sua própria salvação. Sendo assim, a oração do pecador é, na verdade, empecilho para o verdadeiro evangelismo.

Na realidade, não existe nada na Bíblia que seja nem remotamente parecido com a "oração do pecador". Ninguém jamais convida Jesus para entrar em seu coração dizendo algo parecido com "de agora em diante eu permito que no Senhor tome conta de minha vida". Mas se perguntarem ao evangélico médio o que fazer para tornar-se cristão, ele pode responder com algo parecido com a dita "oração do pecador". Até mesmo já aconselhei pessoas que viviam uma vida de pecado sem o mínimo fingimento de santidade nem sombra de afeto pelo Senhor Jesus, que dizem ser crentes. Por quê? Por que se lembram de ter feito aquela oração do pecador durante sua mocidade.

É surpreendente a popularidade da oração do pecador, apesar de não haver justificativa para tanto. As Escrituras demonstram ser visão míope e biblicamente ingênua, acreditar que alguém possa basear sua posição com Deus em uma única oração.

REPÚDIOS

As generalizações são perigosas; nem todo ponto de crítica se aplicará igualmente ao uso da oração do pecador. Existem evangelistas fiéis, compromissados com o Senhorio de Jesus Cristo, na salvação, no evangelho bíblico, e na pureza da igreja que têm usado a oração do pecador há muitos anos. Honro os evangelistas fervorosos que fielmente têm espalhado o evangelho. No entanto, todos os métodos de evangelização devem ser submetidos ao escrutínio bíblico.

Também, a minha crítica geral não tem intenção de diminuir a experiência de salvação de nenhuma pessoa. Conheço muitos cristãos piedosos que traçam sua salvação a pastores ou membros de suas famílias que pediram que tomassem uma decisão por Cristo. Às vezes, essa oração do pecador coincide com o momento de salvação de uma pessoa. Contudo, temos de perguntar se esse é um modelo útil e bíblico.

Reconheço que muitas pessoas jamais consideraram alguma alternativa a essa oração do pecador. É de uso tão comum e aceito como técnica evangelística que poucos pensariam ser problemático. O alvo deste capítulo, porém, não é fazer acusações, e sim, considerar biblicamente a oração do pecador, encorajando um método de evangelismo fiel à Palavra de Deus.

EXEMPLOS DA ORAÇÃO DO PECADOR

Existem muitas variações da oração do pecador. Uma rápida busca na internet oferece dezenas de exemplos, incluindo: "Senhor Jesus, creio que és Filho de Deus. Obrigado por morrer pelos meus pecados. Perdoe os meus pecados e dá-me o dom da vida eterna. Convido-te a entrar em minha vida e meu coração, e ser meu Senhor e Salvador. Quero servir-te para sempre".[1]

Eis mais uma: "Querido Senhor Jesus, sei que sou pecador e preciso de teu perdão. Creio que morreste pelos meus pecados. Quero deixar os meus pecados, e para isso, agora convido-te a entrar em meu coração e minha vida. Quero confiar em ti e seguir-te como Senhor e Salvador. Em nome de Jesus, Amém".[2]

Essas orações compartilham um reconhecimento verbal do próprio pecado, a divindade de Cristo, a necessidade do perdão de Deus e desejo de deixar o pecado. Tudo isso é bom. No final, existe um convite ou pedido para que Jesus entre em sua vida. Essa ideia de convidar a Jesus para entrar na vida e no coração faz parte fundamental da retórica da maioria dos evangélicos norte-americanos. Podemos ouvir também a linguagem *decisionista* como "Aceitei a Cristo como meu Salvador" ou "consagrei novamente minha vida ao Senhor" ou "fui para a frente na chamada ao altar e fui salvo".

Embora os motivos para essa espécie de oração sejam geralmente bons, a oração do pecador pode causar grandes danos espirituais porque não se en-

---

1 http://www.jesus2020.com/.

2 http://www.creativebiblestudy.com/knowchrist.html.

caixa com os exemplos, vocabulário ou teologia bíblicos. Antes de analisar as deficiências na oração do pecador, consideremos sua popularidade.

A POPULARIDADE DA ORAÇÃO DO PECADOR

Recebi recentemente um e-mail de um amigo não cristão que está em contato com o cristianismo há muitos anos. Ele tinha a impressão de que fazer essa oração ajudaria a "torná-la oficial". Escreveu: "Quero tornar-me oficialmente um cristão. Parece que o termo que todo mundo usa é nascer de novo, e então, estou pensando em como devo fazer isso. É simplesmente dizer determinada oração, ou devo completar algumas aulas especiais, ou ser primeiro batizado?".

Graças a Deus, esse e-mail deu início a um relacionamento de discipulado em que me encontrei com esse amigo e pude esclarecer o evangelho e os termos do discipulado de Jesus. Não queria afirmar a ideia que ele tinha de que havia necessidade de fazer alguma coisa para torná-lo oficial. Ele entregou sua vida a Cristo e eu o batizei três meses após aquele e-mail inicial.

Como o método de evangelismo que inclui a oração do pecador tornou-se tão popular que até os descrentes o conhecem? Primeiro, é fácil de fazer. É um ato concreto, específico, observável que muitas vezes satisfaz emocionalmente tanto o evangelista quanto o evangelizado. Como seres humanos finitos, com limitada capacidade de conhecimento, almejamos certeza e "fechar o acordo". Ao reduzir a salvação a um único ato de fazer a oração do pecador, simplificamos a questão, como alguém que apenas "marca a resposta correta" do cristianismo e vamos adiante na vida, sem entender no que a vida em Cristo realmente consiste. Se alguém pergunta "O que devo fazer para ser salvo?", a oração do pecador oferece uma resposta conveniente e fácil.

Segundo, a oração do pecador é reproduzível. É difícil e consome tempo ensinar alguém o que significa seguir a Cristo, a verdade sobre o evangelho, o batismo, tudo que Cristo ordenou (Mt 28.19-20). É muito mais fácil estimular alguém que quer ser cristão a simplesmente dizer uma oração. Nesse sentido, a oração do pecador é um atalho para o evangelismo. Conhecer e ensinar todo o evangelho – a divindade e o senhorio de Cristo, a total incapacidade humana de agradar a Deus por vontade própria, a natureza do verdadeiro arrependimento, a obra substitutiva de Cristo na cruz, e a ressurreição – é essencial para o evangelismo efetivo. A oração do pecador oferece uma lição abreviada. É o *fast-food* do evangelicalismo moderno.

Terceiro, a oração do pecador é mensurável. Em uma era de loucura de crescimento de igreja, os números são imprescindíveis para o entendimento do sucesso. A oração do pecador oferece maneira fácil de alardear o sucesso no evangelismo. Em muitos casos, a saúde e o crescimento dos convertidos é "menos importante" que o "número de decisões tomadas". Porém, quando a contagem de decisões torna-se medida da efetividade de um ministério, existe latente a ideia de que a habilidade do evangelista ou a apresentação feita pela igreja é o que conduz a pessoa a Cristo.

A ORAÇÃO DO PECADOR DIMINUI O IMPACTO DO EVANGELHO

Conquanto a oração do pecador seja usada com frequência por evangelistas bem intencionados, na realidade ela diminui o evangelho que pretende servir. Quase que cada uma das partes significativas dessa oração minimiza o poder do evangelho. Uma apresentação razoavelmente completa do evangelho pode ser organizada sob quatro subtítulos: (1) o caráter de Deus, (2) o pecado da humanidade, (3) Jesus Cristo o Salvador e (4) a resposta pessoal. A oração do pecador distorce a verdade em cada uma dessas categorias.

O caráter de Deus

Primeiro, a oração do pecador apresenta a Deus de maneira errada, revertendo os papéis de Deus e do ser humano. Apresenta a Deus como um salvador passivo que está esperando nossa resposta, descrevendo-o exclusivamente como misericordioso, enlanguescendo enquanto espera que mais uma alma o aceite. Essa não é uma apresentação acurada do Deus da Bíblia. Sim, ele é misericordioso e sim, ele regozija com os pecadores que são encontrados (Lc 15.6, 9, 20). Mas também ele está entronizado com poder (Sl 103.19), exaltado em esplendor e majestade (Is 45.5-7; 46.9-10). Ele reina sobre o mundo, no entanto, a típica oração do pecador o reduz a uma capacidade de ocupação secundária onde ele vigia e espera que o pecador responda.

Além disso, a apresentação de Deus nessa oração apela exclusivamente para sua misericórdia, descartando Deus como Criador e Juiz. Quando as pessoas fazem essa oração do pecador, estão vendo apenas um lado de quem Deus é – consequentemente, não o enxergam de maneira nenhuma. Se você vê o perdão de Deus, mas não concebe sua furiosa ira, ou enxerga sua misericórdia, mas é cego quanto à sua majestade, terá sempre um quadro incompleto.

A ideia de Deus estar no céu, esperando apenas que o pecador responda, conduz à uma espécie de jactância que as Escrituras rejeitam. O efeito final é que o pecador fica julgando a Deus, e mesmo que faça essa oração, estará elevando o humano acima do Deus infinito. Imagine convidar Deus para fazer alguma coisa, como se ele precisasse de nossa permissão para agir. Essa simplesmente não é a descrição bíblica da divindade.

O *decisionismo* tira Deus do trono de sua soberania fazendo de conta que a salvação depende somente da escolha do ser humano. Esse foco destacando a escolha e ação do homem é perigoso, pois facilmente leva a pessoa a não depender de Deus. A dependência é necessária não somente na salvação, como também na caminhada cristã. Provérbios 1.7 diz que o temor do Senhor é o princípio da sabedoria, no entanto, bem no começo da caminhada da pessoa com Deus, a oração do pecador eleva a pessoa acima do temor do Senhor. Talvez seja por esta razão que, ao evangelizar, Jesus jamais levou as pessoas a tomar uma decisão por ele.

O pecado da humanidade

Segundo, uma relação correta com Deus começa com uma avaliação certa de nossa necessidade e nosso estado pecaminoso. Em Efésios 2.1-2, Paulo fala fortemente sobre o pecado do ser humano, ensinando que no estado natural somos espiritualmente mortos, dedicados a Satanás. Uma oração decorada parece-nos leviana diante da gravidade do problema do homem.

Quando a pessoa reconhece verdadeiramente a profundidade de sua rebeldia, o resultado é um senso profundo, desesperado, de que ela é indigna.

Ela tem de ser levada a uma posição de falência total quando compreende o seu pecado (Mt 5.3). Como o publicano que bateu em seu peito, sentindo-se indigno de olhar para cima, devemos, com toda contrição, clamar a Deus pela salvação (Lc 18.13).

O convencimento do pecado faz bem à alma. De fato, é um dos ministérios chaves do Espírito Santo (Jo 16.8). Somos advertidos contra apenas uma tristeza segundo o mundo, antes, somos exortados ao verdadeiro arrependimento bíblico para que esse convencimento não acabe em morte, mas em vida eterna (2 Co 7.8-11). Por ser tão importante esse convencimento do pecado, é prejudicial tentar aliviar prematuramente o peso do pecador. Assim como uma perna quebrada não precisa tanto de anestesia e sim ser engessada, a alma é prejudicada se o convencimento for negligenciado e um *band-aid* for rapidamente aplicado numa fratura exposta. As pessoas precisam sentir a crise de estarem perdidas a ponto de se lançarem com todo esforço em busca da salvação (Lucas 13.24).

Fazer a oração do pecador é um curto-circuito da obra de Deus dentro do coração carregado. O coração pesaroso, entristecido pelo pecado, não precisa de uma reza em fórmula fixa tipo "repita depois de mim". Ele precisa clamar a Cristo na sua indignidade, agarrado somente à sua cruz. Sim, a salvação é urgente. Mas sua urgência não necessita que sejamos relaxados ou fabriquemos métodos destrutivos.

Jesus Cristo o Salvador

Terceiro, a oração do pecador rouba de Jesus Cristo a glória, focando apenas a escolha humana na salvação. Se as pessoas saem de um encontro evangelístico acreditando que a sua escolha é a razão pela qual foram salvas, não estará sendo exaltado o poder e a glória de Jesus Cristo.

Isso leva a uma pergunta divisora de águas. Quem, afinal, é que toma a decisão para a salvação de uma pessoa? A escolha reside, no fim, em pessoas que estão mortas nos seus pecados, ou está em Deus, o desejoso Redentor da humanidade? Quem é o principal operante na salvação?

A linguagem da oração do pecador é focada em pessoas e parece dar força e capacidade a elas para se salvarem. A morte e ressurreição de Cristo ficam minimizadas quando apresentadas como insuficientes para realmente salvar alguém. A salvação ocorre apenas pela graça de Deus, e obviamente é responsabilidade do ser humano responder a essa graça (Ef 2.8-10). No entanto, na maioria dos encontros em que é feita a oração do pecador, a ênfase fica quase que exclusivamente na resposta da pessoa e não na graça irresistível de Deus. Essa falta de equilíbrio perde a oportunidade de deleitar-se em Jesus Cristo o Salvador.

No fim das contas, nenhuma simples oração jamais salvou algum pecador: só Deus salva. A questão não é se aceitamos a Cristo, mas que Cristo nos recebe. Jesus Cristo não é um adolescente nervoso cursando segundo grau, esperando ao lado do telefone de oração para que qualquer pessoa simplesmente chame e o aceite. Ele é Salvador, Redentor, Autor e Consumador de nossa fé (Hb 12.2).

Consideremos os muitos termos passivos ligados à salvação na Bíblia: as pessoas são resgatadas (Cl 1.13), sua dívida é cancelada (Cl 2.14), elas são libertas de seus pecados (Ap 1.5). Ele nos salvou, escreve Paulo, e somos "justificados livremente por sua graça" (Rm 3.24; Tt 3.5). É claro que o homem é responsável pelo modo como responde à mensagem do evangelho, e também está claro que existe aqui uma tensão teológica, bem com um mistério nessa questão. Mas a oração do pecador evita totalmente a questão e a tensão ensinando ao recém-convertido uma visão mínima da soberania de Deus. Quando Nicodemos perguntou o que fazer para nascer de novo, Jesus não lhe eu uma oração para ser repetida. Afirmou que a salvação é obra do Espírito de Deus que faz o que quer conforme quer: "o vento sopra onde quer, ouves a sua voz, mas não sabes donde vem, nem para onde vai; assim é todo o que é nascido do Espírito" (Jo 3.8). A salvação jamais é separada de ouvir o evangelho (Rm 10.17; 1 Pe 1.23), mas vem sempre da soberana escolha de Deus.

Se Deus é quem opera a salvação, por que a oração do pecador põe tanta ênfase na escolha humana? Se somos consolados por um Deus rico em misericórdia que nos dá a salvação (Ef 2.6), com certeza também podemos confiar o evangelismo a ele. Se Deus começa uma obra no coração do homem, ele também a completará (Fm 6).

A resposta das pessoas

Onde quer que vá o evangelho, vai também um chamado para responder. As pessoas são moralmente culpáveis pela revelação de Deus que elas têm (Rm 1.18-23) e responsáveis de forma ainda maior quando ouvem o evangelho e a ordem de Deus de crer nele. A Bíblia não se cala quanto à resposta que termos de dar. O evangelho chama os pecadores ao arrependimento e fé.

O arrependimento é parte essencial da salvação. Repetidamente, Jesus ordenou que seus ouvintes se arrependessem (Mt 4.17; Lc 13.3). Homens e mulheres em todo lugar têm de se arrepender (At 17.30). O arrependimento implica o abandono do pecado e do eu, e total dedicação de si a servir e buscar Cristo. Mais comumente, a oração do pecador não transmite esse senso de verdadeiro arrependimento. 2 Coríntios 7.8-13 contêm mais de uma dúzia de descrições do verdadeiro arrependimento que conduz à salvação, bem como adverte contra o falso arrependimento que é simplesmente tristeza segundo o mundo. O evangelista fiel tem de entender essa diferença, e cuidadosamente conduzir o ouvinte a compreender o significado e a profundidade do verdadeiro arrependimento. Faltar com o arrependimento é faltar com o evangelho (At 2.38).

Geralmente, a oração do pecador contém algo sobre: "Senhor Jesus, creio em ti". Verdade é que uma parte do evangelho é crer nele, mas quem evangeliza tem de crer de maneira diferente dos demônios que estremecem, mas jamais gozarão do céu com Deus (Tg 2.19). Os demônios acreditam ortodoxamente nos fatos sobre Cristo, contudo, não possuem nenhuma dedicação pessoal a Cristo. Alguns evangelistas tomam a concordância do pecador quanto aos fatos da vida de Jesus, achando que isso é evidência de fé salvadora. Porém, isso realmente pode ser pouco mais do que uma fé superficial, semelhante à dos demônios, e a fé superficial – como o arrependimento superficial – é condenatória. A fé bíblica exige confiança (2 Co 1.9), dependência (Pv 3.5-6) e submissão a Deus como criador. A verdadeira fé implica no desejo de viver uma vida que depende de seu poder, dedicada à sua justiça (Rm 10.9-11).

Novamente, o problema não é que a oração do pecador chama o crente a exprimir sua fé em Deus – é o modo como essa oração é estruturada para transmitir falsa segurança à pessoa, tendo como base uma fé nebulosa e incerta. É claro que as pessoas têm de crer em Deus e no evangelho, mas uma simples declaração genérica de fé não deve induzir um falso senso de segurança.

A ORAÇÃO DO PECADOR PREJUDICA O PROGRESSO DO NOVO CONVERTIDO

A oração do pecador não somente falha quanto a esses componentes do evangelho, como também pode prejudicar o progresso no coração do novo crente. Isso porque presume que o relacionamento com Cristo seja completo, quando pode ainda não ser, parando aquém da submissão do pecador ao senhorio de Cristo na salvação e do compromisso com ser discípulo de Cristo de todo coração.

A primeira maneira que a oração do pecador prejudica o progresso dos santos é por não destacar o senhorio de Jesus na salvação. O que fica mais frequentemente perdido no momento da oração do pecador é a necessidade ainda maior desse pecador seguir a Cristo como Senhor.

Será que as pessoas a quem Cristo foi apresentado mediante a oração do pecador percebem que quando abraçam o cristianismo estão se comprometendo a "negar a si mesmo e tomar a cruz" (Lc 9.23)? Há necessidade de cautela aqui, pois a Escritura tem muitas referências a pessoas que professam conhecer a Deus, contudo negam-lhe por suas obras (Tt 1.16, confira com Is 29.13). Sem o encorajamento de contar o preço do discipulado, a oração do pecador tem a consequência não intencional de formar pessoas que começam uma tarefa sem compreender o que é requerido para completá-la (Lc 14.28).

Em Mateus 7.21, Jesus afirma a seus discípulos: "Nem todo o que me diz: 'Senhor, Senhor!' entrará no reino dos céus, mas aquele que faz a vontade de meu Pai, que está nos céus". Tal passagem exemplifica claramente a verdade de que "muitas pessoas" dirão crer em Cristo, enquanto nesse grande grupo apenas "alguns" realmente conhecem o Salvador e entrarão no reino do céu. A Escritura está cheia de exemplos de gente com falsas conversões, quer pessoas como descritas em 1 João 2.19, quer Demas em 2 Timóteo 4.10

– ou mesmo Judas Iscariotes, o falso convertido mais famoso de todos. Sem o desafio de contar o custo, a oração do pecador tem como resultado acrescentar à igreja pessoas como Demas. Querem seguir a Cristo, querem crer, mas ninguém lhes falou do sacrifício que isso requer.

Assim, a oração do pecador prejudica o progresso de novos crentes, deixando de enfatizar a necessidade da obediência. As exigências do discipulado são aspecto integrante da verdadeira salvação, no entanto, a oração do pecador as encobre completamente. É demasiadamente comum a intenção da oração do pecador ser a de fazer novos convertidos, enquanto o Senhor busca fazer discípulos (Jo 8.31; 13.35).

Uma compreensão correta da salvação que inclua sua gravidade bem como sua magnitude, fará que a pessoa tenha cuidado ao evangelizar. Os seguidores de Jesus certamente sabiam que "qualquer que não tomar a cruz e vier após mim não pode ser meu discípulo" (Lc 14.27).

Jesus esperava que seus discípulos contassem o preço do discipulado (Mt 10.37-39). Técnicas modernas de evangelismo muitas vezes são tão apressadas que só contam o número de decisões. O ensinamento de Jesus incluía sóbrias advertências e autênticos desafios aos que vinham a ele em busca de salvação. Repetidamente, ele os chamava ao caminho difícil de seguir (Mt 7.13-14). Tornar-se cristão era e é sinônimo de ser obediente discípulo de Jesus (Mt 28.19). A oração do pecador quase nunca destaca essa realidade. A dura verdade do discipulado é descartada de modo que o ponto da decisão é feita com a maior facilidade e mínima dor possível.

Jesus enfatizou ser a porta da salvação difícil de encontrar (Lc 13.24), embora o caminho largo tenha abertura fácil (Mt 7.13). No entanto, para muitos promotores da oração do pecador a porta da salvação não é de difícil acesso – quanto menos difícil de entrar. A oração do pecador faz que pessoas pensem que a salvação é tão fácil quanto repetir algumas palavras rituais. Isso simplesmente não honra a gravidade da decisão.

À luz dos muitos perigos que oração do pecador possui, sugiro fortemente que o evangelista, conselheiro ou pregador evite oferecer uma oração que os descompromissados possam repetir a mim de "se salvarem". Somos ordenados a fazer discípulos, ensinando-os a guardar tudo que Cristo ordenou

– não abreviar a Grande Comissão "indo por todo o mundo e fazendo que o maior número de pessoas possível repita uma oração para tornar-se cristão". Temos a obrigação de ensinar os descrentes a respeito do pecado, da graça de Deus, o poder e a ira de Deus, como também a Cruz e a ressurreição.

A ORAÇÃO DO PECADOR TIRA A INTENSIDADE DA PUREZA DA IGREJA

Muitos hoje exclamam contra o estado atual das igrejas evangélicas. Em alguns países, as igrejas têm números crescentes e influência decrescente. Há igrejas abarrotadas de gente, contudo muitas deixam completamente de viver de modo diferente do mundo.

Numa era onde o evangelicalismo decepciona mais do que entrega, devíamos estar prestando maior atenção à porta de entrada. O resultado de gerações desmamadas pela oração do pecador está na massa de pessoas não convertidas sentadas nos bancos da igreja, comprometendo sua pureza. Com tantos não cristãos achando que são cristãos, é fácil entender por que a igreja norte-americana moderna tem tão pouca efetividade: está repleta de "falsos iniciantes" – pessoas que não têm o Espírito Santo e assim, não possuem cristianismo básico. Levar pessoas não convertidas para dentro da igreja resulta em um cristianismo "carnal" que nada ajuda os "desviados" e "reconsagrados a Cristo".

Jesus advertiu sobre a presença de descrentes na igreja quando contou a parábola do joio e do trigo (Mt 13.24-30). Essa parábola declara que o joio crescerá junto do trigo, e avisa que tenhamos cuidado com essas falsas profissões. Muitos problemas na igreja são devidos à presença daqueles que já fizeram a oração do pecador e, no entanto, permanecem não convertidos. Impedem o testemunho da igreja que devia brilhar como a luz (Fp 2.15). Como resultado, a igreja está cheia de pessoas que louvam o cristianismo de boca para fora, mas nunca foram verdadeiras convertidas. Imagine alguém que vem à igreja, ouve a pregação do pastor, e ouve o pastor pedir que as pessoas tenham um compromisso com Jesus. Essa pessoa atende o convite e é conduzida a fazer a oração do pecador. Nessa altura, sua vida ainda não mudou, e conquanto ela possa crer em tudo aquilo que ouviu, não recebeu o desafio de se arrepender nem de contar o preço do discipulado ou reconhecer o senhorio de Jesus. Por não ter sido regenerada, e por não compreender o que é o verdadeiro discipulado, sua vida na verdade é danosa para o testemunho da igreja. O verdadeiro discipulado foi trocado por uma rápida e fácil decisão externa.

A ORAÇÃO DO PECADOR DÁ FALSA SEGURANÇA

Muitos defensores do uso da oração do pecador oferecem segurança de salvação ao que repetiu essa oração. Lembro-me de ter ouvido um líder evangélico levar milhares de pessoas à oração do pecador no estádio após sua pregação. Quando terminou, declarou-lhes: "Agora vocês são cristãos, nascidos de novo, e nunca deixem que ninguém questione isso". Essas pessoas nada ouviram sobre discipulado, arrependimento, sujeição de sua vida ao Senhor. Foram levadas a crer que foram salvas simplesmente porque repetiram essa oração. Imagine o horror de viver uma vida carnal que desonre a Cristo, acreditando sempre que é salva, para no final estar face a face com o Senhor e ouvir as palavras aterrorizantes: "Apartai-vos de mim, vos que praticais a iniquidade" (Mt 7.23).

É triste ver a carnalidade de falsas conversões ao cristianismo, e grande parte desse engano desnecessário vem como resultado da oração do pecador. Seria muito mais amável auxiliar as pessoas a compreender com acerto o que significa ser cristão, em vez de oferecer falsa confiança em uma conversão não existente. Dar um verdadeiro entendimento do que significa o cristianismo ajuda as pessoas a avaliar o preço do que significa tomar a cruz, crer no evangelho e seguir a Cristo. Tal entendimento talvez diminua o número de profissões imediatas de fé, mas será instrumental para verdadeiras conversões. Esta introspecção é o que Paulo ordenou em 2Coríntios 13.5: "Examinai-vos a vós mesmos se realmente estais na fé; provai-vos a vós mesmos. Ou não reconheceis que Jesus Cristo está em vós? Se não é que já estais reprovados". É verdade absoluta que qualquer pessoa realmente regenerada é selada para sempre e guardada pelo poder de Deus (Ef 1.14; 1Pe 1.5). Contudo, em 1Coríntios 13.5 somos ordenados a um autoexame para ver se pertencemos à fé. O ponto não é que cristãos podem perder a salvação – mas que há muitos falsos professadores (Tt 1.16; 1Jo 2.19) e que o coração das pessoas, "enganoso sobre todas as coisas" (Jr 17.9) pode às vezes fazer que acreditem ser cristãos quando suas vidas demonstram o contrário. Para lutar contra isso, Paulo pede seus leitores para que se examinaem. Tal exame não é fazer uma oração momentânea, mas é expressa por um compromisso de uma vida inteira de autoexame contínuo. Nosso cristianismo não se baseia em uma *decisão* feita há muitos anos – é fundamentada em nossa permanência em Deus desde agora e para sempre (Jo 15.1-5).

Sendo que a falsa profissão era preocupação no Novo Testamento, os cristãos não deverão estar tão prontos a conceder segurança sem o conhecimento real do estado verdadeiro do pecador. O evangelista fiel deve, porém, imitar o evangelismo de Cristo, desafiando as pessoas a avaliar o preço.

O pecador que sente esse peso não precisa de um papel assinado com data para ter segurança de salvação; precisa das promessas da Escritura. Permita que o Espírito Santo proveja segurança baseada na obediência (1 Jo 3.18-19) em vez da repetição de uma oração ou atendimento a um apelo evangelístico.

UMA ALTERNATIVA: A GRANDE COMISSÃO

Alguém poderá perguntar: Então qual deve ser minha abordagem se não usar a oração do pecador? Recomendo o método de evangelização mundial ensinado por Jesus: chamar o pecador ao arrependimento para o perdão (Lc 24.47), fazer discípulos, ensiná-los e batizá-los (Mt 28.19-20; Mc 16.15-18; At 1.6-9). Fazer discípulos inclui auxiliar as pessoas a entender a grandiosidade de seguir a Jesus (Lc 14.25-33). Ensinar é o labor da paciente instrução. O batismo representa uma declaração pública de compreender e crer no evangelho, com um compromisso de seguir a Cristo com toda dedicação.

De fato, tenho ouvido muita gente defender a oração do pecador dizendo "Aos que Jesus chamou, chamou-os publicamente" – como se o próprio Jesus tivesse usado a oração do pecador! É verdade que a maioria das pessoas chamadas por Jesus foram publicamente chamadas, e é verdade também que os cristãos são conclamados a fazer uma profissão pública de sua fé em Cristo. Mas a versão bíblica dessa profissão pública de fé está no batismo, não numa reza repetida. Elevar essa oração a este nível resulta em diminuir o valor do batismo.

Considerando que não existe nas Escrituras nada parecido com a tal oração do pecador, e considerando os perigos dessa utilização, não nos parece razoável continuar a usá-la como se isso marcasse a entrada na vida cristã. Em vez de sucumbirmos às fraquezas do sistema da oração do pecador, um encontro evangelístico que conduza ao ponto de uma resposta deverá seguir a Grande Comissão, ensinando as Boas Novas para que as respostas venham verdadeiras do coração. Desafie seus ouvintes a contar o custo, e é claro, encoraje-os a orar. Mas não os faça repetir uma oração depois de você como se as suas palavras fosse o importante, e não o coração deles.

Reaja com alegria se uma pessoa expressar vontade de tornar-se cristã. Encoraje os novos convertidos a participar da igreja, ler a Bíblia, orar, e fazer mudanças em sua vida. Ajude o novo crente a ficar firme em Jesus e em sua palavra, concordando em auxiliá-lo a começar sua vida cristã. Mas a ideia de dirigir uma pessoa em uma oração e daí dar-lhe falsa segurança é, com certeza, contraprodutivo ao evangelismo da Grande Comissão.

Nosso evangelismo será mais vigoroso, nosso fruto mais evidente e nossa igreja mais sadia se enfocássemos o chamado de Jesus para fazer discípulos, em vez de utilizar um substituto moderno e nocivo. Seguindo o modelo bíblico, teremos fruto do Espírito: um evangelho poderoso, crentes vivos, que crescem, e uma igreja pura.

PARTE 3

EVANGELISMO NA PRÁTICA

CAPÍTULO 11

JESUS COMO SENHOR:
COMPONENTES ESSENCIAIS DA MENSAGEM DO EVANGELHO[1]

JOHN MACARTHUR

Por trás de todas as perguntas teológicas a respeito do evangelismo, existe a questão: para que uma pessoa tenha fé salvadora, o que precisa ser transmitido a ela para que entenda a mensagem? Este capítulo trata dos aspectos práticos da mensagem do evangelho: quem Deus é, por que as pessoas estão afastadas dele, o que Cristo fez como mediador entre elas e Deus, e como as pessoas deverão responder.

Quando compartilhamos o evangelho com os descrentes, quais os principais elementos que devemos ter a certeza de comunicar? Aqui este livro torna-se prático. A pergunta verdadeira é: Como evangelizar os meus amigos, parentes e vizinhos? Para os pais, a pergunta é ainda mais importante: Como apresentar o evangelho a meus filhos?

O cristianismo recente tem assumido uma abordagem minimalista quanto a esta questão. Infelizmente, o desejo legítimo de expressar com clareza o coração do evangelho cedeu lugar a um empreendimento menos saudável: uma campanha para destilar as coisas essenciais da mensagem em termos mais possíveis de ser despidos. O glorioso evangelho de Cristo – aquilo que Paulo chamou de "poder de Deus para a salvação de todo aquele que crê"

1 Alguns elementos deste capítulo foram adaptados de John F. MacArthur, *The Gospel According to the Apostles* (Nashville: Thomas Nelson, 2000), 193–212.

(Rm 1.16) – inclui toda a verdade sobre Cristo. Contudo, o evangelicalismo de nossos dias parece ver o evangelho como um simples plano de salvação. Temos reduzido a mensagem a uma sucinta lista de fatos ditos no mínimo possível de palavras – e essa lista está ficando cada vez menor. Provavelmente você já tenha visto esses "planos de salvação" pré-embrulhados: "Seis passos para paz com Deus";[2] "Cinco coisas que Deus quer que você saiba";[3] "Quatro leis espirituais";[4] "Três verdades sem as quais você não pode viver";[5] "Duas maneiras de viver"[6] ou "Um único caminho para o céu".[7]

Outra tendência igualmente perigosa é reduzir o evangelho a uma conversa decorada. Muitas vezes, o treinamento evangelístico consiste em fazer que os cristãos memorizem uma série de perguntas, esperando que cada uma se enquadre dentro de uma determinada categoria entre várias com resposta pré-planejada.

Porém, o evangelho não é uma mensagem que possa ser encapsulada, resumida e encolhida em mini-envoltório, a ser oferecida como remédio genérico para todo tipo de pecador. Os pecadores ignorantes têm de ser instruídos quanto a quem Jesus é e porque ele tem o direito de exigir obediência. Pecadores cheios de justiça própria têm de ter seus pecados expostos pelas exigências da lei de Deus. Os desleixados pecadores têm de ser confrontados com a realidade do juízo iminente de Deus. Pecadores temerosos têm de ouvir que Deus em sua misericórdia proveu um caminho de libertação. Todos os pecadores precisam compreender a total santidade de Deus. Têm de entender as verdades básicas sobre a morte sacrificial de Cristo e sua ressurreição. Precisam ser confrontados com a exigência de Deus de que abandonem o pecado e abracem Cristo como Senhor e Salvador.

Além disso, em todas as ocasiões em que Jesus e os apóstolos evangelizaram – quer ministrassem a indivíduos ou a grupos – não há dois exemplos onde apresentaram a mensagem exatamente da mesma maneira usando precisamente a mesma terminologia. Sabiam que a salvação é obra soberana de

---

2 Billy Graham, *Six Steps to Peace with God* (Wheaton, IL: Crossway, 2008).

3 Al Smith, *Five Things God Wants You to Know* (Voice of Faith, 1980).

4 Bill Bright, *Have You Heard of the Four Spiritual Laws Pocket Pack* (Peachtree City, GA: New Life Publications, 1993).

5 "Three Truths You Can't Live Without," http://3things.acts-29.net/.

6 Matthias Media, "Two Ways to Live," http://www.matthiasmedia.com.au/2wtl/.

7 GetYourFreeBible.com, "One Way to Heaven," http://www.getyourfreebible. com/onewayenglish.htm.

Deus. Seu papel era pregar a verdade. O próprio Deus a aplicaria individualmente aos corações dos seus eleitos.

A forma da mensagem varia em cada caso. Contudo, o conteúdo deve sempre tornar a realidade da santidade de Deus e da condição perdida do pecador claramente compreensível. Então, ela aponta o pecador para Cristo como Senhor soberano e misericordioso, que comprou plena remissão para todos que voltarem-se para ele em fé.

Hoje em dia, muitas vezes, os cristãos são advertidos a não dizer demais aos perdidos. Certas questões espirituais são rotuladas de "tabu" ao falarmos com descrentes: a lei de Deus, o senhorio de Cristo, abandonar o pecado, entrega, obediência, juízo, e inferno. Tais coisas não devem ser mencionadas para "não acrescentarmos algo à oferta do dom gratuito de Deus". Existe quem leve esse evangelho reducionista ao extremo. Aplicando erradamente a doutrina reformada de "sola fide" (somente fé), tornam a fé em único tópico possível quando se fala aos incrédulos sobre seu dever para com Deus. Fazendo isso, tornam a fé totalmente sem significado ao despi-la de tudo a não ser seus aspectos de noção. Assim, alguns acreditam, estão mantendo a pureza do evangelho.

Na verdade, os que fazem isso estão solapando o poder da mensagem da salvação. Isso também contribui para uma população igrejeira de "convertidos" cuja fé é falsificada, e cujas esperanças repousam sobre promessas espúrias. Dizendo entorpecidamente que "aceitam Cristo como salvador", eles impudentemente rejeitam o seu direito como Senhor. Prestam louvor de boca para fora, mas o desprezam no coração (Mc 7.6). Afirmam casualmente com os lábios, negando-o deliberadamente com seus atos (Tt 1.16). Dizendo "Senhor, Senhor", de maneira superficial, obstinadamente se recusam a cumprir o que ele manda (Lc 6.46). Tais pessoas se enquadram na triste descrição dos "muitos" de Mateus 7.22-23 que, em um dia no futuro, ficarão atônitos ao ouvi-lo dizer: "Apartai-vos de mim, os que praticais a iniquidade".

O QUE DIZEMOS AO EVANGELIZAR

Se não existe uma descrição simples de uma conversa evangelística, o que o evangelista deve dizer ao proclamar o evangelho? Existem muitos livros úteis que dão diretrizes para testemunhar.[8] Neste capítulo, quero focalizar questões essenciais relacionadas ao conteúdo da mensagem que fomos chamados para compartilhar com os descrentes. Especificamente, se queremos articular o evangelho com a maior precisão possível, quais os pontos que temos de esclarecer? Segue aqui uma lista de fatos quanto ao evangelho que o evangelista deve se esforçar para incluir em toda conversação evangelística. Não estão em ordem cronológica; não estamos sugerindo "comece com número 1 e em seguida vá para o número 2" – apenas apresentamos uma lista para ajudá-lo. O evangelista deverá transmitir o seguinte em sua conversa de evangelismo:

Ensine sobre a santidade de Deus

"O temor do Senhor é o princípio da sabedoria" (Sl 111.10; Jó 29.29; Pv 1.7; 9.10; 15.33; Mq 6.9). Grande parte do evangelismo contemporâneo visa despertar tudo menos temor do Senhor na mente do pecador. Por exemplo: "Deus o ama e tem um plano maravilhoso para você" é a abertura do típico apelo evangelístico de hoje. Essa espécie de evangelismo vai longe da imagem de um Deus a quem devemos temer.

O remédio contra tal ideia está no ensino bíblico da santidade de Deus. Ele é totalmente santo, e a sua lei exige, portanto, santidade perfeita: "Eu sou o Senhor, vosso Deus; portanto, vós vos consagrareis e sereis santos, porque eu sou santo... vós sereis santos, porque eu sou santo" (Lv 11.44-45). "Não podereis servir ao Senhor, porquanto é Deus santo, Deus zeloso, que não perdoará a vossa transgressão nem os vossos pecados" (Js 24.19). "Não há santo como o Senhor; porque não há outro além de ti; e Rocha não há, nenhuma, como o nosso Deus" (1 Sm 2.2). "Quem poderia estar perante o Senhor, este Deus santo?" (1 Sm 6.20).

Até mesmo o evangelho requer isto de nós: "Porque escrito está: Sede santos, porque eu sou santo" (1 Pe 1.16) e "segui a paz com todos e a santificação, sem a qual ninguém verá o Senhor" (Hb 12.14).

---

8 Um recurso especialmente útil é de Will Metzger, *Tell the Truth* (2ª.ed.; Downers Grove, IL: InterVarsity, 1984). Junto com informações bastante práticas, Metzger também denuncia a tendência reducionista do evangelismo que tenho aqui descrito, e inclui uma seção muito perspicaz que contrasta o evangelismo centrado em Deus do evangelismo centrado no homem. Outro livro útil é o de Mark Dever, *O Evangelho e a Evangelização Pessoal* (São José dos Campos, SP: Editora Fiel, 2011), que oferece uma abordagem bastante prática ao evangelismo pessoal.

Por ser Deus santo, ele odeia o pecado: "Eu sou o Senhor, teu Deus, Deus zeloso, que visito a iniquidade dos pais nos filhos até à terceira e quarta geração daqueles que me aborrecem" (Ex 20.5).

Os pecadores não permanecerão diante dele: "Os perversos não prevalecerão no juízo, nem os pecadores, na congregação dos justos" (Sl 1.5).

Mostre-lhes o seu pecado

Evangelho significa "boas novas". O que torna essas novas realmente boas não é somente que o céu é de graça, como também que o pecado foi vencido pelo Filho de Deus. Tristemente, está na moda apresentar o evangelho como algo diferente do que remédio pelos pecados. A "salvação" é oferecida como meio de fugir do castigo, obter uma vida maravilhosa, sentir-se realizado, ter resposta aos problemas da vida, e promessa de perdão gratuito. Todas essas promessas são verdadeiras, mas são sub-produtos da redenção, não a questão principal. Quando o pecado não é tratado, as promessas de bênçãos divinas barateiam a mensagem.

Na Escritura, muitas vezes o evangelismo começa com uma mensagem de arrependimento e obediência.[9] O próprio Jesus pregou: "Arrependei-vos e crede no evangelho" (Mc 1.15). Paulo escreveu: "Se, com a tua boca, confessares Jesus como Senhor e, em teu coração, creres que Deus o ressuscitou dentre os mortos, serás salvo" (Rm 10.9). Em Pentecostes, Pedro pregou: "Arrependei-vos, e cada um de vós seja batizado em nome de Jesus Cristo para remissão dos vossos pecados, e recebereis o dom do Espírito Santo" (At 2.38). João escreveu: "Quem crê no Filho tem a vida eterna; o que, todavia, se mantém rebelde contra o Filho não verá a vida, mas sobre ele permanece a ira de Deus" (Jo 3.36). O autor de Hebreus disse: "Tendo [Jesus Cristo] sido aperfeiçoado, tornou-se o Autor da salvação eterna para todos os que lhe obedecem (Hb 5.9). Tiago escreveu: "Sujeitai-vos, portanto, a Deus; mas resisti ao diabo, e ele fugirá de vós. Chegai-vos a Deus, e ele se chegará a vós outros. Purificai as mãos, pecadores; e vós que sois de ânimo dobre, limpai o coração" (Tg 4.7-8).

---

9 Para um excelente livro traçando como começam as conversas evangelísticas na Bíblia, ver Richard Owen Roberts, *Repentance: The First Word of the Gospel* (Wheaton: Crossway, 2002).

Jesus e os seus apóstolos não hesitavam em usar a lei para o evangelismo.[10] Sabiam que a lei revela o nosso pecado (Rm 3.20) e é nosso aio ou tutor para nos conduzir a Cristo (Gl 3.24). É o meio usado por Deus para fazer que pecadores vejam a sua própria incapacidade. Fica claro que Paulo via um lugar importante no uso da lei nos contextos evangelísticos. Contudo, muitos hoje acham que a lei, com sua exigência inflexível de santidade e obediência, é incompatível e contrária ao evangelho.

Por que fazer tais distinções onde a Escritura não as faz? Se a Escritura nos acautelasse contra a pregação do arrependimento, obediência, justiça ou juízo para os descrentes, seria uma coisa. Mas a Escritura não dá tais advertências, e sim, o oposto. Por exemplo, quando perguntaram a Jesus o que fazer para herdar a vida eterna, ele respondeu pregando a lei e o senhorio de Cristo (Mt 19.16-22). Se quisermos seguir o modelo bíblico, não poderemos ignorar o pecado, a justiça e o juízo porque são exatamente as questões sobre as quais o Espírito Santo convence os não salvos (Jo 16.8). Podemos omitir esses assuntos e ainda dizer que pregamos o evangelho?

O evangelismo apostólico culminava em um chamado ao arrependimento (At 2.38; 3.19; 17.30; 26.20). É possível dizer aos pecadores que não precisam abandonar o pecado, e chamar isso de evangelismo? Paulo ministrava a descrentes quando anunciou "primeiramente aos de Damasco e em Jerusalém, por toda a região da Judeia, e aos gentios, que se arrependessem e se convertessem a Deus, praticando obras dignas de arrependimento" (At 26.20). Podemos nós reduzir a mensagem simplesmente para "aceite a Cristo" e esperar que estejamos ministrando de forma bíblica?

É de questionar que espécie de salvação existe para aqueles que não acreditam que são pecadores. Jesus não disse: "Os sãos não precisam de médico, e sim, os doentes; não vim chamar justos, e sim, pecadores" (Mc 23.17)? Oferecer a salvação a quem não entende a gravidade do pecado é cumprir as palavras de Jeremias 6.14: "Curam superficialmente a ferida do meu povo, dizendo: Paz, paz; quando não há paz".

10 Quando emprego o termo lei, não me refiro necessariamente à lei levítica ou aos Dez Mandamentos, mas a qualquer ensino bíblico que confronte o pecado. Para maioOres explicações sobre isso, ver de John F. MacArthur, *Romans 1-9*, MNTC (Chicago: Moody, 1991), 107–10, 138–43.

O pecado é que torna impossível a paz para os descrentes

"Mas os perversos são como o mar agitado, que não se pode aquietar, cujas águas lançam de si lama e lodo" (Is 57.20). Tal problema advém do fato de que o pecado tem as suas consequências (o ladrão vive com medo constante de ser preso), mas também vem por viver uma vida longe de Deus (Ef 4.18).

Todos pecaram

Paulo explica que "Não há justo, nem um sequer, não há quem entenda, não há quem busque a Deus" (Rm 3.10-11). Ninguém pode dizer que vai ao céu por ser uma boa pessoa.

O pecado torna o pecador digno de morte

"O pecado, uma vez consumado, gera a morte" (Tg 1.15) e "porque o salário do pecado é a morte, mas o dom gratuito de Deus é a vida eterna em Cristo Jesus, nosso Senhor" (Rm 6.23).

Os pecadores nada podem fazer para ganhar a salvação

"Mas todos nós somos como o imundo, e todas as nossas justiças, como trapo da imundícia; todos nós murchamos como a folha, e as nossas iniquidades, como um vento, nos arrebatam" (Is 64.6). "Visto que ninguém será justificado diante dele por obras da lei" (Rm 3.20). "Sabendo, contudo, que o homem não é justificado por obras da lei, e sim mediante a fé em Cristo Jesus, também temos crido em Cristo Jesus, para que fôssemos justificados pela fé em Cristo e não por obras da lei, pois, por obras da lei, ninguém será justificado" (Gl 2.16).

Os pecadores estão em estado deplorável

"Aos homens está ordenado morrerem uma só vez, vindo, depois disto, o juízo" (Hb 9.27). "Nada há encoberto que não venha a ser revelado; e oculto que não venha a ser conhecido" (Lc 12.2). "...Deus, por meio de Cristo Jesus, julgar os segredos dos homens...". "Quanto, porém, aos covardes, aos incrédulos, aos abomináveis, aos assassinos, aos impuros, aos feiticeiros, aos idólatras e a todos os mentirosos, a parte que lhes cabe será no lago que arde com fogo e enxofre, a saber, a segunda morte" (Ap 21.8).

Devemos instruí-los sobre Cristo e o que ele fez

O evangelho é a boa nova sobre Jesus Cristo e o que ele fez pelos pecadores. Embora o chamado ao arrependimento de uma vida de pecado esteja em toda parte da apresentação do evangelho, o arrependimento em si não é a mensagem do evangelho. O cerne da mensagem do evangelho é como Deus fez a ponte sobre o abismo entre os seres humanos, pecadores, e a sua própria santidade. Isso se vê na pessoa e obra de Cristo.

Ele é o Deus eterno

"No princípio era o Verbo, e o Verbo estava com Deus, e o Verbo era Deus. Ele estava no princípio com Deus. Todas as coisas foram feitas por intermédio dele, e, sem ele, nada do que foi feito se fez... E o Verbo se fez carne e habitou entre nós, cheio de graça e de verdade, e vimos a sua glória, glória como do unigênito do Pai" (Jo 1.1-3, 14). "Porquanto, nele, habita, corporalmente, toda a plenitude da Divindade" (Cl 2.9). Para entender o que Deus fez, o pecador tem de entender quem Cristo é.

Ele é Senhor de tudo

"É o Senhor dos senhores e o Rei dos reis" (Ap 17.14). "A si mesmo se humilhou, tornando-se obediente até à morte e morte de cruz. Pelo que também Deus o exaltou sobremaneira e lhe deu o nome que está acima de todo nome" (Fp 2.8-9). "Este é o Senhor de todos" (At 10.36).

Ele tornou-se homem

"Ele, subsistindo em forma de Deus, não julgou como usurpação o ser igual a Deus; antes, a si mesmo se esvaziou, assumindo a forma de servo, tornando-se em semelhança de homens; e, reconhecido em figura humana" (Fp 2.6-7).

Ele é totalmente puro e sem pecado

"Porque não temos sumo sacerdote que não possa compadecer-se das nossas fraquezas; antes, foi ele tentado em todas as coisas, à nossa semelhança, mas sem pecado" (Hb 4.15). "O qual não cometeu pecado, nem dolo algum se achou em sua boca" (1Pe 2.22). "Sabeis também que ele se manifestou para tirar os pecados, e nele não existe pecado" (1 Jo 3.5).

Aquele que não tinha pecado tornou-se sacrifício pelos nossos pecados

"Aquele que não conheceu pecado, ele o fez pecado por nós; para que, nele, fôssemos feitos justiça de Deus" (2 Co 5.21). "o qual a si mesmo se deu por nós, a fim de remir-nos de toda iniqüidade e purificar, para si mesmo, um povo exclusivamente seu, zeloso de boas obras" (Tt 2.14).

Ele derramou seu sangue como expiação por nosso pecado

"No qual temos a redenção, pelo seu sangue, a remissão dos pecados, segundo a riqueza da sua graça, que Deus derramou abundantemente sobre nós em toda a sabedoria e prudência, desvendando-nos o mistério da sua vontade, segundo o seu beneplácito que propusera em Cristo" (Ef 1.7-9). "Àquele que nos ama, e, pelo seu sangue, nos libertou dos nossos pecados" (Ap 1.5).

Ele morreu na cruz, provendo um caminho de salvação para pecadores

"Carregando ele mesmo em seu corpo, sobre o madeiro, os nossos pecados, para que nós, mortos para os pecados, vivamos para a justiça; por suas chagas, fostes sarados" (1Pe 2.24). "Havendo feito a paz pelo sangue da sua cruz, por meio dele, reconciliasse consigo mesmo todas as coisas, quer sobre a terra, quer nos céus" (Cl 1.20).

Em triunfo ele ressurgiu dos mortos

[Cristo] "foi designado Filho de Deus com poder, segundo o espírito de santidade pela ressurreição dos mortos, a saber, Jesus Cristo, nosso Senhor" (Rm 1.4). "O qual foi entregue por causa das nossas transgressões e ressuscitou por causa da nossa justificação" (Rm 4.25). "Antes de tudo, vos entreguei o que também recebi: que Cristo morreu pelos nossos pecados, segundo as Escrituras, e que foi sepultado e ressuscitou ao terceiro dia, segundo as Escrituras" (1 Co 15.3-4).

Ele abriu caminho para a reconciliação com Deus

Os pecadores estão separados de Deus por seu pecado. Não têm acesso a ele pela oração (Is 1.15) e estão alienados da comunhão que os que conhecem o Pai Celestial possuem (Ef 2.12). Porém, a morte e ressurreição de Cristo possibilitaram a reconciliação das pessoas com Deus (1 Pe 3.18).

Diga-lhes o que Deus exige deles

O requerimento é fé arrependida. Não é apenas uma "decisão" de confiar em Cristo para a vida eterna, mas um abandono total de tudo mais em que confiávamos, voltando-nos totalmente para Jesus Cristo como Senhor e Salvador. No centro do evangelismo está um chamado para a pessoa deixar de ser escrava do pecado para ser serva – escrava – de Deus.[11]

Arrependimento

"Convertei-vos e desviai-vos de todas as vossas transgressões; e a iniquidade não vos servirá de tropeço" (Ez 18.30). "Porque não tenho prazer na morte de ninguém, diz o Senhor Deus. Portanto, convertei-vos e vivei" (Ez 18.32). "Ora, não levou Deus em conta os tempos da ignorância; agora, porém, notifica aos homens que todos, em toda parte, se arrependam" (At 17.30). "Anunciei primeiramente aos de Damasco e em Jerusalém, por toda a região da Judeia, e aos gentios, que se arrependessem e se convertessem a Deus, praticando obras dignas de arrependimento" (At 26.20).

Seguir a Jesus

"Se alguém quer vir após mim, a si mesmo se negue, dia a dia tome a sua cruz e siga-me" (Lc 9.23). "Mas Jesus lhe replicou: Ninguém que, tendo posto a mão no arado, olha para trás é apto para o reino de Deus" (Lc 9.62). "Se alguém me serve, siga-me, e, onde eu estou, ali estará também o meu servo. E, se alguém me servir, o Pai o honrará" (Jo 12.26).

---

11 O conceito do cristão como escravo só faz sentido quando Jesus é entendido como Senhor. Ver meu livro *Escravo* (São José dos Campos, SP: Editora Fiel, 2012), especialmente o capítulo 2, para maiores informações sobre a relação entre o entendimento dos cristãos como escravos e Jesus como Senhor.

Confiança nele como Senhor e Salvador

"Crê no Senhor Jesus e serás salvo, tu e tua casa" (At 16.31). "Se com a tua boca confessares Jesus como Senhor e em teu coração, creres que Deus o ressuscitou dentre os mortos, serás salvo" (Rm 10.9).

Aconselhe-o a considerar o preço

A salvação é totalmente gratuita. Também entrar no exército. Você não precisa comprar sua entrada. Tudo de que precisa será providenciado. Mas existe um sentido em que seguir a Cristo – como servir no exército – custará muito para você. O preço pode ser sua liberdade, sua família, seus amigos, sua autonomia, possivelmente até mesmo a sua vida. A tarefa do evangelista – como do recrutador do exército – é dizer aos alistados em potencial a história completa. Exatamente por esta razão é que a mensagem de Jesus estava tão cheia de duras exigências:

> *Se alguém vem a mim e não aborrece a seu pai, e mãe, e mulher, e filhos, e irmãos, e irmãs e ainda a sua própria vida, não pode ser meu discípulo. E qualquer que não tomar a sua cruz e vier após mim não pode ser meu discípulo. Pois qual de vós, pretendendo construir uma torre, não se assenta primeiro para calcular a despesa e verificar se tem os meios para a concluir? Para não suceder que, tendo lançado os alicerces e não a podendo acabar, todos os que a virem zombem dele, dizendo: Este homem começou a construir e não pôde acabar. Ou qual é o rei que, indo para combater outro rei, não se assenta primeiro para calcular se com dez mil homens poderá enfrentar o que vem contra ele com vinte mil? Caso contrário, estando o outro ainda longe, envia-lhe uma embaixada, pedindo condições de paz. Assim, pois, todo aquele que dentre vós não renuncia a tudo quanto tem não pode ser meu discípulo.* (Lc 14.26-33)

O enigma gratuito/custoso, morte ou vida é expresso nos termos mais claros possíveis em João 12.24-25: "Em verdade, em verdade vos digo: se o grão de trigo, caindo na terra, não morrer, fica ele só; mas, se morrer, produz muito fruto. Quem ama a sua vida perde-a; mas aquele que odeia a sua vida neste mundo preservá-la-á para a vida eterna".

A cruz é central para o evangelho precisamente por sua mensagem gráfica, que inclui o horror do pecado, a profundeza da ira de Deus contra o pecado e a eficácia da obra de Cristo na crucificação do velho homem (Rm 6.6). A. W. Tozer escreveu: "A cruz é a coisa mais revolucionária que apareceu entre os homens".[12]

A cruz dos tempos romanos não conhecia concessões: jamais admitia acomodação. Ganhava todos os argumentos matando o opositor, silenciando-o para sempre. A cruz não poupou a Cristo, mas o matou como aos outros. Ele estava vivo quando o pregaram na cruz, e completamente morto quando o tiraram de lá seis horas depois. Foi essa a cruz que apareceu pela primeira vez na história cristã.

A cruz tem sempre seu caminho. Ganha vencendo o opositor e impondo a sua vontade sobre ele. Sempre domina. Jamais transige, não titubeia nem regateia nem entrega um ponto por amor à paz. Não se importa com a paz; só se importa em acabar com a oposição para vencer o mais rápido possível.

Conhecendo isso perfeitamente, Cristo disse: "Se alguém quer vir após mim, a si mesmo se negue, dia a dia tome a sua cruz e siga-me" (Lc 9.23). A cruz não apenas leva ao fim a vida de Cristo, ela acaba com a vida, a primeira vida, a vida antiga, de todo verdadeiro seguidor de Cristo. Destrói o padrão antigo, o padrão de Adão, na vida do crente, e leva-a a seu final. Então, o Deus que ressuscitou Cristo da morte, ergue o crente e começa uma nova vida. Isto, e nada menos que isto, é o verdadeiro cristianismo.

Insista com eles que confiem em Cristo

"Conhecendo o temor do Senhor, persuadimos os homens e somos cabalmente conhecidos por Deus; e espero que também a vossa consciência nos reconheça" (2Co 5.11). Paulo explica com rigor:

---

12 A. W. Tozer, *The Root of the Righteous* (Harrisburg, PA: Christian Publications, 1955), 34. Ver também pp. 63–65.

> *a saber, que Deus estava em Cristo reconciliando consigo o mundo, não imputando aos homens as suas transgressões, e nos confiou a palavra de reconciliação. De sorte que somos embaixadores em nome de Cristo, como se Deus exortasse por nosso intermédio. Em nome de Cristo, pois, rogamos que vos reconcilieis com Deus (2Co 5.19-20).*

"Deixe o perverso o seu caminho, o iníquo, os seus pensamentos; converta-se ao Senhor, que se compadecerá dele, e volte-se para o nosso Deus, porque é rico em perdoar" (Is 55.7). "Se, com a tua boca, confessares Jesus como Senhor e, em teu coração, creres que Deus o ressuscitou dentre os mortos, serás salvo. Porque com o coração se crê para justiça e com a boca se confessa a respeito da salvação" (Rm 10.9-10).

O CHAMADO AO BATISMO

Não há em nenhum lugar, no Antigo ou no Novo Testamento, um convite para pecadores crerem agora e só mais tarde obedecerem. O chamado para crer e obedecer é simultâneo. A palavra "obedecer", às vezes, é empregada para descrever a experiência de conversão: "tornou-se o Autor da salvação eterna para todos os que lhe obedecem" (Hb 5.9).

Alguém realmente supõe ser possível crer, perscrutar tudo que Jesus fez ao sofrer e morrer por nossos pecados? Poderia alguém aceitar a salvação de suas mãos – e então se desviar, não o exaltando com a vida, até mesmo o desprezando, rejeitando e descrendo dele exatamente como aqueles que o levaram à morte? Seria grotesca essa espécie de teologia.

A verdade é que nossa entrega a Jesus jamais será mais pura do que no momento em que nascemos de novo. Naquela hora sagrada, estamos inteiramente debaixo do controle do Espírito Santo, unidos a Cristo, recebendo um novo coração. Então, mais que nunca, a obediência não pode ser negociada e um convertido autêntico não desejaria que fosse (Rm 6.17).

Para todo cristão, a primeira ordem é o batismo. O batismo não é condição para a salvação, mas um passo inicial de obediência para o crente. A conversão está completa antes de acontecer o batismo; o batismo é apenas um sinal externo que testifica o que já ocorreu dentro do coração do pecador. O batismo é um ritual, e precisamente a espécie de "obra" que Paulo diz não pode ser meritória (compare com a circuncisão em Rm 4.10-11).[13]

No entanto, não se pode ler o Novo Testamento sem observar a forte ênfase que a igreja primitiva colocava no batismo. Presumiam simplesmente que todo crente autêntico embarcaria em uma vida de obediência e discipulado. Isso não podia ser negociável. Portanto, eles viam o batismo como ponto de virada. Só os que eram batizados eram considerados cristãos. Por essa razão o eunuco etíope estava tão ansioso por ser batizado (At 8.36-39).

Infelizmente, hoje em dia a igreja tem uma visão muito casual do batismo. É comum encontrar aqueles que professam ser cristãos há anos, mas nunca foram batizadas. Isso era incabível na igreja do Novo Testamento. Como nossa cultura evangelicalista despreza a importância da obediência a Cristo, perdemos o foco deste ato inicial da vida cristã.

Charles Spurgeon escreveu: "Se aquele que professa ser convertido declara distinta e deliberadamente que conhece a vontade do Senhor, mas não pretende cumpri-la, você não deverá mimar a sua presunção. É seu dever afirmar-lhe que ele não é salvo".[14] É claro que este princípio não proíbe aulas para novos crentes, classe de catecúmenos, estudo do catecismo ou até mesmo um breve tempo entre a conversão e o batismo. Mas quer dizer que, quando uma pessoa professa fé em Cristo, esse novo convertido deverá aprender sobre o batismo e o desejo de professar publicamente a sua fé.

Jesus como Senhor

A primeira declaração de fé na igreja primitiva foi "Jesus é Senhor" (cf. Rm 10.9-10). O senhorio de Cristo permeava toda a pregação apostólica, e permeia todo o Novo Testamento. Em seu primeiro sermão apostólico, a mensagem de Pedro em Pentecostes, este era o ponto mais alto:

---

13 Se o batismo fosse necessário para a salvação, Paulo certamente não teria escrito: "Dou graças *a Deus* porque a nenhum de vós batizei, exceto Crispo e Gaio... Porque não me enviou Cristo para batizar, mas para pregar o evangelho; não com sabedoria de palavra, para que se não anule a cruz de Cristo" (1Co 1.14,17).

14 Charles Haddon Spurgeon, *The Soul Winner* (repr., Grand Rapids: Eerdmans, 1963), 38.

> *A este Jesus Deus ressuscitou, do que todos nós somos testemunhas. Exaltado, pois, à destra de Deus, tendo recebido do Pai a promessa do Espírito Santo, derramou isto que vedes e ouvis. Porque Davi não subiu aos céus, mas ele mesmo declara: Disse o Senhor ao meu Senhor: Assenta-te à minha direita, até que eu ponha os teus inimigos por estrado dos teus pés. Esteja absolutamente certa, pois, toda a casa de Israel de que a este Jesus, que vós crucificastes, Deus o fez Senhor e Cristo (At 2.32-36).*

O contexto não deixa dúvidas quanto ao significado que Pedro dava. Era uma mensagem sobre a absoluta autoridade de Cristo como Soberano, Rei dos reis e Senhor dos senhores (1Tm 6.15-16).

Em todo o livro de Atos, o senhorio absoluto de Jesus é tema repetido. Quando Pedro abriu a mensagem do evangelho para os gentios na casa de Cornélio, declarou novamente "Ele é Senhor de tudo" (At 10.36). A verdade de seu senhorio era chave para a pregação apostólica. O senhorio de Cristo é o evangelho, segundo os apóstolos.

T. Alan Chrisope, em seu maravilhoso livro *Jesus is Lord* (Jesus é Senhor), escreve: "Não existe elemento da pregação apostólica mais proeminente do que a ressurreição, exaltação e o senhorio de Jesus".[15] Ele acrescenta ainda:

> *A confissão "Jesus é Senhor" é a confissão cristã única e mais predominante no Novo Testamento. Ela não somente aparece em diversas passagens que enfatizam seu caráter singular como a confissão cristã (por exemplo: Filipenses 2.9-11; Romanos 10.9; 1Coríntios 12.3; Efésios 4.5) como também em forma variada na frase "nosso Senhor", um designativo de Jesus tão amplamente usado que se tornou confissão cristã distinta, universalmente aceita, conhecida e reconhecida por todos os crentes.*[16]

---

15 T. Alan Chrisope, *Jesus Is Lord* (Hertfordshire: Evangelical, 1982), 57.

16 Ibid., 61.

Na verdade, ele escreve: "Todos os fatos básicos da história do evangelho estão implícitos na única e breve confissão: 'Jesus é Senhor'".[17]

O apóstolo Paulo declarou: "Porque não nos pregamos a nós mesmos, mas a Cristo Jesus como Senhor e a nós mesmos como vossos servos, por amor de Jesus" (2Co 4.5). Jesus, o Senhor, é a mensagem que trazemos ao mundo que, sem ele, está perdido.

17 Ibid., 63.

CAPÍTULO 12

COMEÇANDO A CONVERSA:

ABORDAGEM PRÁTICA DO EVANGELISMO DE VIDA REAL

JIM STITZINGER

Talvez a parte mais difícil do evangelismo seja a condução da conversa até o ponto onde o evangelho possa ser explicado. Este capítulo oferece conselhos práticos sobre como iniciar relacionamentos com as pessoas que Senhor colocou a nosso redor, e direcionar esses relacionamentos a oportunidades evangelísticas.

Muitos crentes fazem estereótipos de evangelismo como atividade realizada em determinado lugar e hora, por pessoas que tenham o "dom" de evangelizar. Erradamente, acham que o evangelismo está isolado numa estratégia de "chamada fria" – contatar pessoas a quem nunca antes conhecemos e nunca mais encontraremos.

Embora conversas evangelísticas espontâneas devessem fazer parte da vida de todo crente, a maioria das apresentações do evangelho ocorre dentro da estrutura de relacionamentos já existentes. Se quisermos cumprir a comissão de Cristo (Mt 28.19-20), temos de sempre estar prontos para explicar o evangelho para gente a nosso redor.

Por esta razão, a vida do crente deve se caracterizar por seu evangelismo. É simples: levar o evangelho aos incrédulos deve ser parte integrante de nossa vida. Se assim não for, estaremos negligenciando a razão pela qual Deus nos deixou sobre a terra. Apesar de haver pessoas com o dom específico de evangelizar, todos os crentes devem compartilhar o evangelho ativamente com o mundo em sua volta (At 21.8; Ef 4.11). Timóteo, por exemplo, era um pastor bem dotado – não evangelista – no entanto, foi recomendado a "fazer o trabalho de um evangelista" (2 Tm 4.5). Na Escritura não há crente em Jesus que não proclame Cristo com ousadia, paixão e coerência.

Como disse claramente Paulo em 2 Coríntios 5.20, somos embaixadores de Cristo. No mundo romano, o embaixador era enviado por um país mais poderoso para forjar e reparar o relacionamento com um país menor e alienado. Se o embaixador fosse resistido ou maltratado, era provável que acontecesse um rápido castigo.[1] É o que Paulo diz quando descreve os cristãos como embaixadores. Fomos enviados por Deus para reparar os relacionamentos com um mundo que está alienado. Se nossa mensagem for rejeitada, Deus é nosso defensor e trará juízo sobre aqueles que o desprezaram. Como embaixadores, nos propomos a levar fielmente a mensagem que nos foi confiada. Essa tarefa não é penosa, mas uma alegria, e não há dúvida quanto ao privilégio que partilhamos de proclamar a pessoa e obra de Cristo.

Sendo que o amor a Deus sempre se manifesta em obediência a Cristo, o evangelismo é uma das maneiras mais rápidas de tomar o pulso de nosso amor. O propósito dominante de nossa vida deverá ser um foco urgente nos descrentes a quem Deus soberanamente escolheu colocar em nossa volta. Sem um entendimento correto do "por que" e "como" do evangelismo, temos a tendência de nos tornar indiferentes e falar dos descrentes como se fossem inimigos a ser resistidos em vez de indivíduos a ser procurados com a confrontação amável do evangelho. Quando entendemos que os pecadores estão separados de Deus, escravos do pecado e sem esperança neste mundo, temos por eles compaixão. Quando percebemos que fomos deixados sobre a terra para levar-lhes as boas novas de restauração com Deus, devemos ter ansioso zelo por levar-lhes a mensagem.

O que queremos é um estilo de vida de evangelismo – não um olhar esporádico que vai e volta, mas um andar consistente que conduz as pessoas ao crescente

1 David E. Garland, *2 Corinthians*, NAC (Nashville: Broadman & Holman, 2001), 295.

conhecimento de Cristo. Quando alinhamos nossos pensamentos sobre o assunto com a Escritura, começamos a mudar nossos padrões de vida. Certa vez Charles Spurgeon disse: "Todo cristão, ou é missionário ou é um impostor".[2] Continuou:

> *A salvação das almas – se a pessoa conseguiu amor para com os pecadores que perecem e amor a seu bendito Mestre – será para ela uma paixão que tudo absorve. Isso de tal forma arrebata que ela quase se esquecerá de si na salvação do próximo. Será como o bombeiro forte e corajoso que não se importa de ser chamuscado ou sofrer o calor, para salvar a pobre criatura sobre a qual sua verdadeira humanidade colocou seu coração.*[3]

O evangelista bem focado tomará tempo para cultivar relacionamentos com descrentes, fazendo perguntas e estando consciente das questões que introduzem a conversa evangelística.

AS PRIORIDADES

Viver de modo evangelístico não vem de maneira natural, mesmo para o cristão maduro. Afinal de contas, a mensagem do evangelho é loucura (1 Co 1.25) e isso acrescenta dificuldades à tarefa. Ninguém tem prazer em levar uma mensagem louca a pessoas que, por natureza, são inimigas de Deus. Assim, pode haver certa inquietação lógica na hora de evangelizar. Contudo, tal inquietação pode ser vencida se a pessoa organiza sua vida em volta de determinadas prioridades.

A prioridade da santidade pessoal

O evangelismo pessoal efetivo começa vivendo uma vida transformada. Paulo escreveu que todo crente deve não viver conforme este mundo "mas transformai-vos pela renovação da vossa mente" (Rm 12.2).

---

2 C. H. Spurgeon, "A Sermon and a Reminiscence," em *The Sword and the Trowel* (London: Passmore & Alabaster, March, 1863), 127.

3 C. H. Spurgeon, "One Antidote for Many Ills," (sermon #284, Nov. 9, 1859).

O modo como pensamos determina nossa maneira de falar e agir (Pv 23.7; Lc 6.45). Palavras e atos pecaminosos vem de pensamentos pecaminosos; palavras e atos de justiça resultam de pensamentos de justiça. Ainda que a mente do crente tenha passado da escravidão do pecado para a submissão a Cristo, temos de continuar renovando nossa mente pela frequente meditação na Palavra de Deus. O Espírito Santo opera pela Palavra implantada em nossa consciência (Sl 119.9-11), ajudando-nos a "pensar nas coisas lá do alto" (Cl 3.2) e enfocar coisas que sejam verdadeiras, nobres, justas e de boa reputação (Fp 4.8).

O resultado de nossas orações e meditação será nossa influência cristã em um mundo descrente. Nosso estilo de vida tem de autenticar a mensagem. Porque somos crentes, nossa vida deverá "ornar, em todas as coisas, a doutrina de Deus, nosso Salvador" (Tt 2.10).

Pedro mostra a conexão entre vida e evangelismo quando conclama os crentes:

> *antes, santificai a Cristo, como Senhor, em vosso coração, estando sempre preparados para responder a todo aquele que vos pedir razão da esperança que há em vós, fazendo-o, todavia, com mansidão e temor, com boa consciência, de modo que, naquilo em que falam contra vós outros, fiquem envergonhados os que difamam o vosso bom procedimento em Cristo (1Pe 3.15-16).*

Esses versículos falam da pureza que deve caracterizar a vida de todo crente em Jesus. Pureza de vida vem de uma sã consciência, treinada continuamente sob a autoridade da Escritura. Como crentes, precisamos cumprir o desafio de ser praticantes da Palavra e não somente ouvintes que enganam a si mesmos (Tg 1.22-26). Não basta conhecer clinicamente os fatos do evangelho – temos de buscar humildade como a de Cristo.

A hipocrisia na vida do cristão destrói o evangelismo como o bolor destrói o pão. Eloquência e fala persuasiva não substituem a natureza ostensiva do pecado não arrependido. Temos de nos lembrar de que muito antes dos incrédulos ouvirem o que dizemos, eles observam como vivemos. Assim como os descrentes são identificados por seus "frutos" (ver Gl 5.19-21), também os crentes são identificados por seus "frutos" (Gl 5.22-23).

Nosso exemplo pode ser a única visão de vida cristã que muitos conhecerão. Como o pecado ainda faz parte de nossa vida, às vezes o descrente a quem estamos testemunhando será afetado por ele. Contudo, mesmo nesses momentos de fracasso, temos a oportunidade de demonstrar humildade e buscar o perdão e a reconciliação de Deus e daqueles a quem ofendemos.

O crente que vive como sal e luz em um mundo tenebroso e decadente (Mt 5.13-16) não vai prejudicar a mensagem do evangelho, mas demonstrará Cristo enquanto o mundo o vê operando através de nós. Em Lucas 6.45, Cristo disse: "O homem bom do bom tesouro do coração tira o bem, e o mau do mau tesouro tira o mal; porque a boca fala do que está cheio o coração". O exemplo coerente de uma vida transformada é uma prova incontestável da salvação.

A prioridade da oração sem cessar

A obra de evangelismo é promovida pela oração. Paulo disse aos tessalonicenses que orassem sem cessar (1 Ts 5.17), e um componente dessa vida de oração é interceder por aqueles que ainda não abraçaram Cristo como Senhor e Salvador.

A oração evangelística implora a glorificação de Deus, atraindo a ele descrentes específicos. Vemos isso na vida de Paulo, quando escreve em Romanos 10.1: "Irmãos, a boa vontade do meu coração e a minha súplica a Deus a favor deles são para que sejam salvos" (veja também 1 Tm 2.1-4). Isso é coerente com o que Paulo pediu aos colossenses: "Suplicai, ao mesmo tempo, também por nós, para que Deus nos abra porta à palavra, a fim de falarmos do mistério de Cristo, pelo qual também estou algemado" (Cl 4.3).

A oração evangelística pede a Deus oportunidades de apresentar o evangelho.

Pede a Deus coragem e ousadia para que ele seja honrado. Paulo pediu à igreja de Éfeso que orassem "também por mim; para que me seja dada, no abrir da minha boca, a palavra, para, com intrepidez, fazer conhecido o mistério do evangelho, pelo qual sou embaixador em cadeias, para que, em Cristo, eu seja ousado para falar, como me cumpre fazê-lo" (Ef 6.19-20).

Ore especificamente, ore sinceramente, ore implacavelmente por aqueles que estão em nosso campo missionário escolhido soberanamente por Deus. Observo em minha vida que quanto mais oro pedindo oportunidades evangelísticas, mais ocasiões surgem para eu compartilhar o evangelho. Não tenho certeza se as orações apenas abrem meus olhos para as oportunidades que de outro jeito eu teria deixado passar, ou se esse aumento é resposta direta à oração. Suspeito que seja um pouco dos dois. De qualquer maneira, a oração evangelística é prioridade para a construção de uma vida que leva o evangelho a outras pessoas.

A prioridade da memória do evangelho

O evangelista só pode compartilhar aquilo que conhece. É óbvio que se não conhecemos o evangelho, não o poderemos explicar. Sendo assim o evangelismo começa com os fatos e versículos que já memorizamos. Tirando o tempo para decorar e rever a mensagem regularmente, ajudamos em nossa própria santificação, como também crescemos continuamente na clareza e compreensão do evangelismo. Sendo a salvação inteiramente obra de Deus, temos de estudar a Bíblia para sermos obreiros que não têm do que se envergonhar (2Tm 2.15).

Isto é bem mais importante até mesmo do que nosso próprio testemunho. Embora a realidade da obra de Cristo em nossa vida seja muito importante, ela não tem a autoridade que se encontra apenas nas palavras da Escritura (Hb 4.12). O uso de nosso testemunho é importante ao detalharmos a obra de Cristo em nossa vida, mas temos de nos lembrar que exibimos a Cristo – não a nós mesmos, nossas maldades passadas e nossas realizações.

A seguir sugiro para memorizar um esboço simples do evangelho. Não é exaustivo, mas cobre os temas básicos do que é necessário saber para ser salvo.

Quem é Deus.

A Bíblia ensina que Deus nos criou e nos sustém. Assim, ele é a autoridade absoluta em nossa vida. É perfeito e amável, e requer que o obedeçamos perfeitamente.

1. Deus criou e é dono de todas as coisas, incluindo você (Gn 1.1; Sl 24.1)

2. Deus é perfeitamente santo (Mt 5.48)
3. Deus requer nossa perfeita obediência à sua lei (Tg 2.10)

Quem somos nós

Ao invés de buscar a Deus, todos vivem em rebelião desobediente contra Deus. A Bíblia chama essa desobediência de "pecado". Boas obras nunca apagam a culpa pelo pecado. A penalidade pelo pecado é mais que a morte física que todos experimentarão; é eterna separação de Deus no inferno. O homem merece esse veredicto por recusar-se a obedecer Deus.

1. Quebramos a lei de Deus (Rm 3.10, 23)
2. Temos de pagar a penalidade eterna de nosso pecado (Rm 6.23)
3. Não podemos nos salvar por nossas boas obras (Tt 3.5)

Quem é Jesus

O grande amor e a misericórdia de Deus oferecem perdão a todo pecador. Deus enviou seu Filho, Jesus Cristo, para morrer na cruz, para pagar a penalidade do pecado de todos quantos creem. Em sua morte, Jesus suportou nosso castigo e satisfez a ira de Deus. Em sua ressurreição, Jesus provou que é Deus e declarou vitória sobre o pecado e sobre a morte.

1. Cristo veio à terra como ambos, Deus e homem sem pecado (Cl 2.9)
2. Cristo demonstrou seu amor morrendo na cruz para pagar a penalidade do pecado (Rm 5.8; 2Co 5.21)
3. Cristo ressurgiu da morte e hoje está vivo (1Co 15.4)

Nossa resposta

Deus ordena que confessemos e nos arrependamos do pecado. É necessário crer em Jesus Cristo como Senhor e Salvador. Temos de submeter toda nossa vida a Jesus Cristo, obedecendo-o como nosso Senhor e Salvador. Somente a fé em Cristo nos outorga perdão.

1. Temos de nos arrepender de tudo que desonra a Deus (Is 55.7; Lc 9.23)
2. Temos de crer em Cristo como Senhor e Salvador (Rm 10.9)

A conversação

Tendo o evangelho guardado na memória, o próximo passo é iniciar conversa com os descrentes. Como mencionei antes, muitas pessoas acham que o evangelismo acontece especialmente no contexto de estranhos. Mas realmente o nosso evangelismo, em sua maior parte, será no contexto daqueles que já conhecemos. Um jeito prático de entendermos isso é fazermos três listas:

1. *Todos os descrentes com os quais interagimos com certa regularidade, mas nunca tivemos conversa sobre o evangelho*. É compreensível que essa lista seja um tanto longa, então, devemos limitá-la apenas àqueles com quem conversamos regularmente: parentes, vizinhos, colegas de trabalho, amigos do âmbito social, etc. Pense em pessoas que você vê regularmente (o carteiro, a pessoa da lavanderia, outros com quem interagimos).
2. *Todos os descrentes com os quais interagimos com certa regularidade, e já tivemos alguma conversa sobre o evangelho*. Com estas, conversamos a respeito de algum aspecto da salvação, quem sabe avançando seu entendimento de diversos componentes do evangelho. Nessa lista podem estar as pessoas que já convidamos para assistir um estudo bíblico, confortamos em horas difíceis, oramos com elas quando dada a oportunidade, respondemos algumas questões que elas tinhas sobre o evangelho, e assim em diante.
3. *Todos os descrentes com os quais tivemos extensas conversas sobre o evangelho*. Os desta lista ouviram uma apresentação completa do evangelho, talvez muitas vezes. Tiveram suas perguntas respondidas e você já instou com eles para se arrependerem e crerem em Cristo.

Muitos crentes que já fizeram esse exercício encontraram facilidade em identificar os da primeira lista, certa dificuldade com a lista número 2, e muita dificuldade em preencher os nomes de pessoas que se enquadram na terceira lista. Isso revela uma triste realidade que, conquanto falemos muito sobre evangelismo, muitas vezes, nos contentamos em apenas comentários vagos e sugestões genéricas, em vez de proclamar de forma estratégica e apaixonada.

Nosso alvo é acompanhar e avançar o entendimento do evangelho de cada pessoa com quem convivemos, ao mesmo tempo trabalhando cuidadosamente para edificar seu conhecimento da mensagem salvadora de Cristo.

Ao vermos as pessoas que conhecemos segundo esta simples grade, podemos enfocar mais intensamente o trabalho real de evangelização. Em vez de ser a esmo, tornamo-nos propositados. Em vez de um pensamento distante, é a primeira linha de preocupação de cada ponto de contato. Isso tudo nos ajuda a direcionar o pensamento em maior persistência e precisão ao ministrar o evangelho às pessoas a quem conhecemos e amamos.

A ESTRATÉGIA

Quer estejamos testemunhando a alguém que conhecemos há poucos minutos quer a um amigo de toda a vida, tudo começa com uma conversa.

Para muitos crentes, difícil no evangelismo é iniciar essa conversa sobre o evangelho. Como andar de bicicleta, uma vez começando, o resto é fácil – só que a parte de "começar" pode nos deixar com alguns arranhões e machucados. É fácil falar com amigos sobre quase qualquer assunto, mas temos dificuldade em levar o assunto para coisas espirituais. Como fazer uma ponte entre coisas corriqueiras da vida e a verdade de valor eterno da Escritura?

Existem muitas "perguntas iniciais" sugeridas por diversos assuntos. Trabalho, esportes, política, noticiário e atividades diárias corriqueiras podem todas ser trampolim para uma conversação evangelista. Pense nos comentários a fazer que possam estimular os amigos a pensar nas questões espirituais. É uma habilidade adquirida, não um dom relegado apenas a alguns cristãos. O único requerimento é que amemos as pessoas e tenhamos desejo de glorificar a Deus por nossa obediência em evangelizar o mundo.

Considere os seguintes passos como rodinhas de treinamento para lançar uma conversa orientada pelo evangelho.

Primeiro passo: comece com uma conversa comum

Conhecer alguém inicia um relacionamento. Mostrar interesse na vida da pessoa dá a ela razão para conversar com você e escutá-lo. O alvo é falar em nível mais profundo do que apenas como está o tempo – talvez sobre a família da pessoa, seu trabalho, seus estudos, música, passatempos, bichos de estimação. Quando encontramos quais são os interesses daquele descrente, nós o conhecemos e entendemos melhor, e começamos a nos relacionar com seus sentimentos e ideias.

Comece aprendendo o nome das pessoas que Deus colocou a seu redor. As apresentações são ponto de partida natural para iniciar qualquer conversa. Conhecer e usar o nome da pessoa comunica autenticidade e interesse genuíno. Não é difícil aprender o nome de seus vizinhos, ou nome das pessoas que vemos frequentemente. Nunca canso de me surpreender ao ver quantos cristãos querem evangelizar melhor, mas nem sabem quem são os seus vizinhos.

Há todo tipo de desculpa para isso. Antigamente, eu morava num condomínio de apartamentos, e quando chegava em casa do trabalho, só queria entrar em casa e ver a minha família. Isso não poderia ser desculpa para não conhecer meus vizinhos, e assim, acabei conversando com muitos deles várias vezes na semana. A disciplina de ver o mundo como campo missionário deve nos impelir a tomar o passo inicial de conhecer as pessoas a quem esperamos alcançar.

Uma vez que você tenha conhecimento das pessoas a seu redor, escute com cuidado o que elas dizem. Você conseguirá percepção valiosa – *insight* – de seus sentimentos e processos de pensamento. Um bom ouvinte perceberá as questões e os acontecimentos que perturbam os descrentes. Um bom ouvinte notará os temas importantes para os incrédulos e lhes transmitirá amor e interesse autênticos.

Boas habilidades de ouvir envolvem mais do que os ouvidos. A linguagem corporal também é importante. Mantenha bom contato de olhos, seja paciente e resista às distrações. Comunique interesse verdadeiro dando toda atenção a essa pessoa.

Uma parte de escutar é parar de falar e perguntar.[4] Pergunte as pessoas sobre o trabalho e se elas gostam do que fazem. Pergunte onde elas estudaram, o que gostam de fazer nos fins de semana, e outras informações básicas que ajudem a conhecê-las melhor. Alguns cristãos podem achar que essas perguntas são enganosas ou mostram falta de espiritualidade, mas a verdade é que conhecer as pessoas é parte importante do evangelismo. Não faz sentido dizer que você ama o próximo se nem sabe quem são os seus vizinhos.

Ao desenvolver um relacionamento com as pessoas a quem o Senhor co-

---

4 Excelente livro sobre este tópico é o de Randy Newman, *Questioning Evangelism* (Grand Rapids: Kregel, 2004). Newman faz comentários muito perspicazes sobre iniciar e desenvolver conversações evangelísticas.

locou em sua vida, as perguntas que você faz devem conduzir a conversas mais profundas. Procure entender os pensamentos e ofereça oportunidades de compartilhar sentimentos e ideias pessoais. Como exemplo, eis algumas perguntas que poderá fazer:

1. Como foi que você tomou essa decisão?
2. O que o motivou a escolher esse emprego?
3. Por que isso é tão importante para você?
4. O que você teria feito nessa situação?
5. Pode me dar um exemplo disso?

Não afirme nem aceite tudo que o incrédulo diz, mas entre em cada conversa com a mente disposta a entender melhor essa pessoa, procurando a melhor oportunidade de apresentar a porção do evangelho que Deus permitir. A maioria das pessoas adora falar de si mesmas – dê-lhes a oportunidade e escute. Não se apresse para responder as suas próprias perguntas ou dar a sua opinião. Tome o tempo de desenvolver um relacionamento de confiança.

Segundo passo: faça uma declaração ou pergunta perspicaz

Em suas conversas, procure a ponte certa ao evangelho. Para algumas pessoas, essa ponte vem naturalmente, enquanto outros cristãos encontram certa dificuldade. Para mim, uma ferramenta de ajuda é fazer uma pergunta ou declaração que conduz a conversa diretamente ao que a pessoa acredita sobre o pecado e a salvação. Às vezes, a conversa vai direto ao evangelho, enquanto outras vezes não – a não ser que assim a direcionemos. A Bíblia oferece vários exemplos deste tipo de evangelismo.

Em João 4, Jesus falava com uma mulher que conheceu à beira do poço sobre o assunto em mãos – água. Disse ele: “aquele, porém, que beber da água que eu lhe der nunca mais terá sede; pelo contrário, a água que eu lhe der será nele uma fonte a jorrar para a vida eterna” (v.14). Isso os levou do assunto secular de água para o assunto espiritual de água viva.

Simão Pedro estava junto ao lago, secando as redes e falando com Cristo sobre a pesca. Jesus lançou um desafio que só um pescador entenderia: “Vinde após mim, e eu vos farei pescadores de homens” (Mt 4.19). Jesus levou o assunto secular da conversa, a pescaria, para a dimensão de pescar por crentes.

Aqui estão alguns exemplos que talvez funcionem para você:

1. Com os seus problemas de saúde, você já pensou onde vai passar a eternidade?
2. Por que é errado roubar ou matar? De onde vem essa lei moral?
3. Quem determina se uma coisa está certa ou errada?
4. O que você acha que Deus requer de nós para irmos ao céu?
5. Por que será que gente rica tão raramente parece feliz?
6. De onde você obtém suas informações sobre [Deus, Cristo, a eternidade]?
7. Como as pessoas na sua religião alcançam o céu?

Quanto mais conversamos com alguém, mais oportunidades teremos de passar de conversas corriqueiras para assuntos espirituais. Quando sabemos o que a pessoa está passando nesta vida, seremos mais capaz de fazer uma ponte da conversa para o evangelho. Se ela estiver frustrada no trabalho, pergunte o porquê. Se o amigo parece animado com as coisas da vida, participe de sua alegria e pergunte por que essa coisa específica lhe traz felicidade. Faça uma conexão clara entre a vida da pessoa e o evangelho.

Terceiro passo: peça permissão e faça uma pergunta direta

Tendo inquirido sobre trabalho, família e igreja e talvez até compartilhado com ele o seu testemunho, você pode levar a conversa para assuntos espiritualmente mais profundos por meio de perguntas diretas. Antes de fazê-las, é delicado pedir à pessoa permissão – assim evitando uma reação como "não gosto de falar de minhas crenças mais profundas".

Agora, faça uma pergunta direta, por exemplo: "Se morresse hoje, onde você passaria a eternidade?" "O que Deus requer para entrada no céu?" E provável que receba uma variedade de respostas. Muitas vezes, os descrentes vão dizer coisas tais como:

1. Acho que Deus vai me aceitar porque procuro ser uma boa pessoa.
2. O ser humano é basicamente bom e pode se esforçar para ir ao céu.
3. Deus é amável demais para nos condenar ao inferno.
4. Acho que Cristo era um homem bom – só isso.

Essas respostas são baseadas em obras, podendo servir de trampolim útil para compartilhar a Palavra de Deus. Você poderá responder:

1. A Bíblia diz que o padrão de Deus para alcançar o céu é bem diferente do nosso. Posso mostrar-lhe o que Deus requer?
2. Dá para ver que você tem pensado bastante no assunto, mas a sua resposta é diferente do que diz a Bíblia. Posso mostrar o que a Bíblia diz sobre a questão?
3. Entendo o que você diz sobre Deus ser amoroso demais para mandar alguém ara o inferno, mas a Bíblia diz que um fato importante foi ignorado. Posso compartilhar sobre o que Deus diz de si mesmo?
4. Tenho certeza que você está se esforçando sempre para o bem, porém, a Bíblia diz que falta alguma coisa. Posso compartilhar o que é?

Podemos perguntar: Por que você acha que Deus deixa uma pessoa ir ao céu? Ou então: Qual a sua melhor esperança de ir ao céu? Se a pessoa não tem resposta, podemos dizer: Estas são questões muito importantes que exigem resposta. Posso lhe falar o que a Bíblia diz sobre o assunto?

Nesta altura, podemos proceder com o evangelho, contrastando o que diz a Bíblia com os conceitos anteriores da pessoa sobre o assunto. É claro que nem todo mundo vai se interessar e talvez você encontre resistência bastante forte.

A nossa tarefa é apresentar a mensagem do evangelho com clareza. Com tal responsabilidade, nossa efetividade é medida pela clareza da mensagem transmitida e não simplesmente pela resposta do descrente. Deus é soberano na salvação e haverá pessoas que rejeitam a mensagem das Boas Novas.

Quando o descrente começa a zombar da mensagem, devemos focar outras pessoas. Cristo disse a seus discípulos: "Se alguém não vos receber, nem ouvir as vossas palavras, ao sairdes daquela casa ou daquela cidade, sacudi o pó dos vossos pés" (Mt 10.14). Se o não crente decide, depois de ser plenamente informado, conscientemente rejeitar o evangelho, tornando-se hostil, temos de enfocar outras pessoas a quem o Senhor esteja preparando para receber o evangelho.

Quando ou se você for rejeitado, lembre: não entre em discussões infrutíferas com o descrente. Não podemos destruir o evangelismo com argumentação desnecessária. Lembre-se de que a soberania de Deus jamais muda. Ele pode usar nosso exemplo de humildade e amor para confrontar um coração endurecido. A pedra de ofensa deve ser o evangelho, não a personalidade do mensageiro. Os resultados pertencem a Deus. Nossa responsabilidade é ser fiel em proclamar com clareza a mensagem do evangelho.

Não tome a rejeição do incrédulo pessoalmente. Lembre que o descrente não tem como responder positivamente ao evangelho por si mesmo. Quando o descrente rejeita o evangelho, não está nos rejeitando, e sim, rejeitando Cristo. Temos de ser fiéis em apresentar a mensagem com acerto e amor, deixando os resultados com Deus. O reconhecimento de que a conversão vem somente do Senhor faz que não nos desanimemos.

Finalmente, continue orando pelo arrependimento daquele descrente. Deixe a pessoa saber que você está à disposição para responder perguntas sobre questões espirituais. Assegure-lhe que você continuará orando por ela. Ore por ela e use o testemunho da sua vida transformada para a evangelização dos não convertidos. Você não sabe como Deus o usará no processo de atrair as pessoas.

Como escreveu J. I. Packer: "Glorificamos a Deus ao evangelizar, não somente por ser isso um ato de obediência, mas também no evangelismo, dizemos ao mundo quantas grandes coisas Deus tem feito pela salvação dos pecadores. Deus é glorificado quando suas grandiosas obras de graça são proclamadas".[5]

O objetivo deste capítulo não é apresentar uma série de amostras de conversação paras ser memorizada, mas encorajá-lo a fiel e intencionalmente desenvolver relacionamentos com as pessoas de modo a levar o evangelho a elas com efetividade. Enfoque em vida de santidade e oração evangelística. Esteja alerta para oportunidades de levar o evangelho aos que dele necessitam. Se formos disciplinados na semeadura, o Senhor será fiel em trazer os frutos da colheita.

---

5 J. I. Packer, *Evangelism and the Sovereignty of God* (Downers Grove, IL: InterVarsity, 1961), 75, 315.

CAPÍTULO 13

O CHAMADO AO ARREPENDIMENTO: ENTREGAR A MENSAGEM À CONSCIÊNCIA

TOM PATTON

Não existe conversão sem arrependimento, contudo, talvez este seja o assunto mais negligenciado do evangelismo contemporâneo. Após décadas de crença fácil, parece que o coração da igreja entrou em colapso cardíaco. Em vez de permitir que a Escritura penetre o coração não arrependido, a tendência cultural atual é desculpar o pecado e reconhecer o sucesso humano com o segredo de vida abundante. Parece que o verdadeiro quebrantamento é relíquia do passado distante. Hoje em dia, são expressões quase inexistentes a profunda tristeza pelo pecado, lágrimas de pesar, agonia pelo peso esmagador da iniquidade. No entanto, é responsabilidade do evangelista chamar as pessoas ao arrependimento por tudo que desonra a Deus.

Uma recente pesquisa de opinião demonstra que a maioria dos norte-americanos acha que não necessita arrependimento porque não reconhece nenhum pecado do qual tenha de se arrepender.[1] O próprio conceito de salvação implica libertação do perigo iminente que resulta do pecado, assim, segue que a tendência atual de redefinir o pecado tira a necessidade de arre-

1 Al Mohler, "Sin by Survey? Americans Say What They Think," http://www.ellisonresearch.com/releases/20080311.htm.

pendimento da consciência da sociedade. O construto moral de nossa cultura reza que qualquer alusão ao fracasso ético seja rapidamente interpretado em termos relativistas e descartado como irrelevante. Poucos ousam expor a ferida central da alma humana como sendo o pecado da incredulidade.

Para ser salvo, não basta que a pessoa acredite nos fatos básicos sobre o evangelho. Não podem simplesmente confiar em Deus para uma vida melhor, como querem alguns evangelistas. É necessário que as pessoas se arrependam de seu pecado. Isso inclui pecados específicos em suas vidas – como mentira, avareza, autojustiça – precisam também se arrepender de descrer no Deus do evangelho.

Você pode se surpreender ao ver que na Bíblia, as apresentações do evangelho começam, em sua maioria, com um chamado ao arrependimento. Como escreveu Richard Roberts: "A primeira palavra no evangelho não é *amor*, nem *graça*. A primeira palavra no evangelho é *arrependa-se*".[2]

O primeiro pregador do Novo Testamento, claro, foi João Batista. As primeiras palavras documentadas de seu ministério foram: "Arrependei-vos, porque está próximo o reino dos céus" (Mt 3.2). Semelhantemente, Jesus deu início a seu ministério com exatamente a mesma tônica (Mt 4.17). Na verdade, Marcos descreve a pregação inicial de Jesus como sendo: "O tempo está cumprido, e o reino de Deus está próximo; arrependei-vos e crede no evangelho" (Mc 1.15).

Quando os doze apóstolos foram enviados, começaram o ministério com a mesma mensagem: "Então, saindo eles, pregavam ao povo que se arrependesse" (Mc 6.12). Isso não era verdadeiro apenas corporativamente, mas também individualmente. O primeiro sermão de Pedro era uma ordem para que as pessoas se arrependessem e fossem batizadas (At 2.38). Foi verdadeiro com respeito a João (At 3.19), Paulo (At 26.18) e Timóteo (2 Tm 2.25). No coração do evangelismo sempre esteve a ordem para arrepender-se do pecado.

Infelizmente, muitos evangélicos não se enxergam como proclamadores do arrependimento da descrença, mas como expertos na arte de produzir inspiração e contextualização. A preocupação de hoje é mais sobre realização

2 Richard Owen Roberts, *Repentance: The First Word of the Gospel* (Wheaton, IL: Crossway, 2002), 23.

dos sonhos, em vez de reconhecimento da depravação. Não é apenas comum nossa sociedade entendida de psicologia endossar curas superficiais como também a igreja em geral condescender às diretrizes divinas na tentativa de simplesmente dar uma limpada na vida das pessoas, em vez de buscar ardentemente uma transformação radical.

A mensagem central dada às multidões é a proclamação de um evangelho positivo em vez de um evangelho de resgate. O clamor de Deus sobre o coração humano foi redirecionado a uma "santa fala de estímulo" em vez da exigência de transformação total. O verdadeiro arrependimento foi substituído por uma falsificação "agradável ao usuário".

DEUS, PESSOAS E ARREPENDIMENTO

A causa básica do desdém que as pessoas têm pelo arrependimento está em sua natureza caída (Mt 13.14; Jo 8.43). Pela desobediência de Adão, o mundo inteiro participa da culpa do pecado original e por extensão, herdou uma propensão a pecar (Rm 5.14). O chamado de Deus à humanidade caída é para uma transformação espiritual, radical e interior. Desde o nascimento, todos estão confrontados com o chamado para conhecer Deus e ser como ele. Devido à Queda, as pessoas são incapazes de fazê-lo e assim, o chamado ao coração humano é para o arrependimento.

Todo pecado é violação da lei moral de Deus. Quando as pessoas pecam, estão provando a recusa do coração humano de conformar-se com a imagem de Deus. As pessoas se recusam ser perfeitas como Deus é perfeito (Mt 5.48), ou amar o próximo como a si mesmas. Amando o pecado e resistindo a Deus, as pessoas demonstram que seus corações incrédulos estão longe dele.

Em face dessa rebeldia global, Deus não está calado. Ele constantemente declara as suas excelências por todos os meios imagináveis que sua criação pode sustentar (Sl 19.1). A própria essência de Deus pode ser entendida no modo como ele determinou chamar a sua criação para que o reconheçam como Deus e deixem o pecado da incredulidade. Deus glorifica a si mesmo dando a todos a oportunidade de reconhecer a inerente reivindicação divina sobre eles e assim os capacita a deixar o pecado em arrependimento e fé.

Deus continuamente chama as pessoas a se arrepender, revelando-se pela graça comum. Estende a todos a sua graça (Mt 5.45; At 14.17) pela consciência interna da lei moral, pela impressão que faz em cada um do senso de certo e errado (Rm 2.12), pelo projeto da criação que aponta todas as pessoas de volta ao Criador mediante a revelação geral (Sl 19; Rm 1.20), e mediante a revelação específica da Palavra da Verdade que salva a todos que creem (Sl 119).

Pela profundidade da rebeldia do ser humano contra Deus, tem de ser inescapável a autorrevelação de Deus. Em todos os níveis do ser, as pessoas são chamadas a se arrependerem de sua profunda recusa de reconhecer e adorar o Deus que nos criou, com esperança de compartilhar a benção insondável da comunhão com Deus através da fé. Em sua misericórdia, Deus continua a chamar aqueles que criou à sua própria imagem para que deixem a ilusão da autonomia e abracem a evidência incontroversa de sua soberania divina sobre elas.

O CARÁTER DE DEUS E O ARREPENDIMENTO

Em concerto com este chamado de Deus vem ainda outra verdade vital a ser considerada: o caráter de Deus na salvação. A proclamação chave da Bíblia é que o Criador do universo condescendeu com a criatura, revelando-lhe a verdade a respeito de sua existência transcendente, sua perfeição santa, seus justos juízos, tendo em vista chamar um povo para si (Tt 2.14). Deus estende seu convite gracioso à humanidade derramando sobre a criação a evidência de seu senhorio sobre ela, por todos os meios imagináveis, para que o conheçam e adorem como Deus e não permaneçam na condição de incrédulos.

Aqueles que não se conformam com a suprema santidade de Deus são colocados, como se estivessem no tribunal do céu, perante a terrível fúria do juízo iminente e aguardando a inescapável resposta a sua rebeldia injusta enquanto esperam os horrores degradantes do abandono divino. A essência da ilegalidade humana é um ato de desafio pessoal contra o caráter de Deus. Walter J. Chantry resume bem: "O evangelista precisa usar a lei moral para revelar a glória do Deus que foi ofendido. Então, o pecador estará pronto para chorar, não somente porque está a perigo a sua segurança pessoal como também, e principalmente, porque é culpado do crime de traição do rei dos Reis".[3]

Stephen Charnock, em seu livro *A existência e o atributo de Deus,* diz da seguinte forma:

> *Quando violamos as suas leis, negamos a sua soberania, descreditamos sua santidade ao lançar em rosto a nossa imundícia; afrontamos sua sabedoria quando estabelecemos outro governo como direção de nossos atos em lugar das leis que ele fixou. Desprezamos a sua suficiência ao preferir nos satisfazer com um pecado em vez de gozarmos felicidade somente nele, e sua bondade, quando a julgamos insuficiente para nos atrair a Deus.*[4]

Suprimir a verdade sobre os atributos divinos faz que ele entregue sobrenaturalmente a humanidade à plena expressão de sua descrença no juízo porque os homens rejeitam ser conformados com Deus (Rm 1.18-32). Sendo assim, o chamado sobrenatural de Deus para que a humanidade o conheça é também um chamado para ser como ele é (Rm 8.29; 2 Pe 1.4; 1Jo 3.2).

O CONVENCIMENTO DO DESCRENTE NO ARREPENDIMENTO

Sendo que a autorrevelação de Deus e seu chamado para nos conformar com sua imagem estão no cerne do verdadeiro arrependimento bíblico, segue que o maior pecado do qual o ser humano precisa se arrepender é a negação de Deus.

Jesus Cristo é expressão plena de Deus em forma humana. É, portanto, através da fé em Jesus Cristo para o perdão dos pecados que o homem encontra paz com Deus. O coração do chamado ao arrependimento é um chamado para deixar o pecado da descrença em Jesus Cristo, substância base do evangelho (Jo 16.8-9).

---

3 Walter J. Chantry, *Evangelho de Hoje: Autêntico ou Sintético* (São José dos Campos, SP: Editora Fiel, 1978).

4 Stephen Charnock, *Discourse upon the Existence and Attributes of God* (London: Richard Clay, 1840), 49.

James Montgomery Boice fez o seguinte comentário quanto à essência da descrença descrita em João 16.9:

> *O pecado do qual o Espírito Santo convence os homens é o da descrença – "do pecado, porque não creem em mim", diz Jesus. Observe que não é convencimento do pecado de jogo de azar ainda que isso possa vir a acontecer. Não é principalmente o pecado do adultério, da embriaguez, do orgulho ou furto – é o pecado da recusa de crer em Jesus. Por quê? Não por não ser pecado essas outras transgressões ou ser desnecessário que haja arrependimento e renuncia, pois isso é necessário. Mas a única coisa que Deus requer para a salvação é crerem Cristo – e isso é o mais difícil para o homem natural reconhecer, quanto mais atingir.*[5]

Para abraçar completamente a vontade de Deus, o coração humano tem de se arrepender da sua descrença em Jesus Cristo. A fim de ser conformada ao caráter de Deus, a pessoa tem de confiar nele para o perdão dos pecados e a vida eterna. Não é mera mudança de mente quanto à existência da pessoa de Cristo – é uma entrega de todo coração a Deus da outrora suprimida verdade e uma apreensão totalmente engajada do horror do próprio pecado quando medido contra a santa perfeição de Cristo. Conforme disse J. Goetzmann: "Agora o arrependimento não é mais obediência a uma lei, mas a uma pessoa".[6] Este é o principal papel do Espírito Santo no convencimento e arrependimento para a vida. É mudar de amar o pecado para amar a Jesus e odiar o pecado. Comenta o pastor John MacArthur:

O papel principal do Espírito Santo não é convencer os descrentes de todos os pecados que tenham cometido. Pelo contrário, ele concentra em convencê-los do pecado de rejeitar a Jesus Cristo, o que é coerente com o ministério do Espírito de revelar Cristo... o problema do homem é o pecado de não crer em Cristo – não os pecados que tenha cometido.[7]

---

5 James Montgomery Boice, *The Gospel of John* (Grand Rapids: Baker, 2005), 4:1211.

6 J. Goetzmann, "Conversion," *NIDNTT* 1:358.

7 John MacArthur, "The Holy Spirit Convicts the World, Part 2," http://www.gty.org/Resources/Sermons/1559_Th e-Holy-Spirit-Convicts-the-World-Part-2 (sermon #1559); cf. John MacArthur, *John*

Martin Lloyd-Jones escreveu o seguinte sobre a principal obra do Espírito em Pentecostes:

> *O Espírito Santo nos faz chegar à terrível conclusão: Estou espiritualmente morto! Estou sem vida. Tenho um coração de pedra! Tem algo errado comigo – estou em apuros. O que posso fazer? Aquele povo de Jerusalém percebeu agora que sua rejeição de Jesus era baseada em ignorância e mortandade, e que, como resultado, eram terrivelmente culpados diante de Deus.*[8]

Zacarias 12.10 proclama o arrependimento da seguinte forma: "E sobre a casa de Davi e sobre os habitantes de Jerusalém derramarei o espírito da graça e de súplicas; olharão para aquele a quem traspassaram; pranteá-lo-ão como quem pranteia por um unigênito e chorarão por ele como se chora amargamente pelo primogênito". Cristo disse em João 8.24: "Por isso, eu vos disse que morrereis nos vossos pecados; porque, se não crerdes que EU SOU, morrereis nos vossos pecados".

A questão não é se "cremos" em Cristo – até os demônios creem e tremem (Tg 2.19) – a questão é se o pecador crê em Cristo conforme ele se revelou. O arrependimento para a salvação é um chamado para deixar a descrença em Cristo (Mt 11.20-27; Jo 3.18; At 2.36-38; 3.17-19; 5.30-33; 11.17-18; 17.30-31; 20.21) e descartar todo aspecto da vida ligada a essa incredulidade (2Co 12.21; Ef 4.17-20).

A TERMINOLOGIA BÍBLICA PARA ARREPENDIMENTO

No Antigo Testamento, a palavra mais comumente traduzida por *arrependimento* é (שׁוּב šub) que quer dizer literalmente "virar, voltar". Tem a ideia de voltar-se do pecado para Deus (Joel 2.12).[9] Implica deixar para trás todos os nossos embaraços para voltar a uma vida de justiça. No Antigo Testamento,

12–21, MNTC (Chicago: Moody, 2008), 197.

8 Martyn Lloyd-Jones, *Cristianismo Autêntico* (São Paulo, SP: PES, 2005).

9 R. L., Harris, *Theological Wordbook of the Old Testament*, ed. R. L. Harris, G. L Archer, and B. K. Waltke (Chicago: Moody, 1999), 571.

há "dois requisitos do arrependimento: deixar o mal e voltar-se para o bem, ou seja, para Deus (Os 14.2; Ez 14.6; Is 30.15; 44.22; 55.7; 57.17; 59.20)".[10] O Antigo Testamento apresenta o chamado ao arrependimento como total mudança de coração que cria tristeza pelo pecado cometido contra Deus e uma volta completa para o Senhor.

No Novo Testamento, os vocábulos empregados para *arrependimento* (μετάνοια –metanoia, do verbo μετάνοεο – metanoeou) são semelhantes e dão a ideia de "mudança de mente".[11] O que o grego acrescenta é a conotação de mudança com respeito a uma posição tida anteriormente.[12] A ideia neotestamentar essencial do arrependimento é uma plena mudança que afeta os sentimentos, pensamentos e a vontade da pessoa que se arrepende.[13]

De acordo com o *Dictionary of New Testament Theology* (Dicionário de Teologia do Novo Testamento), o conceito de arrependimento não era "primariamente intelectual", e sim, "a ênfase na decisão do homem, em sua integridade, de voltar-se" (Mc 1.4; Lc 3.8; 24.47; At 5.31; 11.18; 26.20; Rm 2.4; 2Co 7.9; Tt 2.25; Hb 6.6; 12.17; 2Pe 2.9).[14] Assim, quando o Novo Testamento fala de arrependimento, está falando da mudança mais radical que pode haver na vida da pessoa. A raiz prevalecente do mal da qual a pessoa tem de se arrepender é sua condição subjacente de incredulidade. Somente quando o pecador reconhece que por baixo de sua autojustiça e independência está o pecado da incredulidade é que ele será resgatado dos detalhes do mal que o assediam em base diária.

Tudo isso tem um profundo impacto sobre o evangelismo. A pessoa que proclama as boas novas aos não crentes tem de reconhecer que não está apenas pedindo que o pecador mude de ideia sobre Cristo. O evangelista está dizendo à pessoa que mude fundamentalmente a sua vida inteira, fugindo de seu modo anterior de vida e começando de novo, do começo.

---

10 Ibid., 909.

11 George Abbott-Smith, *A Manual Greek Lexicon of the New Testament* (Edimburgo: T & T Clark, 1981), 287.

12 W. E. Vine, *Vine's Expository Dictionary of the Old and New Testament Words* (Nashville: Thomas Nelson, 2003), 525.

13 Johannes Behm, "μετανο.ω, μετ.νοια," *TDNT* 4:978.

14 J. Goetzmann, "Conversion," *NIDNTT* 1:358.

OS ASPECTOS INTELECTUAIS, EMOCIONAIS E VOLITIVOS DO ARREPENDIMENTO

O arrependimento é realizado primeiro no intelecto. Isso acontece quando a mente aprende sobre o pecado, e enxerga o mal do pecado em sua própria vida. Antes que possamos nos arrepender, é preciso que haja uma compreensão intelectual, como também um entendimento claro do peso da rebeldia pecadora. Embora o testemunho da consciência sobre o coração humano seja um dos principais instrumentos criados por Deus para designar culpa a uma pessoa, a consciência ainda precisa ser conscientizada da violação antes de surgir o convencimento do pecado.

Mesmo o convencimento do pecado não levará necessariamente à transformação do coração. Paulo disse que antes de sua conversão, não teria sabido que o pecado é pecado, não fosse a lei de Deus (Rm 7.7). Ele entendeu que pecou contra a lei de alguém. O pecado é pessoal. Assim, um reconhecimento meramente intelectual não o conduziu ao arrependimento. Paulo se converteu quando reconheceu que sua incredulidade era contra uma pessoa: Jesus Cristo. Deus usou esse reconhecimento como meio para abrir seus olhos (At 26.13-19).

Segundo, o arrependimento é visto nas emoções. Quando a mente entende que o pecado existe na vida de uma pessoa, tal entendimento produz tristeza quanto ao pecado. A mudança bíblica não advém de evitar essa tristeza, mas abraçar a tristeza que enxerga o pecado por aquilo que é realmente.

A intensidade da emoção depende de muitos fatores e assim, sua profundidade será variada em pessoas diferentes. Conforme disse tão habilmente Thomas Watson: "Alguns pacientes têm suas feridas curadas com uma fina agulha; outras terão de tê-las lancetadas".[15] Sempre haverá algum grau de tristeza no arrependimento. Mas, embora a presença do pesar seja esperada, ela não é o único barômetro para o arrependimento, porque o arrependimento não é a mera presença de lágrimas. Algumas pessoas nascem com maciez e ternura tão naturais no coração que o choro é normal e frequente, nem sempre indicando penitência verdadeira.

15 Thomas Watson, *The Doctrine of Repentance* (1668; repr., Carlisle, PA: Banner of Truth Trust, 2002), 23.

Em 2 Coríntios 7.10, o apóstolo indica que existe uma tristeza não segundo Deus, que "produz morte". Tal tristeza é pena ou remorso pelo que a pessoa fez, por algo perdido, um sofrimento por perder a oportunidade de ceder ao pecado que o mundo oferecia tão livremente. A tristeza segundo o mundo é dor gerada mais pelo pesar de querer mais do mundo. É ressentimento por ter sido descoberto; raiva por não conseguir safar-se com o pecado.

Existe ainda outra observação sobre a tristeza em 2 Coríntios 7.10. Uma tristeza é produzida como resultado da obra de Deus no coração da pessoa, enquanto outra não. O povo da igreja de Corinto estava "entristecido", e era um pesar que produz arrependimento. Mas a tristeza do mundo que Paulo contrasta não vem de Deus, do mesmo modo que "tudo que há no mundo, a concupiscência da carne, a concupiscência dos olhos e a soberba da vida, não procede do Pai, mas procede do mundo" (1Jo 2.16).

Tanto o verdadeiro arrependimento bíblico quanto a tristeza arrependida que flui dela procedem diretamente do coração de Deus e não pode ser produzida em termos humanos. É o próprio Espírito de Deus que produz a tristeza segundo Deus – não o esforço humano. O arrependimento vem de Deus (At 5.31; 11.18).

O arrependimento é mais que mudança de mente ou ideia, muito mais que mera mudança de coração, porque o verdadeiro arrependimento bíblico requer mudança de comportamento e, portanto, requer uma resposta da vontade. O arrependimento requer conversão radical, transformação da natureza, uma virada definitiva da descrença e maldade para a fé e volta a Deus em completa obediência. É mais que mudança de mente – é determinação de entregar-se a Cristo. São os "frutos dignos de arrependimento" (Mt 3.8).

Para a pessoa se arrepender de verdade, é necessário ver a tristeza em sua vida, sofrer por ela e fazer algo em resposta a isso.

EVIDÊNCIAS CHAVES DO ARREPENDIMENTO

Segunda aos Coríntios, capítulo sete, oferece uma enciclopédia de sete qualidades do verdadeiro arrependimento bíblico. Paulo ali escreve: "Quanto cuidado não produziu isto mesmo em vós que, segundo Deus, fostes contristados! Que defesa, que indignação, que temor, que saudades, que zelo, que vindita! Em tudo destes prova de estardes inocentes neste assunto" (v.11). Cada um desses fatores é útil, vívido, contendo verdades mensuráveis que se aplicam tanto para os incrédulos que vieram à fé quanto aos crentes que estão vivendo pela fé. Neste texto, Paulo oferece claro contraste entre duas espécies de tristeza muito diferentes, que culminam em dois destinos eternos totalmente contrários.

Sinceridade

Paulo descreve no arrependimento a sincera defesa que fizeram do evangelho –"Que defesa!" – com diligência e velocidade. Paulo viu uma diferença marcante na vida dos coríntios, especialmente o contraste no jeito que tinham antes; eles tinham a vida marcada por certo descuido e agora demonstravam atitude de seriedade e gravidade com respeito ao pecado. Eram cônscios de como Deus vê o pecado e agora estavam sinceros quanto a ver a vida da perspectiva divina. Eram sérios e ansiosos por obedecer a ordem de Paulo, obedecer suas palavras, sabedores que provinham do Senhor. Os coríntios tinham agora uma perspectiva divina sobre o pecado.

Vivacidade

Depois que se arrependeram, os coríntios tinham *vivaz ansiedade* por limpar-se de toda culpa. Certamente Paulo os havia acusado em sua carta anterior, e agora eles queriam provar-lhe que não estavam mais vivendo em caminhos pecaminosos. O sentido é que não havia a mínima indiferença na conversão que haviam assumido para Deus – sua mudança foi total.

Indignação

Aqui Paulo fala do arrependimento como sendo tão forte emocionalmente, podendo até causar dor física. Quando os coríntios se arrependeram, tiveram uma justa indignação pela maneira como viviam anteriormente. Elas se opunham a seus atos de outrora e odiavam a vergonha que seu pecado havia trazido sobre a igreja e sobre Paulo. Estavam zangados com eles mesmos por terem acolhido os pensamentos e as ações rebeldes das quais foram culpados. Desprezavam o modo como tinham sido seduzidos e afastados da retidão

Temor

Quando o coração responde à grandeza de Deus, à luz de sua necessidade desesperada do perdão, está presente um grande e piedoso temor a Deus. Tal temor se vê na alma que sabe que "Contigo [com Deus], porém, está o perdão, para que te temam" (Sl 130.4). É o sinal de uma consciência verdadeiramente despertada por ver o seu pecado primeira e principalmente como pecado contra Deus (Sl 51.4).

Saudade

O arrependimento traz consigo um profundo desejo e anseio por aquele que haviam tratado mal – no caso, Paulo. É a dor natural da alma, desejando que sejam restaurados os privilégios e relacionamentos dentro do corpo de Cristo que gozavam outrora.

Zelo

Quando a pessoa deixa o pecado ela não está virando para um conjunto vazio de desejos, e sim, para a santidade. O verdadeiro arrependimento não é morno ou ambivalente quanto à santidade. Produz, pelo contrário, grande zelo pelas coisas de Deus (e, neste caso, o desejo de ser novamente unido com Paulo).

Vindita

As pessoas inerentemente querem evitar o castigo por seus pecados, mas quando o arrependimento é real, piedoso e autêntico, há um renovado desejo de acertar as coisas que antes estavam erradas. Um exemplo claro disso é Zaqueu, que imediatamente quis fazer reparação e restauração do que havia lesado, por ser a sua salvação autêntica (Lc 19.8). O verdadeiro arrependimento vai além do superficial e casual, não medindo esforços por revelar a graça presente do momento.

Paulo expressa tudo isso demonstrando como é radical o verdadeiro arrependimento. É sincero, vivaz e indignado. Inclui temor, saudades e anseios, zelo, e acata o castigo, aceita a punição. Não é superficial, e, com certeza, não se encerra em uma decisão transitória. A obediência a este chamado se encontra em contraste direto à condição anterior de incredulidade, e pode ser descrita apropriadamente como se voltar do pecado para Cristo. É claro que o evangelista chama as pessoas a abraçar o evangelho. Mas a pedra fundamental dessa virada está no arrependimento, e isso é o que o evangelista deverá explicar às pessoas.

APLICAÇÃO PRÁTICA DO ARREPENDIMENTO

É necessário que o evangelista entenda as aplicações práticas quanto ao uso da doutrina do arrependimento. Primeiro, é necessário confrontar o descrente com a estultícia de sua recusa de aceitar que são pecadores diante de um Deus santo e justo. O descrente precisa reconhecer que já sabe sobre Deus, mas que, em injustiça, ele o tem negado. Tem de reconhecer, pela graça de Deus, que o Senhor criou todas as coisas e aprouve-lhe colocar dentro do coração de cada criatura humana o conhecimento de que foi assim que Deus fez. Tem de saber que, pelas pessoas terem nascido em pecado, elas suprimem a verdade dentro delas, negando o fato de ser Deus o seu criador, bem como de todas as coisas em sua volta. Tem de aprender que esse estado ativo de negação os engana, fazendo que pensem poder agir sem referência à verdade que eles negam. Tem de ver que pensam pensamentos que negam Deus enquanto tomam emprestados, a todo tempo, informações internas e externas que revelam a Deus sem embargo. O pecado é negar Deus e desobedecer a sua lei (Rm 1.28-32; Ef 2.1-3). Tem de reconhecer que até mesmo um único ato de pecado contra a lei moral de Deus estaria quebrando toda a lei, afrontando seu caráter santo e assim demonstrando sua condição subjacente de incredulidade. Assim, em razão dessa incredulidade, até um único ato de pecado é bastante para condená-lo como se tivesse quebrado todas as leis de Deus (Tg 2.10).

Depois de reconhecido o pecado, é imprescindível revelar a acusação formal que Deus faz do pecado e do pecador. Nenhuma apresentação do evangelho será completa se não incluir explicação clara sobre a ira de Deus e o juízo certeiro contra aqueles que o desobedecem. O descrente tem de ver que Deus julgou o pecado e sua justiça tem de ser satisfeita (Rm 2.5-8). Tem de aceitar que suas boas obras não são moeda corrente aceitável diante de Deus (Ef 2.8). O descrente tem de ver a santidade e bondade de Deus bem como a impossibilidade de nos aproximar dele como seres humanos cheios de pecado (1 Pe 1.15-16). Precisa entender a ira de Deus, revelada contra a poluição moral de sua própria alma bem como do mundo a seu redor (Rm 1-3). É necessário que o incrédulo enxergue que Deus é Deus santo, que julga o pecado (Jo 3.18) e esse julgamento separa as pessoas de Deus (Lc 16.26).

Finalmente, tem de haver uma apresentação da identidade de Deus em Jesus Cristo como salvador do pecado de toda a humanidade. As pessoas precisam ver que Deus nos revela um Salvador que é Senhor (Rm 3.21-26). Tem de ver que Jesus Cristo é totalmente sem pecado, a perfeição moral de Cristo, a demonstração de sua divindade (Jo 1.1-5; 14-18; 8.58) e a oferta da sua salvação (Mt 11.28) ou então juízo certeiro. Aqui a necessidade de arrependimento tem de ser revelada dentro da estrutura do julgamento, e que é deixar o pecado e voltar-se para Deus em Cristo (Lc 9.23-26). Não pode haver racionalização, nem reflexão filosófica, nenhuma concessão comum quanto à salvação a não ser o que Deus falou sobre o "Homem" Cristo Jesus, que, por sua ressurreição, provou seu poder sobre a morte.

A declaração de arrependimento não deverá ser escondida para atrair as pessoas ao cristianismo. O evangelho do arrependimento é radical e tem de ser apresentado conforme Deus o designou: de maneira a influir radicalmente sobre a vida.

PARTE 4

EVANGELISMO NA IGREJA

CAPÍTULO 14

CONFORME OS CARVALHOS:

CULTIVAR O CAMPO DO CORAÇÃO DE SEU FILHO

KURT GEBHARDS

O evangelismo cristão começa no lar. Durante os anos em que a criança está se formando, é essencial que os pais comuniquem o evangelho de maneira compassiva e amável. Como pais, temos a responsabilidade de plantar a semente da verdade na mente de nossos filhos, pensar com frequência sobre a sua condição espiritual, e orar para que o Senhor abençoe o evangelismo do pai e da mãe. Os pais devem fazer todo esforço para proteger a fé infantil enquanto confiam em Deus para fazer crescer a bolota (semente do carvalho) da fé de seus filhos para um forte carvalho.

Certa tarde quando nossa família estava em um parque e os filhos corriam por lá, comecei a conversar com uma mãe que empurrava o balanço do filho. Quando lhe perguntei sobre a família, ela disse ter um filho adolescente que não queria quase nada com ela.

– Ele fica trancado no quarto e só sai quando está escutando seu iPod. Ele nunca quer conversar. Nunca quer fazer nada comigo. Não sei o que aconteceu...

Podia ver que ela estava muito decepcionada e triste por ter "perdido" o filho sem entender o porquê.

Conversamos um pouco mais, e então ela apontou para o menino de quatro anos que empurrava no balanço.

– Joshua vai começar a pré-escola este ano. Mal posso esperar. Vai ser um alívio!

Suas palavras me chocaram tanto pela sinceridade como pela cegueira. Todo pai ou mãe tem momentos de frustração, mas poucos expressam isso tão claramente a um perfeito estranho. Fiquei perplexo pela aparente incapacidade dessa mãe de ligar a apatia expressa verbalmente ao pequeno pré-escolar à indiferença do seu adolescente.

A vida, como pais cristãos, deve ser substancialmente diferente dessa espécie de desinteresse egoísta e míope. No entanto, muitos pais cristãos também temem "perder" os filhos quando eles ficarem mais velhos – perdê-los para o mundo. Essa perda e dificuldade, entretanto, não são inevitáveis. Talvez você seja encorajado ao saber que os pais cristãos não estão de mãos atadas quando se trata de proteção contra a rebeldia e pecado.

Consideremos dois fatos básicos sobre filhos. Primeiro, é natural os pais amarem os filhos. Segundo, é natural os filhos amarem seus pais. Deus naturalmente coloca nos pais e filhos um coração de amor mútuo. No entanto, muitos pais ainda se sentem inadequados e temerosos. Pais, animem-se: os campos de evangelismo de pais para filhos estão branquejando (Jo 4.35).

É comum as pessoas serem intimidadas pelo evangelismo. Conversar sobre o evangelho com colegas de trabalho pode parecer fora de lugar. Os vizinhos vêm e vão, e nunca parece haver a hora certa para conversar com eles sobre coisas espirituais. Muitas pessoas ficam aterrorizadas com a ideia de evangelizar pessoas desconhecidas. Não quero justificar essas desculpas, porque os cristãos deveriam estar apaixonados pelo evangelho a ponto de vencer essas barreiras. Contudo, existe outro campo missionário mais perto de casa. Todo pai e toda mãe cristã possui convite aberto, dado por Deus, para evangelizar seus filhos.

Quando as crianças vêm ao mundo elas estão separadas de Deus por sua natureza pecadora, mas também nada sabem sobre o mundo. Embora já corrompidas moralmente, elas intelectualmente estão em estado vazio. Os pais cristãos têm a capacidade de derramar sobre seus meninos e meninas as verdades a respeito do mundo, Deus e o evangelho. Se pensarmos bem, isso é de muito maior magnitude do que uma conversa de três minutos com um vizinho.

Ocasionalmente, o apóstolo Paulo também se sentia sobrepujado pelo ministério que Deus lhe confiara. Contudo, Paulo venceu suas imperfeições porque sua confiança provinha de Deus. Escreveu: "não que, por nós mesmos, sejamos capazes de pensar alguma coisa, como se partisse de nós; pelo contrário, a nossa suficiência vem de Deus, o qual nos habilitou para sermos ministros de uma nova aliança, não da letra, mas do espírito; porque a letra mata, mas o espírito vivifica" (2Co 3.5-6). A fonte da adequação de Paulo para seu ministério evangélico aos pagãos de Corinto é a mesma fonte que nos torna propícios para o ministério do evangelho junto a nossos filhos. A dependência de Deus deu a Paulo confiança, e deve dar confiança também a nós.

DEFINIÇÃO DE PATERNIDADE/MATERNIDADE CRISTÃ

Ser pai ou mãe cristão deve realmente ser definido por evangelismo paterno e materno, porque a principal tarefa dos pais crentes é discipular e evangelizar seus filhos. A Grande Comissão primeiramente tem de ser vivida no próprio lar, pois "se alguém não tem cuidado dos seus e especialmente dos da própria casa, tem negado a fé e é pior do que o descrente" (1 Tm 5.8). Este princípio de prover por sua casa não é apenas para as necessidades físicas – aplica-se também às necessidades espirituais.

É um desejo nato cristão ver os seus filhos andar com Cristo. Conforme isso, os pais precisam lembrar sua responsabilidade do discipulado. Deus nos dá o privilégio de cuidar de nossos filhos ensinando-lhes como é uma vida centrada no evangelho de Cristo. Os pais devem ver seus filhos como seu principal campo evangelístico.

O processo de ser pai e mãe é exatamente isso: um processo. Os pais têm a infância toda dos filhos para ensiná-los a reconhecer seus próprios pecados, o evangelho e como viver a vida cristã. Não é uma oportunidade de uma única ocasião, nem de uma única conversa. É semelhante ao que Paulo descreveu em 1 Coríntios 3.6, onde disse: "Eu plantei, Apolo regou; mas o crescimento veio de Deus". A analogia do plantio é muito apropriada porque, como no evangelismo, é um processo que exige tempo, esforço e que depende totalmente do Senhor.

O plantio não é sobrenatural, mas o crescimento da semente é. Assim como o lavrador não pode fisicamente fazer que sua plantação cresça, mas pode ser fiel em plantar, regar e cuidar da semente. O Deus que faz a pequena semente crescer em grande árvore portando frutos deve receber toda a glória. No evangelismo, os cristãos são privilegiados por plantar, regar, cuidar das plantas para o crescimento cristão sadio. Mas somente Deus tem a prerrogativa milagrosa de criar o crescimento, e só ele merece a glória por realizar a obra maravilhosa da salvação.

Então, como relacionar o ponto de Paulo com o cuidado paterno? No seguinte: o alvo de sermos pais não é a salvação de nossos filhos. O alvo de sermos pais é ensinar fielmente o que é o evangelho à criança, e como isso deverá afetar a sua vida. Pai e mãe plantam a semente e oferecem água. Deus dá o crescimento. Este versículo simples também oferece aos pais uma estratégia tríplice de evangelismo: preparar o solo do coração de seu filho, plantar sementes da verdade, e orar e proteger a safra de inimigos.

PREPARE O SOLO DO CORAÇÃO DO FILHO

Jamais me esquecerei de uma manhã ensolarada de sexta-feira quando alguns amigos próximos se juntaram para um café da manhã com Dr. Sinclair Ferguson. Um de nós pediu a Dr. Ferguson conselho sobre o tratamento com filhos e ele deu uma resposta profunda. Em seu forte sotaque escocês, ele disse: "Como pais cristãos, vocês devem se certificar de amarrar mais do que uma só corda de amor em volta do coração da criança". Passou então a explicar que conheceu muitos pais que haviam conseguido catequizar muito bem a seus filhos, no entanto não formaram um relacionamento de proximidade com eles. Falou do valor essencial de desenvolver com os filhos uma relação bíblica e abrangente de amor.

Como pais, temos de prover o solo em que nossos filhos possam crescer. Um fator que influencia a produtividade é o tipo de solo em que a semente é plantada. Por exemplo, a hortênsia tem uma linda florada e já vi hortênsias em variadas cores. Você sabia que a cor da hortênsia depende da acidez do solo? O solo também determina a maior ou menor frutificação de uma planta. Em Mateus 13, Jesus ensina que embora a semente do evangelho seja pura, nem todo solo é igualmente receptivo ou frutífero. Com pais cristãos, nós almejamos preparar o solo do coração de nosso filho. Queremos criar o melhor ambiente possível para que ele seja receptivo ao evangelho.

O solo do coração do filho é o ambiente relacional de seu lar. Como a flor da hortênsia é influenciada pelo solo em que a muda foi plantada, assim também nossos filhos são influenciados pelos relacionamentos no lar. Como o veneno pode matar uma planta, também a hipocrisia no lar afetará negativamente o coração da criança. De modo diferente, quando um lar é marcado por integridade e amor, as crianças enxergam a autenticidade do evangelho. No coração do relacionamento piedoso está o amor – amor verdadeiro e bíblico. Esse amor deve encher o lar e transbordar, e pode ser cultivado por disciplina, encorajamento, humildade e prazer.

Disciplina

Uma forma prática de demonstrar amor aos filhos é pela disciplina. Pode parecer contra indicado demonstrar amor por disciplina, mas o fato é que ela é um meio de proteger a criança. Ensinar o certo e o errado desde cedo, prepara a criança para reconhecer seu próprio pecado.

Uma casa sem disciplina produz uma criança que não reconhece que neste mundo certas coisas são simplesmente erradas. Mentira, desobediência e egoísmo são erros básicos que as crianças devem aprender não somente a reconhecer como também associar à punição. Quando elas aprendem que o padrão é verdade, obediência prazerosa, altruísmo, elas estarão preparadas para reconhecer sua incapacidade de se comportar.

O alvo da disciplina não é mera correção. Um pai poderia treinar o filho como se treina um cachorro – fazer que a criança venha, fique parada, fique quieta – mas isso não é o ponto. O alvo da disciplina é preparar a criança para reconhecer que quando peca ela merece punição – associação básica que estabelece na mente da criança conceitos de certo e errado, pecado e a dor associada ao pecado. Tais conceitos rudimentares são elementos vitais para preparar o solo do coração infantil. Além disso, a disciplina prepara a criança para perceber que o padrão está além de nossa capacidade de cumpri-lo. A criança não somente precisa obedecer completamente à primeira vez que alguma coisa é falada, mas fazê-lo com alegria. À medida que o filho aprende isso, seu coração se prepara para entender que ele está longe de cumprir os mandamentos de Deus.

A disciplina piedosa é equilibrada pela misericórdia. Tiago escreve: "Porque o juízo é sem misericórdia para com aquele que não usou de misericórdia. A misericórdia triunfa sobre o juízo" (Tg 2.13). Fica claro o ponto de Tiago: quando Deus lida com seus filhos amados, sua misericórdia vence até seus juízos. Equilibrando a disciplina com a misericórdia, preparamos o coração da criança para entender que embora não consigamos alcançar o padrão de Deus, ele está preparado para oferecer a sua misericórdia.

Pais que relutam em demonstrar misericórdia ao filho correm perigo de criar ambiente hostil para a criança e antagônico ao evangelho. J. C. Ryle explica desta forma: "É perigoso fazer a criança ter medo de você. O temor fecha qualquer abertura de modos; o medo leva a encobrimentos; o temor semeia sementes de muita hipocrisia, levando muitos à mentira".[1]

Como Paulo cuidava com carinho de seus filhos na fé, assim também os pais devem ser ternos e carinhosos com seus filhos (1Ts 2.7).

Com certeza a disciplina piedosa faz parte integral da paternidade fiel (Pv 23.13-14; Hb 12.4-11). A disciplina, porém, precisa ser praticada em ambiente compassivo e misericordioso. Para maiores esclarecimentos sobre o assunto, recomendo fortemente *Shepherding a Child's Heart*, de Ted Tripp.[2]

Encorajamento

Assim como a flor não abre sob um céu muito escuro, o coração da criança não floresce sob condições ásperas. Nossos filhos precisam do calor, cuidado, e encorajamento para que tenham condições de se abrir. Você quer que o solo do coração de seu filho seja constantemente fertilizado por enco-

---

1 J. C. Ryle, *The Duty of Parents* (1888; repr., Sand Springs, OK: Grace and Truth, 2002), 5.

2 Tedd Tripp, *Pastoreando o Coração da Criança* (São José dos Campos, SP: Editora Fiel, 1998).

rajamento que glorifique a Cristo, demonstrando de maneira poderosa o seu amor. Paulo destaca o significado do encorajamento paternal em sua vida ao escrever: "E sabeis, ainda, de que maneira, como pai a seus filhos, a cada um de vós, exortamos, consolamos e admoestamos, para viverdes por modo digno de Deus, que vos chama para o seu reino e glória" (1Ts 2.11).

Pense em Colossenses 3.12-13: "Revesti-vos, pois, como eleitos de Deus, santos e amados, de ternos afetos de misericórdia, de bondade, de humildade, de mansidão, de longanimidade. Suportai-vos uns aos outros, perdoai-vos mutuamente, caso alguém tenha motivo de queixa contra outrem. Assim como o Senhor vos perdoou, assim também perdoai vós". Paulo aqui dá mãos e pés à ideia de encorajamento. Essa espécie de encorajamento deve encher os lares cristãos como aroma suave, porque a generosidade e o amor são poderosos motivadores. Construa o que é positivo. As crianças correspondem fortemente à afirmações positivas. Encoraje-as, amando-as.

Ryle ressaltou corretamente: "As crianças precisam ser atraídas pela bondade, se quisermos sua atenção... Do mesmo modo que você apresenta diante delas seu dever – ordena, ameaça, castiga, arrazoa – mas, se faltar afeto em seu tratamento, seu trabalho será em vão".[3] Conforme sugere Ryle, é importante encorajar seu filho com entusiasmo e alegria.

Humildade

O orgulho inibe o crescimento do evangelho no coração de seu filho e é caminho garantido para a destruição. O orgulho é o oposto do caminho seguro à salvação (Pv 16.18) porque Deus resiste ao soberbo (1Pe 5.5) mas se achega ao humilde (Sl 138.6). Sabendo isso, talvez o rumo mais direto de preparar o coração dos filhos seja a humildade.

Jesus deu-nos o exemplo. Em Mateus 11.29, ele disse: "Tomai sobre vós o meu jugo e aprendei de mim, porque sou manso e humilde de coração; e achareis descanso para a vossa alma". É notável que este seja o único lugar nos evangelhos onde Jesus define a si com adjetivos. O Mestre manso e humilde nos ordena aprender dele justamente porque ele é humilde. Temos de seguir o seu exemplo e ensinar nossos filhos com humildade, para que eles "aco-

---

3 Ryle, *The Duty of Parents*, 4.

lham, com mansidão, a palavra nelas implantada, a qual é poderosa para salvar a vossa alma" (Tg 1.21).

A humildade é cultivada com passos intencionais. Aqui estão quatro exemplos de ações que demonstram humildade como meio de preparar o coração de seu filho para o evangelho.

1. Encontre um cristão mais maduro que possa fazer discipulado com você. Se você quer mostrar a seu filho o quanto ele precisa de sabedoria, demonstre o quanto você mesmo necessita dela sendo humilde e procurando um mentor que ensine sua própria vida.
2. Quando você estiver errado, admita-o; procure o perdão quando tiver pecado contra a sua família, incluindo seus filhos.
3. Medite sobre contrição, humildade, quebrantamento, fome espiritual e dependência. O livro de C. J. Mahaney, *Humility* (Humildade), é um excelente recurso para estudos futuros.[4]
4. Demonstre dependência na sagrada Palavra de Deus. Isaías 66.2 ensina uma importante verdade: "o homem para quem olharei é este: o aflito e abatido de espírito e que treme da minha palavra". Os seus filhos deverão ver você lendo a Palavra de Deus e ouvir você falando dela aos outros.

Quando os pais modelam tais comportamentos a seus filhos, estarão demonstrando verdadeira humildade. A mãe e o pai ensinam às crianças que existem limites à sabedoria humana e que a sabedoria divina provém quando é buscada com humildade. Isso prepara o filho a reconhecer que a sabedoria de Deus é muito mais alta que seu próprio e limitado entendimento.

Alegria

Jesus se alegrava na presença das crianças (Mt 18.1-6; 19.13-15). Você consegue imaginá-lo abençoando os meninos com lábios cerrados e sobrolho fechado? Não. Ele amava a presença de crianças.

Ser pai ou mãe deveria ser prazeroso e divertido. Se você tem prazer em ser pai, estará preparando o solo do coração do filho demonstrando a alegria dada por Deus a todos quantos o obedecem.

---

4 C. J. Mahaney, *Humildade* (São José dos Campos: Editora Fiel, 2008).

Que significa ter prazer em ser pai ou mãe? Divertir-se com os filhos! Fique no chão com eles quando eles são pequeninos. Acompanhe-os nas áreas em que eles se interessam, quando ficarem maiores. Entre no mundo deles com alegria e entusiasmo, participando de suas brincadeiras e torcendo por eles nos jogos que eles jogam.

O preparo é essencial para a frutificação futura. Os pais evangelistas devem estar fertilizando o solo do coração do filho com disciplina, encorajamento, humildade e prazer. Todo o preparo árduo é projetado para criar o melhor ambiente possível para a semente da verdade.

PLANTE SEMENTES DO EVANGELHO

O aspecto mais importante da lavoura é a escolha da semente que vai ser plantada. Se plantarmos caroço de pêssego, jamais colheremos ameixas não importa o que fizermos. O lavrador bem sucedido toma muito cuidado com a seleção de sementes. Devemos proteger ainda mais a semente do evangelho. Há dois modos principais de plantar sementes do evangelho no coração da criança: falar com palavras de integridade bíblica e viver uma vida de credibilidade no evangelho.

Palavras de integridade bíblica

Gálatas 6.8 ensina um princípio claro e poderoso: "O que semeia para a sua própria carne da carne colherá corrupção; mas o que semeia para o Espírito do Espírito colherá vida eterna".

Esta passagem destaca que todo crente carrega dois sacos de sementes e temos de garantir estar semeando do Espírito, não da carne. Nossos filhos não precisam, de modo nenhum, que semeemos sementes carnais em suas vidas. Tantas coisas na vida da criança já semeiam sementes carnais, inclusive seus próprios corações rebeldes e o mundo em que vivem. Os pais são chamados por Deus a proteger o pomar da vida dos filhos plantando e cultivando árvores piedosas. Quando agimos de maneira consistentemente carnal, que esperança eles terão de colher frutos piedosos? Onde eles receberão sementes do Espírito a não ser que as espalhemos liberalmente em suas vidas? Charles Spurgeon disse:

> *Vocês estão ensinando os filhos: cuidado com o que vocês ensinam!... Preste atenção no seu objetivo!... Você está mexendo com a alma de uma criança. Se é um mal desencaminhar aqueles que já tem cabelos cinzentos, quanto maior o mal de desviar os pés dos muito jovens, levando-os pelos caminhos do erro, em que poderão andar para sempre.*[5]

Estamos semeando quando tomamos a oportunidade de compartilhar o evangelho com nossos filhos. Isso inclui desde as longas e pacientes conversas detalhadas, como também os breves comentários do cotidiano. Cada referência ao evangelho é plantio de semente, que é então corroborada por nossos atos.

É importante buscar ocasião para explicar o evangelho aos nossos filhos. Tais conversas devem ser habituais – devocionais toda noite, hora da família uma vez por semana – ou informais, quando os pais ensinam no decorrer normal da vida.

Não é necessário incluir todos os elementos do evangelho em uma única conversa, pois somos pais para toda a vida. Se a mãe ou o pai tem uma visão em longo prazo, poderá aprofundar-se mais em determinados elementos (como a cruz, ressurreição, arrependimento, pecado, a natureza de Deus, a humanidade de Cristo, etc.) à medida em que surgir a necessidade. Você tem toda a vida da criança – portanto, perfure fundo e, com o tempo, você terá coberto todo o terreno.

Tendo essa abordagem, não é necessário diluir ou diminuir a mensagem para seus filhos. É claro, devemos usar terminologia apropriada à idade deles, mas quando a Escritura fala sobre o ensino da verdade espiritual aos filhos, a maior ênfase está na eficácia: "Estas palavras que, hoje, te ordeno estarão no teu coração; tu as inculcarás a teus filhos, e delas falarás assentado em tua casa, e andando pelo caminho, e ao deitar-te, e ao levantar-te" (Dt 6.6-7).

A simplificação exagerada é mais perigosa do que dar detalhes demais. Não atenue as partes desagradáveis tais como a morte de Cristo, o que signi-

5 Charles H. Spurgeon, *Come Ye Children: A Book for Parents and Teachers on the Christian Training of Children* (Charleston, SC: BiblioBazaar, 2008), 74.

fica a expiação, ou os efeitos do pecado na vida da pessoa. Mas tome tempo para explicar com cuidado como esses elementos se relacionam ao evangelho, lembrando constantemente aos filhos acerca da centralidade do senhorio de Jesus sobre o mundo inteiro.

Quando os pais tomam decisões importantes na vida, devem explicar aos filhos como o evangelho influiu nessa decisão. Use as diferenças que existem entre a sua família e os outros para explicar o evangelho. Explique por que vocês não compram determinadas coisas, não fazem certas coisas e nem querem certas coisas, apontando sempre para o evangelho como motivador. Quando ouvir uma notícia perturbadora na TV ou deparar com sofrimento, aproveite a oportunidade para explicar o pecado e o perdão. Os pais essencialmente estão vigilantes por ocasiões certas para ensinar o evangelho aos filhos. Essas conversas todas são formas de semear a semente.

Vidas de credibilidade

Uma vez espalhada a semente de Deus, temos de aguar a planta com oração e as palavras e obras de Deus. Temos de cultivar o solo com cuidado, amor e amizade bíblicos. Mas, sendo que a semente é a coisa mais importante, temos de saber o que é e como discernir entre boa e má semente. Temos de nos tornar especialistas no evangelho.

Se quisermos ensinar os filhos com fidelidade, temos de dominar bem a matéria, o currículo. Não podemos ensinar bem aquilo que não conhecemos bem. Portanto, temos de nos tornar especialistas no evangelho. Tanto cristãos quanto não cristãos precisam do evangelho, e assim, nossos filhos precisam ouvir com frequência os temas evangélicos. Estude o evangelho e confie em seu poder (Rm 1.16).

Falar palavras de integridade bíblica é apenas metade da equação evangélica. Por esta razão, 1 Timóteo 4.16 ordena: "Tem cuidado de ti mesmo e da doutrina. Continua nestes deveres; porque, fazendo assim, salvarás tanto a ti mesmo como aos teus ouvintes".

Paulo amplia uma promessa surpreendente: Se nossos lábios pregarem o evangelho com precisão teológica e nossos lábios estiverem plenos de integridade, outras pessoas serão atraídas ao evangelho. Palavras do evangelho mais vidas coerentemente piedosas são uma combinação de grande potência no evangelismo. Se nossos filhos conseguem entender a verdade do evangelho por nossa explicação clara, certeira, amável, e ver o poder do evangelho devido ao nosso desejo sincero, regado por oração, cheio do Espírito, de imitar Cristo, teremos desempenhado com fidelidade a missão de semear o evangelho na vida de nossos filhos.

Lembre-se de que o nosso dever é fazer todo possível para preparar o campo do coração de nossos filhos. Provérbios 21.31 diz: "O cavalo prepara-se para o dia da batalha, mas a vitória vem do SENHOR". Nos dias de suas lutas, Israel era responsável por depender plenamente do Senhor e fazer tudo possível para se preparar para a batalha. Do mesmo modo, é nossa responsabilidade como pai e mãe, fazer o possível para nos tornar expertos no evangelho – não apenas por nosso próprio benefício ou das pessoas que evangelizamos, mas especialmente por nossos filhos. É necessário que nossa vida seja vivida com credibilidade evangélica, especialmente com os jovens que nos observam o tempo todo.

ORAR E PROTEGER ENQUANTO DEUS CAUSA O CRESCIMENTO

Na agricultura, depois do solo preparado e da semente plantada, há uma longa espera. A estação da espera em Deus pelo crescimento não é, contudo, tempo de inatividade, mas de grande esforço. Lembre-se de que sempre há o que fazer no coração de uma criança. Enquanto continuamos edificando um relacionamento de amor com ênfase no evangelho a cada oportunidade, há ainda algumas ações a mais que o fazendeiro fiel e motivado precisa realizar. Enquanto o lavrador espera o crescimento, ele vigia quanto às ervas daninhas, a rega e o cuidado dos campos, Depois que uma mãe plantou, ela espera com oração, protegendo e nutrindo a semente plantada.

Oração

Nossa mais importante responsabilidade para com nossos filhos é orar por eles, no entanto, muitas vezes isso é negligenciado. Assim como Samuel considerava ser pecado deixar de orar por Israel, não orar por e com nossos filhos é abdicar de nossa responsabilidade de pais (1 Sm 12.23). Orando, levamos os filhos à presença de Deus e os deixamos ali para que Deus realize sua obra. Dependemos inteiramente daquele único que pode trazer o milagre do nascimento espiritual. Ore para que Deus transforme os corações de seus filhos, achegando-lhes a ele.

Pode fazer exatamente isto quando orar diariamente com seu filho. Estimule-o a orar por conta própria. Dê a sua criança ideias sobre o que orar, ajudando-a a expressar necessidades, confessar falhas e pecados a Deus. Ore com seu cônjuge pelas necessidades espirituais dos filhos. Compartilhe com os filhos como vocês oram por eles, bem como a maneira que vocês enxergam Deus respondendo essas orações em suas vidas.

Proteção

Conquanto nossa confiança esteja no Senhor, queremos também proteger os filhos das ervas daninhas que crescem e podem sufocar a tenra plantinha. Na parábola do solo, Jesus conta que a semente que cai cresce muito rapidamente, porém, no mesmo terreno em que as ervas daninhas do mundanismo e das riquezas também crescem e a sufocam (Mt 13.22). Como fazendeiros diligentes, precisamos estar alertas quanto ao mato que tira os nutrientes do solo, faz sombra e abafa a semente com suas folhas, e mata o rebento que está se desenvolvendo.

Para ver quais as ameaças à fé de seu filho, pergunte a si o seguinte: (1) O que meu filho quer fazer acima de tudo mais? (2) Quais as circunstâncias em que minha filha responde pecaminosamente? (3) Ele ou ela ficam zangados quando algum brinquedo ou atividade é interrompida? Nessas áreas especialmente, os pais precisam estar alertas para excessos e indulgências infantis.

Quando falamos sobre proteger contra as ervas daninhas da idolatria, temos de manter um forte relacionamento com nosso filho. Temos de estar confortáveis com eles quando tratamo-los no nível do coração, para que, quando os ídolos invadirem, podermos intervir com a verdade, empatia e amor. Tal proteção é imprescindível.

Como todo pai ou mãe sabe, não poderemos proteger os filhos para sempre. No fim do dia, confiar no poder de Deus é essencial para a saúde mental dos pais. Temos de confiar em Deus por sua grandiosa obra de salvação.

Nutrição

Uma das perguntas mais comuns que recebo como pastor das crianças é: Como os pais devem reagir quando o filho professa ter fé em Jesus? Respondo usando o acróstico (cresça, no inglês) GROW. Pais cristãos desejam que seus filhos se tornem cristãos, mas têm de acautelar-se de falsas profissões. Adote o modelo CRESÇA ao responder à profissão de fé de seu filho.

1. **G**uarde seu filho contra falsa segurança.
2. **R**enove o interesse de seu filho com encorajamento.
3. **O**bserve os frutos na vida do filho.
4. Wait (Espere) – espere por frutos maduros de árvores maduras

Guarde

Proteja seu filho contra a falsa segurança ensinando-o a verdadeira natureza da salvação. John MacArthur escreve:

> *Com certeza não podemos presumir que toda expressão de fé reflita obra autêntica de Deus no coração, e isso particularmente é verdadeiro entre crianças. Muitas vezes as crianças respondem de maneira positiva a convites do evangelho por inúmeras razões, muitas delas não relacionadas com um entendimento real de verdades espirituais. Se "cutucarmos a fé" da criança com estímulos externos, sua "conversão" provará ser espúria.*[6]

A salvação não é obtida por recitar uma oração (ou qualquer outro ato humano). É a obra de Deus no coração humano, e resulta em uma jornada de toda a vida em compromisso frutífero com Cristo. Muitos setores do evangelicalismo aceitam sem reservas a mera afirmação de que a pessoa creu. Contudo, Jesus ensinou que "Nem todo o que me diz: Senhor, Senhor! entrará no reino dos céus, mas aquele que faz a vontade de meu Pai, que está nos céus" (Mt 7.21). Os pais sábios não presumem, simplesmente, que uma criança seja nascida de novo por ter ela dito que pediu para Jesus entrar no coração.

---

6 John F. MacArthur, *O Evangelho Segundo os Apóstolos* (São José dos Campos, SP: Editora Fiel, 2011)

Reconheça que a criança provavelmente seguirá a direção de seus pais, imitando sua fé sem entender o evangelho. Como ela quer agradar os pais, ela naturalmente tem a inclinação de tomar uma decisão por Cristo. Assim, é espiritualmente temerário dar-lhe segurança da salvação baseada em ela ter repetido a oração do pecador. Nossa herança evangélica fez algo bastante prejudicial ao pedir que crianças muito pequeninas "convidem Jesus para entrar no coração". É comum os obreiros entre os jovens conduzir as crianças a fazer a oração do pecador. Como pais, precisamos entender o evangelismo a ponto de vigiar o rebento da fé. Muito melhor é considerar a fé um compromisso de vida do que apenas uma decisão momentânea.

Novamente, MacArthur escreve: "Ensine o evangelho aos filhos – todo ele – mas entenda que está plantando sementes para uma colheita que talvez não esteja madura por muitos anos. Se você cortar um campo no momento que brota a relva, jamais conseguira colher uma safra cheia".[7]

Renovar

Encorajar o filho é uma forma de refrescar seu interesse no evangelho. Tenha cuidado para não desanimá-lo no interesse pelas coisas de Cristo. Não faça uma separação entre uma afirmação de fé e dizer coisas como: "Se você fosse cristão, não estaria dizendo uma coisa dessas" ou "Se você realmente tivesse nascido de novo, teria uma atitude diferente". Não é produtivo dizer a uma criança pequena, ainda em fase formativa: "Você não é cristã"! Não despreze seu interesse no cristianismo. Se a criança diz que quer aceitar Jesus em seu coração, pense mais no que Deus está fazendo naquele coraçãozinho, e menos no acerto *biblicamente correto* das palavras da criança. Corrija a teologia de seu filho e o informe sobre a salvação, mas construa sobre o que é positivo. Se quiser ver a fé do seu filho se desenvolver, vigie contra a falsa profissão e refresque seu interesse com encorajamento.

Observar

Examine os frutos na vida de seu filho. Nosso maior desejo e que os filhos glorifiquem a Deus produzindo muitos frutos espirituais (Jo 15.8). Se

7 Ibid., 210.

seu filho professa ser cristão, Segunda aos Coríntios 13.5 se aplica a ele: Examinai-vos a vós mesmos se realmente estais na fé; provai-vos a vós mesmos". A advertência de nosso Salvador se aplica a todo que professa ser crente: "pelos seus frutos os conhecereis" (Mt 7.20). Recuse dar uma fórmula para salvação aos seus filhos. Se você der um chavão baseado em obras ou uma receita-relâmpago tal como "Arrepender e crer", mesmo que a fórmula seja bíblica, seu filho pode até enfatizar saltar pelos arcos sem trabalhar as questões centrais do coração. Aponte constantemente para os frutos da salvação (amor pela Palavra de Deus, sacrificar-se com alegria por amor ao próximo, paixão por Cristo, etc.) para que possam avaliar seu progresso.

Esperar

Existe mais uma consideração quanto a estimular a afirmação de fé do seu filho, e é *esperar.* Os pais cristãos não devem esperar frutos maduros dos pequenos rebentos, mas esperar que eles cheguem à maturidade da árvore para produzir frutos da mais alta qualidade. Sim, examine o fruto da profissão de seu filho. Sim, fique de olho nas evidências espirituais. Mas não espere que uma árvore jovem, mesmo sadia, produza frutos adultos.

Os lavradores fiéis aguardam que Deus opere o milagre do crescimento. "E não nos cansemos de fazer o bem, porque a seu tempo ceifaremos, se não desfalecermos" (Gl 6.9). Dennis Gundersen acrescenta:

> *A criança, de fato, é um produto inacabado. A infância, biblicamente vista, é um estágio onde os pais estão pacientemente cultivando a pessoa que seu filho vai vir a ser. A infância é tempo de preparo – não tempo de acabamento, de imaturidade, e não maturidade, de plantio de semente, e não colheita de frutos. Ver as coisas de outra maneira é superficial quanto às crianças e quanto ao evangelismo.*[8]

Deus é o ator na salvação. É ele quem nos salva. Ele nos fez viver quando estávamos mortos, e por sua obra os crentes estão em Cristo (1Co 1.30).

8 Dennis Gundersen, *Your Child's Profession of Faith* (Amityville, NY: Calvary Press, 2004), 31.

Precisamos trabalhar enquanto esperamos em Deus para a realização da sua obra. Como pais, mais uma vez encontramo-nos em posição de humilde confiança em Deus, esperando que ele opere seu milagroso poder da salvação.

A COLHEITA VINDOURA

No grandioso trabalho de ser pai ou mãe, Deus equipa os pais evangelistas para preparar o solo e semear a semente. Em seguida, ele os capacita a orar por e proteger o rebento. Por este labor, Deus muitas vezes escolhe fazer a semente germinar e crescer, realizando seu dom miraculoso de regeneração. Ryle admoesta os pais dizendo:

Estes pequeninos, sem dúvida, são preciosos aos seus olhos. Mas, se você os ama, pense frequentemente sobre suas almas. Nenhum outro interesse deverá pesar tanto quanto os seus interesses eternos. Nenhuma parcela deles deverá ser mais preciosa do que a parte que jamais morrerá. O mundo, com toda sua glória, passará; os montes derreterão; os céus serão embrulhados como um rolo; o sol cessará seu brilho. Contudo, o espírito que habita nessas pequenas criaturas, a quem você tanto ama, sobreviverá a tudo isso, e se será em felicidade ou em miséria, e, falando como homem, dependerá de você.[9]

Ryle fala a verdade. O grande empreendimento, para pais cristãos, é semear o evangelho na alma de seus filhos. Portanto, pais crentes, preparem o solo, plantem a semente pura do evangelho, orem, confiantes em Deus, e proteja contra as ervas daninhas deste mundo. Talvez, então, seja dito quanto a nossos filhos: 'a fim de que se chamem carvalhos de justiça, plantados pelo SENHOR para a sua glória" (Is 61.3). É nosso desejo olhar os campos de nossas famílias e ver grandes árvores, fortes, robustas e cheias de frutos para o Senhor Jesus Cristo.

9 Ryle, *The Duty of Parents*, 8.

CAPÍTULO 15

O PASTOR DE JOVENS COMO EVANGELISTA:

O EVANGELISMO MAIS FRUTÍFERO DA IGREJA

AUSTIN DUNCAN

Muitas vezes o ministério entre os jovens é relegado à posição secundária na igreja. Os pastores de jovens e adolescentes são estereotipados como divertidos artistas de variedades que adoram os estudantes, mas servem, principalmente, como o flautista da estória que mantém a meninada livre de problemas. A caricatura de um pastor de mocidade mundano, hedonista, cheio do que é superficial, focado em promover eventos, frequentemente é promovido por ministérios aos estudantes que não funcionam com uma filosofia bíblica de ministério. Na verdade, esses pseudo-ministérios prejudicam a causa do evangelismo. Se entendido corretamente, o ministro da mocidade é primeira e principalmente um evangelista.

Havia um jovem que veio de uma família não religiosa. Era popular como segundo-anista do colegial, jogador de futebol e maconheiro. Namorava uma garota mórmon e estava desperdiçando a vida. Nunca ouvira o evangelho. Seu treinador de futebol trabalhava como voluntário entre os jovens de uma igreja. Esse treinador compartilhou o verdadeiro evangelho com o jovem, e o convidou para participar de um culto da mocidade, onde o jovem ouviu a pregação da mensagem de Cristo pela primeira vez. Deus abriu seu coração e sua vida foi radicalmente transformada. Ele deixou a garota mórmon, parou de ir a baladas, e se tornou dedicado seguidor de Cristo. Porém, a mudança não parou por aí. A vida transformada deste estudante foi tão marcante e seu testemunho tão atraente, que, dentro de poucos anos, os seus pais e sua irmã também se converteram a Jesus.

Havia outro jovem cuja mãe frequentava a igreja, mas as ruas estiveram dando-lhe as boas-vindas. Era patente sua rebeldia contra a fé de sua mãe. Ele atrapalhava o grupo de estudos com constante e evidente desdém por todas as coisas relacionadas à igreja. Começou a andar com membros de uma gangue em uma das vizinhanças mais perigosas de Los Angeles. Mas a vida desse moço começou a desmoronar. A turma da gangue virou contra ele; ele ficou completamente só. Um dos líderes da mocidade percebeu que esse jovem estava começando a sentir o sabor amargo do pecado e lembrou-lhe de que a vida continuaria a dar apenas dor e insatisfação e a ira de Deus cairia sobre ele a não ser que ele se arrependesse. Esse jovem filho foi quebrantado por seu pecado e clamou a Jesus por perdão. Reconciliou-se com sua mãe, tornou-se membro produtivo da igreja, e hoje é um evangelista que aspira participar em missões transculturais.

Quando o ministério de jovens é desenvolvido com convicção bíblica e eclesiástica, torna-se um dos focos evangelísticos mais eficientes da igreja. É óbvio que os jovens de hoje estão se desenvolvendo em uma sociedade claramente anticristã. Eles se encontram em fortalezas de hedonismo e relativismo, enquanto a igreja cristã se destaca como farol de esperança. Por essa razão, o pastor de mocidade eficaz deve ter o coração de um evangelista. Em vez de edificar um grupo de jovens que é versão diluída do culto principal da igreja, acrescida da linguagem e cultura dos jovens, o pastor de mocidade precisa de uma filosofia bíblica de ministério.

Paulo disse a Timóteo, seu protegido mais jovem, que um dos elementos chaves de seu ministério era o de evangelismo (2 Tm 4.5).

O ministro da juventude pode ser competente criador de programas; pode ser especialista em dirigir acampamentos; pode ter excelente liderança com uma equipe de voluntários de primeira linha, mas – como Timóteo

– precisa ser evangelista para cumprir o ministério de maneira efetiva. Tem de reconhecer que uma das formas mais úteis de servir a igreja é ser evangelizador.

Mesmo uma vista superficial do ministério moderno da mocidade sugere que, em vez de evangelismo e discipulado, a grande parte do trabalho com jovens é caracterizada por engano e defecção. O engano envolve suas infindas atividades e a defecção caracteriza seus resultados. Não estamos ganhando a mocidade para Cristo – estamos perdendo até mesmo os que já tínhamos. O fracasso no índice de conservação de adolescentes que frequentam a igreja é alarmante e facilmente reconhecido. O que poucas vezes se reconhece é que os que abandonam a igreja o fazem porque na verdade, nunca foram parte dela. João, o apóstolo, escreve: "Eles saíram de nosso meio; entretanto, não eram dos nossos; porque, se tivessem sido dos nossos, teriam permanecido conosco; todavia, eles se foram para que ficasse manifesto que nenhum deles é dos nossos" (1Jo 2.19).

Ou seja, a maioria dos estudantes do grupo de mocidade abandona a igreja quando chega à faculdade porque nunca foram convertidos. Isso significa que grande parte do trabalho do pastor de mocidade consiste em evangelismo.

Apesar dessa necessidade premente, o estereótipo do pastor de jovens é diretor de acampamento e promotor e coordenador de eventos. Esperam dele que dê aos estudantes da igreja algo para ocupar seu tempo, e seu sucesso é medido pelo número de pessoas que participam dos eventos sociais. Mas o verdadeiro evangelismo – na verdade, o ministério autêntico – não se mede por encher as cadeiras vazias. O verdadeiro foco do evangelismo deve ser almas, não assentos.

Quando vejo líderes de jovens entusiasmados com um zelo quase missionário em um apelo para conseguir mais gente para participar de um "acampadentro", meu coração se quebra. O que é necessário é o mesmo zelo aplicado ao evangelho. Conseguir a frequência dos estudantes não é o alvo – ao invés disso, o alvo é proclamar a mensagem da cruz com clareza e fidelidade.

Colocado de maneira simples, o que faz um bom ministério com a mocidade é exatamente o mesmo que faz funcionar o ministério com adultos: apresentar o evangelho de maneira acurada e persuasiva. Mas os ministérios centrados em eventos tendem a proteger propositadamente seus jovens do forte chamado, duras verdades, e exigências diretas de Jesus. Os líderes do trabalho da mocidade mascaram seus cultos com cultura popular para atrair uma multidão de descrentes que se sinta bem na igreja. Em vez de maximizar esses anos formativos para a instrução espiritual, eles embotam e nivelam para baixo a Escritura, e acentuam a diversão, os jogos, as luzes e os prêmios. Os adolescentes ficam com a impressão que seguir a Cristo é fácil, santidade é algo opcional, e a igreja tem de ser divertida e destinada às preferências pessoais. Não é de admirar que os jovens cresçam com mentalidade de jogos e diversão, que passeiem de igreja em igreja à procura daquelas que são pastoreadas por apresentadores de shows e jogos.

O resultado é uma geração de secundaristas que não têm conceito mínimo do senhorio de Cristo em suas vidas, quanto menos uma noção do que seja o discipulado. Quando esses estudantes vão para as universidades, estão despreparados para enfrentar o assédio que haverá contra sua fé. Nunca foram integrados à comunidade adulta da igreja como um todo. Frequência às atividades da mocidade não é o mesmo que ter compromisso com Jesus Cristo. Isso é patente, e provavelmente até mesmo o mais pragmático pastor de jovens concordará. Um foco em simples mensagem de diversão e brincadeiras com animada frequência numérica será inimigo do evangelismo. O verdadeiro evangelismo é dirigido à proclamação do evangelho.

Um ministério de estudantes efetivo não terá desempenhado seu objetivo se seus participantes não tiverem sido confrontados com as exigências que Jesus faz sobre suas vidas. Quando o evangelho é apresentado com clareza, é feito um chamado que exige resposta. Muitos jovens fazem falsas profissões de fé porque foi dado a eles um falso evangelho dizendo apenas que, se crerem em Jesus, irão para o céu. Foram levados a crer que as meias-verdades a que foram expostos nas reuniões de mocidade eram a verdade toda. Mas, como jamais deixaram seu pecado, nunca aprenderam a valorizar o tesouro de Jesus acima de todas as outras coisas no mundo. O resultado nos jovens é o mesmo que o resultado nos adultos: o desejo de viver para si é mais forte do que a segurança que obtiveram quando fizeram a oração do pecador.

Porém, quando o evangelho é apresentado por inteiro – incluindo chamado ao arrependimento, discipulado, santificação e amar a Jesus acima de tudo que há no mundo – os jovens serão constrangidos a responder. Os que não são salvos irão embora como as massas de João 6. Os que atendem o chamado de Cristo não precisam ser mimados pelo pastor da mocidade e isolados do corpo da igreja. Precisam ser batizados e assumir sua participação como membros da igreja. Têm necessidade de pastoreio e discipulado. Precisam ser envolvidos no ministério, demonstrando seu amor a Deus colocando em prática os dons que Deus lhes deu (Ef 4.12). Isso tudo é possibilitado quando o pastor da mocidade enfoca o evangelismo.

Nem todos acreditam ser possível um ministério entre a mocidade que produza cristãos fortes, teólogos e apaixonados evangelistas. Os mais céticos do ministério da mocidade não são os estudantes, mas os próprios pastores de mocidade. Com um "ministério" baseado em brincadeiras, que favorece o mais baixo denominador comum de uma cultura fugaz de juventude, os estudantes do segundo grau na igreja têm como modelo a concessão ao mundo ao invés do cristianismo.

É meu privilégio e alegria ministrar aos estudantes, e meu alvo é, pela graça de Deus, encorajar e estimular colaboradores no ministério estudantil que tenham motivação bíblica, teologicamente sã, irresistivelmente evangelística. Se um estudante do segundo grau puder ser ganho para Cristo, sua vida será testemunho brilhante de fidelidade. Quero ver adolescentes cristãos que demonstrem essa realidade por vidas consagradas a Cristo, sua Palavra e sua igreja. Este capítulo delineará alguns princípios práticos para edificar um ministério de juventude com foco evangelístico, que produza *teens* (adolescentes) piedosos e amadurecidos.

EDIFIQUE SOBRE A ESCRITURA

A questão de como alcançar o jovem é, na verdade, bastante antiga: "De que maneira poderá o jovem guardar puro o seu caminho? Observando-o segundo a tua palavra" (Sl 119.9).

Parece simples a resposta. Se um jovem quer guardar puro o seu caminho, tem de meditar, ler e estudar a Bíblia. Se um pastor de mocidade quer servir bem os seus estudantes, e mais nada, ele os ensinará a amar a Palavra de Deus. O elemento mais importante do ministério entre jovens é seu ensino da Bíblia. Quisera eu que os pastores de mocidade abandonassem currículos de vídeos, deixassem de gastar o dinheiro da igreja em lições ricas em gráficos e parassem de quebrar a cabeça imaginando quais os próximos tópicos a discutir. Se ensinassem a suficiência da Escritura modelando-a em suas próprias vidas, obteriam um efeito muito mais profundo.

As Escrituras são a ferramenta mais importante para o pastor de jovens. Não existe outro meio para uma pessoa vir a Cristo se não pela pregação do evangelho, e não existe lugar em que o evangelho é apresentado com maior clareza do que na própria Escritura. Quando o ministério entre jovens é edificado no ensino da Bíblia, versículo por versículo, os estudantes aprendem como viver e o que crer. Como efeito colateral ordenado por Deus, os jovens aprendem a estudar e interpretar a Bíblia por eles mesmos, ao observar o bom manejo e a explicação correta da Escritura.

A pregação do pastor deve ilustrar o fato que o evangelho é boa notícia, não conselhos. Jesus Cristo, filho de Deus, morreu como substituto por nossos pecados. Ressurgiu para a vida no terceiro dia, mostrando que Deus aceitou seu sacrifício, provando ser verdadeira sua vida e suas palavras. Para estarmos bem com Deus, temos de nos arrepender dos nossos pecados e confiar em Jesus para nossa salvação. É esse o evangelho, e deve ser pregado com consistência.

Os adolescentes precisam dessa mensagem. Não carecem de relevância cultural nem de um líder de mocidade que os entenda de verdade. Precisam de um pastor que explique que não irão ao céu por osmose de seus pais cristãos, que Deus odeia o pecado e que a questão mais importante do universo não é se vão conseguir entrar na faculdade que desejam, mas se estão reconciliados com Deus. Eles deixaram o pecado e se voltaram para o Salvador? Pela fé, abraçaram o sacrifício perfeito do precioso Filho de Deus? A vida de Cristo é sua vida?

Além do evangelho, o pastor de mocidade precisará ensinar a teologia mais profunda. Os jovens devem aprender mais sobre justificação, santificação, eleição, e a trindade do que sobre a cultura e os perigos do sexo. O alvo do ministério entre jovens não é produzir moralidade, juramentos de abstinência, ou boas notas. Deus tem algo melhor para os moços – um compromisso radical com a verdade de Deus. Utilizar a Bíblia apenas para ensinar lições de moral não basta. A contrapartida à cultura superficial da juventude de hoje, que corre atrás das tendências, não está em jogos ou numa "turma legal" – é a teologia profunda e eterna da Bíblia. Se o pastor dos jovens evita ensinar teologia, estará zombando de seu chamado e traindo a oportunidade que Deus lhe deu. Em longo prazo, estará deixando de preparar os estudantes para defrontar as filosofias mundanas que serão ensinadas na faculdade.

Se os estudantes formam-se do Segundo Grau e confrontaram as verdades profundas do evangelho em sua totalidade, coerentemente expostos ao ensino teológico da Bíblia, irão para a faculdade entendendo que as Escrituras têm resposta para os dilemas morais e éticos que terão de enfrentar. Ensinando teologia e modelando a suficiência da Bíblia, o pastor de jovens estará dando uma alternativa às tentações do pecado, alternativa esta inerentemente evangelística. Essa espécie de ministério da mocidade prepara e equipa os santos e torna-se luz para os não crentes.

EDIFICAR PARA DENTRO DA IGREJA

Infelizmente, a eclesiologia está ausente da teologia de grande parte dos pastores de mocidade. A igreja é tão preciosa aos olhos de Deus que ele a chama de *noiva*. Ordenou que a igreja fosse o principal meio para o avanço de seu reino sobre a terra. Talvez o perigo das organizações para-eclesiásticas usurparem o papel da igreja fique mais evidente no ministério com os jovens. Mas para o pastor da mocidade, o perigo está em fazer uma mocidade que funcione essencialmente como uma organização para-eclesiástica, só que se reúne na sua própria igreja. Não deveria ser possível um jovem participar fielmente da mocidade sem participar na igreja. Um dos grandes objetivos do programa de jovens é equipar os estudantes a viver vidas comprometidas com a igreja.

Os moços tem de estar envolvidos com os adultos servindo os missionários, participando no trabalho de alcançar os vizinhos, visitando os idosos. Acima de tudo, devem fazer parte do corpo da igreja no culto, na comunhão e no serviço. Uma das razões que muitas vezes os jovens se afastam das atividades da igreja é que crescem além do que ela tem para oferecer. Eventualmente, cansarão de brincadeiras e esquetes, procurando algo mais profundo. Uma chave para o ministério com estudantes – um ministério de estudantes que perdure – é envolver os jovens na igreja por estarem apaixonados pelo evangelho. Se eles deixarem a igreja, estarão abandonando parte integrante de sua vida. A igreja não será mais um lugar que os serve, antes, será um lugar a que eles pertencem.

Isolar os jovens do resto do corpo da igreja é ruim para todos os envolvidos. Como o pé não pode dizer à mão "Não preciso de você", o jovem não pode dizer que não pertence ao corpo de crentes (1 Co 12.15). Servir a igreja é o jeito do cristão ser chamado para utilizar os dons que Deus lhes deu, e é onde os crentes vivem o mandamento do Novo Testamento de amar uns aos outros. Os adolescentes têm de ser ensinados a ter afeto pelos outros da igreja, cuidar das necessidades dela, se dedicar à sua saúde e ao seu crescimento.

Oportunidades sem impedimento são a marca de ouro da juventude não casada. Primeira aos Coríntios 7 é um capítulo paradigmático quanto ao ministério dos jovens. Embora visto principalmente como passagem sobre casamento e celibato, é fato que os jovens de nossa mocidade na sua maioria são solteiros, e assim, têm duas vantagens sobre os casados: oportunidades sem impedimentos (v. 32) e consagração ao Senhor sem distrações (v. 35). Isso não é dizer que os moços não sejam distraídos, mas devido a não serem casados, sua força e energia, sua dedicação pessoal a Cristo pode ser maior do que em qualquer outra época da vida. Nesse estágio da vida, poucas coisas ou pessoas competem por seu amor com o Senhor Jesus Cristo. Um relacionamento com o Senhor, autêntico e que esteja amadurecendo, pode ser fundamento que cimenta uma vida inteira de dedicação e ministério.

Os jovens não têm cônjuges, hipotecas, filhos, contas ou trabalho de tempo integral, e assim, pouca coisa os impede de ser o braço mais ativo do corpo de Cristo. Suas preocupações e obrigações não são tantas quanto serão depois de casar. Em sua maioria, vão para a escola com milhares de oportunidades de evangelizar e ministrar em nome de Cristo. O atletismo e atividades extracurriculares são convites para "proclamar as virtudes daquele que vos chamou das trevas para a sua maravilhosa luz" (1Pe 2.9). Negligenciamos um imenso campo missionário quando não encorajamos e participamos na ajuda a nossos jovens em alcançar para Cristo as pessoas em suas escolas.

Muitas vezes, ministros de mocidade preocupam-se por estar na "berlinda" do ministério real. Veem seu papel como distrair os moços e mantê-los ocupados e sem problemas. Isso é muito triste porque dá a ideia que os moços podem ser a igreja de amanhã, mas não são a igreja de hoje. Uma alternativa será encorajar os jovens e adolescentes que são salvos, a usar seus dons em benefício de toda a igreja para a glória de Deus. Assim, esse será um ministério de mocidade realizado com convicção eclesiástica.

EDIFIQUE COM UMA LIDERANÇA QUALIFICADA

"Para que, se eu tardar, fiques ciente de como se deve proceder na casa de Deus, que é a igreja do Deus vivo, coluna e baluarte da verdade", escreveu Paulo (1Tm 3.15). Este versículo nos lembra de que a Bíblia não está calada quanto a quem deve ministrar na igreja. O contexto de 1Timóteo 3 é a liderança. Paulo acabara de explicar o tipo de pessoa que deveria estar liderando na igreja.

Para encorajar propriamente os jovens no evangelismo, é necessário que cultivemos e modelemos uma liderança bíblica exemplar. Os voluntários de nosso departamento de mocidade deverão ser todos qualificados biblicamente como líderes-servos. Temos de ser seletivos, pois, para começar, nem todos que querem ajudar os jovens estão biblicamente aptos. O ministério com jovens oferece oportunidades para os estudantes passarem tempo com líderes maduros que estabeleçam com eles um relacionamento pessoal. Os adultos que querem trabalhar com jovens devem estar dedicados a um envolvimento na vida dos estudantes porque o discipulado pessoal é o meio mais eficaz quando feito de pessoa a pessoa, um mais maduro com um aprendiz. Nossos voluntários têm de ser modelos vivos do que desejamos ver em nossos estudantes. É melhor ter poucos líderes do que maus exemplos de liderança, que são biblicamente desqualificados.[1]

Fato é que os jovens são facilmente influenciáveis. Se o líder for teologicamente fraco ou faz concessões não bíblicas em sua santidade pessoal, esses defeitos serão espelhados por aqueles que estiverem sob sua liderança. De modo converso, se o líder for apaixonado pelo evangelho, cheio de amor pelos perdidos, sua força será imitada. Evangelismo é fazer discípulos, ou seja, ensiná-los mediante a imitação (Mt 28.19-20). Os que trabalham com a juventude são fazedores de discípulos e devem ser modelos de pastoreio, não sociabilidade.

Uma das áreas chaves de maturidade que deve estar evidente na vida de qualquer voluntário é no evangelismo. Se o grupo de jovens passa a ser refúgio para líderes introspectivos e tímidos, estará sufocando o evangelismo. Isso fica evidente de duas formas. Primeiro, os líderes de ministério de mocidade precisam saber conversar com os moços sobre o evangelho. Precisam saber a condição espiritual de seus alunos, cultivando relacionamentos que permitam conversas diretas a respeito da realidade pessoal do evangelho. Segundo, os líderes precisam saber comunicar com visitantes, não cristãos, familiares e amigos dos jovens do grupo. Têm de saber aproveitar as oportunidades para entregar o evangelho de maneira clara e concisa a pessoas que talvez eles nunca mais verão. Isso tem de ser feito com tato, pois de outra forma os jovens ficarão com vergonha de convidar seus amigos outra vez. Mas tem de ser feito com clareza, senão os jovens não terão por que convidar seus amigos. Nossa liderança tem de ser conselheiros bíblicos e evangelistas competentes. A liderança precisa demonstrar que a Palavra de Deus é suficiente para todas as questões que terão de enfrentar na vida.

Tenho muita alegria em participar do mesmo ministério que o apóstolo Paulo, ao procurar influir na vida dos moços para seguirem a Jesus. Paulo insistia com os coríntios: "Sede meus imitadores, como também eu sou de

1 Na Igreja da Graça, todo voluntário no ministério de jovens é qualificado como diácono e passa por entrevistas escritas e pessoais antes de filiar-se a nossa equipe de voluntários. Além disso, cada membro de nossa equipe está atualmente envolvido em um relacionamento de discipulado e responsabilidade perante a igreja como exemplo aos nossos alunos.

Cristo" (1Co 11.1). Encontramos grande prazer em ver os estudantes começando a imitar Cristo. Eles não somente tornam-se bons seguidores de seus líderes, como também, eles mesmos começam a influenciar outros colegas a seu redor. Liderança é influência, e líderes da mocidade têm de estar cônscios que estão sendo vigiados e seguidos. É uma significante responsabilidade diante de Deus.

EDIFICAR MEDIANTE O EVANGELISMO

O ministro de mocidade sábio tem o coração de evangelista e deseja ver jovens, moços e moças, entregando suas vidas a Jesus Cristo. Os estudantes de nossa igreja apresentam tremendas oportunidades como campo missionário. Há adolescentes da vizinhança que não foram criados em lar cristão e não conhecem Cristo. Jovens da igreja também carecem de Jesus. Essa realidade me move a cumprir a Grande Comissão especificamente no nível da mocidade. Se negligenciarmos os estudantes, perdemos a oportunidade de pregar o evangelho.

Para ver a importância do papel do pastor de mocidade especialmente como evangelizador, pense na questão de segurança de salvação. É uma das questões que os secundaristas lutam para entender. Se você não pode declarar com certeza que Deus o salvou, como poderá abrir os mistérios de Deus na evangelização de outras pessoas? Muitas vezes, a "turma teen" é insegura, e é essencial que entendam a segurança da salvação. Jovens que cresceram "cristãos" e de repente estão passando a viver de forma mais independente começam a questionar se sua fé é realmente válida ou apenas produto da influência de seus pais. *Será que eu mesmo creio de verdade? Frequento a igreja para agradar meus pais, ou para agradar a Deus?*—são boas perguntas e pastores sábios ajudarão os jovens a navegar através desse trabalho de autoexame.

Ter crescido em lar cristão tem suas vantagens e suas ciladas. A familiaridade não pode gerar desprezo das coisas espirituais. Existem dois extremos no ministério da mocidade: jovens que têm certeza de que são salvos, mas realmente não o são, e os que questionam a salvação por um mau entendimento do que seja graça. Ajudar os moços a navegarem por 2 Coríntios 13.5 é uma tarefa quase que semanal: "Examinai-vos a vós mesmos se realmente estais na fé; provai-vos a vós mesmos".

Se o pastor da mocidade se enxerga como evangelista, tem uma tarefa amedrontadora diante de si. Seus estudantes se espalham durante a semana em diferentes escolas, a maioria cercada de descrentes por todos os lados. A única esperança de o pastor conseguir um testemunho do evangelho coerente dentro da comunidade será treinando os estudantes a ser evangelistas.

Cristãos, somos embaixadores de Cristo (2 Co 5.20). Os estudantes cristãos são embaixadores tanto quanto os mais velhos santos da igreja o são. Não importa a idade da pessoa – todos precisam ser treinados no discipulado. Os jovens têm de se perguntar duas coisas vitais: Primeiro, foram salvos? Segundo, estão aproveitando as oportunidades para evangelizar seu próximo?

Os jovens devem ser lembrados das verdades vistas em outros capítulos deste livro. Precisam ser ensinados que vivemos para a glória de Deus e nada glorifica mais a Deus do que o pecador que deixa o mundo e volta-se inteiramente a Jesus. Os jovens têm de entender que possuem o privilégio de levar as boas novas de Jesus a seus amigos, muitos dos quais nunca antes ouviram sobre o evangelho.

Ao dizer a nossos jovens essas coisas, nós os preparamos para serem evangelistas. Ensinamos como evangelizar, o que dizer, aconselhamos quanto a *quando* dizê-lo. Equipamo-los, orando por eles, encorajando-os, pregando mensagens evangelísticas. Temos de lembrar nossos jovens que nada enfraquece mais o evangelismo do que mensageiros hipócritas, e utilizamos as discussões como oportunidade para avaliarem sua própria fé e testemunho.

Nossa pregação teológica, com a expectação dos moços viverem de modo evangelístico, faz que eles estejam apologeticamente preparados. Declara o apóstolo Pedro: "Antes, santificai a Cristo, como Senhor, em vosso coração, estando sempre preparados para responder a todo aquele que vos pedir razão da esperança que há em vós" (1 Pe 3.15). Como pastores, temos de preparar os jovens para defender o evangelho e articular com clareza por que as Boas Novas são tão boas.

Nossos estudantes de segundo grau, especialmente, recebem diariamente a oportunidade de dar razão de sua esperança. Vivem em ambiente maduro para ministério evangélico. No nosso trabalho com secundaristas, oferecemos durante várias semanas um seminário após as aulas (às tardes) enfocando evangelismo. Foi um dos eventos que tivemos de maior frequência, e estudantes ficavam depois da reunião na igreja por horas fazendo perguntas. Percebemos, por seu entusiasmo, quanto os adolescentes estão famintos por estarem evangelisticamente preparados. A salvação dos perdidos e a defesa da fé eram pontos prementes em suas vidas.

Também preparamos os jovens para o evangelismo orando fielmente por eles e ensinando-os a também ter amor pela oração. Um pastor de jovens que seja evangelista orará regularmente e especificamente por seu rebanho e por aqueles a quem deseja ganhar para Cristo. Ensinará seus estudantes a ir a Deus em oração para fortalecer seu evangelismo e pedir ao Senhor pelos amigos da escola que estão perdidos. Com ênfase na oração pessoal, nós mostramos que não estamos limitados aos cultos de domingo ou às bandeiras hasteadas. Ensinamos que oração é uma disciplina – não um evento (1 Ts 5.17). Quando cultivam o relacionamento íntimo com Deus que só temos por meio da oração, eles crescem em humildade e maturidade ao mesmo tempo em que se tornam melhores evangelistas.

A oração é o combustível e a obra de missões. Encoraje seus jovens a orar especificamente por seus amigos descrentes. Orem especificamente por indivíduos, e por oportunidades de dar o evangelho a essas pessoas. Ajude-os a entender a tensão entre nossas orações e nossas ações, encorajando-os a orar uns pelos outros, e então levar o evangelho a essas pessoas.

A ALEGRIA DO MINISTÉRIO COM A MOCIDADE

Colossenss 1.28-29 diz: "o qual nós anunciamos, advertindo a todo homem e ensinando a todo homem em toda a sabedoria, a fim de que apresentemos todo homem perfeito em Cristo; para isso é que eu também me afadigo, esforçando-me o mais possível, segundo a sua eficácia que opera eficientemente em mim". Talvez esse versículo seja meu maior encorajador como pastor de mocidade. Impele-me a ministrar a estudantes de maneira a ver progresso espiritual em suas vidas. Amo ver a obra de amadurecimento e santificação na vida de adolescentes cujas vidas estão dedicadas a Cristo. Na igreja, nosso alvo é o mesmo para todas as pessoas, não obstante diferentes idades. Há imensa alegria em ver o povo de Deus crescendo à semelhança de nosso Senhor.

Amo especificamente o ministério entre jovens porque seu potencial é tão grande. Meu coração se alegra em ver aqueles que são futuros membros, diáconos, presbíteros de nossa igreja. Vejo o rosto de nossos estudantes do segundo grau e vejo diante deles os maiores desafios e bênçãos da vida. Problemas, tentações, lutas e alegrias os aguardam. É o início de sua caminhada com Cristo. Nesses anos iniciais é que eles têm a oportunidade de aprender as disciplinas espirituais que beneficiarão o resto de suas vidas.

Como sub-pastores da igreja de Jesus Cristo, temos a responsabilidade de sermos bons mordomos dos dons espirituais que recebemos, das pessoas que nos foram confiadas, e dos recursos que o Senhor nos proveu para o seu ministério. Nosso alvo no ministério dos jovens não pode ser número de jovens, assiduidade a reuniões, sofisticação dos eventos ou o "fator simpatia" do pastor da mocidade. Nosso padrão tem de ser bíblico, visto pela salvação e santificação de nosso povo. É então que o pastor de mocidade cumpre seu chamado de evangelista.

CAPÍTULO 16

COMPELINDO-OS A ENTRAR:

TESTEMUNHO AOS PORTADORES DE NECESSIDADES ESPECIAIS

RICK MCLEAN

Quando deparamos com pessoas de necessidades especiais, mesmo o evangelista mais experiente pode hesitar, ficar nervoso ou evitá-los por sua própria insegurança. Como pregar o evangelho às pessoas especiais, portadoras de deficiências? Muitas vezes a atitude é de dó – não pela condição espiritual, mas pela condição física. Entender que em um mundo cheio de pecado, "normal" não existe, mas que todo ser humano tem a mesma necessidade essencial, faz que o evangelista quebre as barreiras e alcance os portadores de necessidades especiais.

Não é bonita a história do tratamento daqueles que são portadores de deficiências.

Em diferentes épocas, foram abandonados ao nascer, banidos da sociedade, usados como bobos da corte, afogados e queimados durante a Inquisição, enviados à câmara de gás na Alemanha nazista, segregados, institucionalizados, torturados em nome de gerenciamento comportamental, abusados, estuprados, *eutanasiados* e assassinados.[1]

1 Stephanie O. Hubach, *Same Lake Different Boat: Coming Alongside People Touched by Disability* (Phillipsburg,

A comunidade cristã deve reconhecer sua responsabilidade de estender a mão àqueles que portam deficiências, especialmente à luz do chocante passado. Precisam saber que Jesus Cristo oferece a eles a mesma esperança que oferece a outras pessoas na sociedade. É necessário amor e compaixão – não dó infamante.

As pessoas portadoras de necessidades especiais são vistas de várias maneiras diferentes, sendo raramente consideradas como "normais". Devido às diferenças, muitas vezes temos dificuldades quando vemos alguém deficiente, diferente de nós, e os qualificamos de "anormais". Tal ponto de vista de "anormalidade" foi justificativa de muitos anos de abuso.

Contudo, nós não olhamos a história como exemplo, e sim, Jesus. Ele teve profunda compaixão pelos que estavam alquebrados e perdidos. Mui frequentemente, as igrejas ficam aquém no cumprimento do dever de evangelizar e fazer discipulado com aqueles que têm deficiências. Mas se queremos uma igreja que traz honra a Cristo, temos de seguir o exemplo de Cristo também nessa questão.

UMA PERSPECTIVA BÍBLICA QUANTO ÀS DEFICIÊNCIAS

É importante entender por que algumas pessoas nascem com necessidades especiais por que Deus permite que outras as desenvolvam ao ficarem mais velhas. O ponto de partida é que originalmente, antes do pecado entrar no mundo, não havia imperfeição. Gênesis 1.27 declara: "Criou Deus, pois, o homem à sua imagem, à imagem de Deus o criou; homem e mulher os criou" e no versículo 31: "Viu Deus tudo quanto fizera, e eis que era muito bom".

O ser humano foi criado à imagem de Deus. Ele nos criou com capacidade de governar, amar, raciocinar, relacionarmo-nos, e, acima de tudo, obedecer a Deus. Quando terminou sua criação, não havia dor, violência, lutas, conflitos ou morte. Tudo era perfeito. Porque nosso mundo está tão repleto de sofrimento e imperfeição, é difícil imaginar a alegria e a bondade daquele mundo anterior à Queda.

A Bíblia deixa claro que a causa da dor e do sofrimento no mundo é o pecado. Sim, fomos criados à imagem de Deus, mas tornamo-nos criaturas

NJ: P&R, 2006), 25.

caídas. Adão e Eva, os primeiros seres humanos criados por Deus, o desobedeceram. Deus deixou claro que Adão e Eva podiam comer livremente do fruto de todas as árvores do jardim exceto uma: a árvore do conhecimento do bem e do mal (Gn 2.16-17). Deus disse a Adão que se ele comesse desse fruto, certamente morreria. Eva, porém, enganada por Satanás, desobedeceu a Deus e comeu do fruto. Adão seguiu o seu exemplo, e dissolução e morte dominaram a criação. Adão e Eva jamais poderiam ter previsto o impacto global de seu pecado.

Após sua desobediência, o primeiro casal escondeu-se de Deus. Pela primeira vez, tinham pensamentos maus e estavam conscientes da própria culpa. Devido ao pecado deles, Deus julgou o homem e a mulher e até mesmo a terra, trazendo maior dor no parto, fadiga, aflição, doença e a morte que infesta toda a criação. Começou o pecado e não terminaria nunca.

O pecado de Adão e Eva afetou toda a criação. Paulo diz em Romanos 8.20: "a criação está sujeita à vaidade, não voluntariamente, mas por causa daquele que a sujeitou, na esperança". A desobediência de Adão e Eva fez que o mundo se tornasse anormal. Pela primeira vez, a condição de estar quebrado e o sofrimento foram inseridos no mundo. Essa quebra afetaria o âmbito humano, espiritual, físico, intelectual, emocional, psicológico e social. Essa corrupção é vigente ainda hoje, afetando todas as áreas de nossa vida. Paulo declara em Romanos 8.22: "Porque sabemos que toda a criação, a um só tempo, geme e suporta angústias até agora".

Essa rebeldia de Adão e Eva fez com que um mundo perfeito se tornasse imperfeito, cheio de dor, caos, lutas, conflitos e morte. Deus nos criou à sua imagem com um propósito, mas, nesta vida, todos nós sofremos os efeitos debilitantes do pecado.

Devido à queda, todos nascemos portadores de deficiências. Algumas necessidades especiais são mais facilmente visíveis, enquanto outras não aparecem prontamente. No mundo pecador em que vivemos, temos de reconhecer que não existe "normal" ou "anormal". Fomos todos incapacitados pelo pecado, e um dia todos nós experimentaremos a morte. Da perspectiva de Deus, portanto, toda a humanidade tornou-se portadora de necessidades especiais, tendo uma única esperança – o evangelho do Senhor Jesus Cristo.

DIFICULDADES ENFRENTADAS PELA COMUNIDADE DE NECESSIDADES ESPECIAIS

Aqueles que não sofrem necessidades especiais muitas vezes se esquecem de como as atividades do cotidiano podem ser difíceis, pois as lutas do dia a dia parecem muito pequenas. A maioria de nós não percebe que tipo de batalha diária a pessoa com necessidades especiais, e muitas vezes, os seus familiares e amigos, enfrentam, e essa ignorância pode levar a uma falta de compaixão. A família da pessoa com necessidades especiais será testada e provada de modo jamais esperado. Uma família cujo filho foi diagnosticado no nascimento ou em tenra idade, a notícia inicial de que seu filho tenha alguma anormalidade pode ser devastadora. A família terá de enfrentar uma multidão de exames e tratamentos médicos junto com seus diferentes profissionais, dúvidas, sonhos despedaçados e múltiplos problemas mais. As pressões financeiras e emocionais da família podem ser esmagadoras. Certa vez, Joni Eareckson Tada declarou:

> *Nos trinta anos em que tenho sido portadora de deficiência, gastei mais de 43,800 horas no hospital ou de cama com ferimentos de pressão, dezenas de milhares de dólares em gastos medicinalmente relacionados, 262,000 horas passadas em cuidados rotineiros a cada dia. As questões médicas absorvem o tempo, as forças, o dinheiro que, de outra forma, poderia ser investido nos relacionamentos.*[2]

Aqueles que adquiriram necessidades especiais mais tarde na vida poderão ter, ou não ter, familiares que os ajudem enquanto se ajustam às mudanças das circunstâncias.

DIFICULDADES EM ENCONTRAR RELACIONAMENTOS

Como acontece com a maioria das pessoas, a amizade podem ser muito importante para aqueles que têm necessidades especiais, e, como o restante

2 . Joni Eareckson Tada e Steve Jensen, *Barrier Free Friendships* (Grand Rapids: Zondervan, 1997), 25.

do mundo, eles desejam ser aceitos pelo que são. No entanto, muitos encontram dificuldades em achar amigos porque tantas pessoas se afastam delas. O que nos faz tão desconfortáveis junto do portador de deficiência? Muitas vezes a pessoa se intimida se a pessoa com necessidades especiais tem uma aparência estranha – expressões faciais diferentes, o corpo torto – ou mesmo alguém que aja de maneira diferente. O desconforto vem também do medo, devido à falta de entendimento de como se aproximar e relacionar-se com essas pessoas.

Muito desconforto ou medo surge de presumir incorretamente as coisas. Vendo alguém com deficiências físicas ou mentais, muitas vezes supomos que essa pessoa seja surda ou muda. Não entendemos que a capacidade cognitiva da pessoa não está ligada à sua aparência externa. Em nossa igreja, conheço um homem que tem paralisia cerebral severa. No primeiro ano que ele assistia o culto, eu presumi que ele fosse mentalmente incoerente e não pudesse falar, mas certo domingo, ele se aproximou de mim e perguntou a respeito do sermão. Fiquei surpreendido por sua acuidade mental e que ele pudesse falar claramente a respeito do sermão.

Outro pressuposto errôneo é que pessoas portadoras de deficiências não consigam entender o evangelho. Descobri que sabem muito mais do que nós pensamos. Muitos talvez não consigam articular com clareza a sua fé, mas entendem além daquilo que lhes atribuímos.

Infelizmente, há muitas igrejas hoje em dia que acreditam que Deus queira curar todas as pessoas excepcionais. Alguns vão ao ponto de dizer a essas pessoas especiais que não foram curadas por Deus, certamente tem a a fé muito fraca. Essa espécie de ensinamento só complica os problemas de relacionamento com as pessoas portadoras de necessidades especiais.

Tais princípios podem ser resumidos sob um tema maior: temos de tratar as pessoas especiais do modo que desejamos ser tratados. A essência da pessoa é a mesma de todos os filhos de Deus que pecaram e carecem da salvação de Deus. A pessoa com necessidades especiais ainda é uma pessoa inteira.

O PROPÓSITO DO MINISTÉRIO A PESSOAS COM NECESSIDADES ESPECIAIS

Se aquele que é especial é uma pessoa por inteiro, por que ministrarmos especificamente a ele ou a ela? O que a Bíblia ensina a respeito dessas pessoas?

Em seu ministério, Cristo demonstrou amor e cuidado por aqueles que têm necessidades especiais. Deu exemplo de quem amava e estendia a mão para eles. Jesus curou os cegos, surdos, paralíticos, e doentes mentais. Todos os Evangelhos mostram Jesus ministrando aos que tinham deficiências. Ele estendeu a mão aos cegos com infinita bondade. Ministrou a crianças que lutavam contra diversas doenças. Jesus saía do seu caminho para alcançar os surdos e os paralíticos.

Em Marcos 10.46-52, Jesus teve um encontro com um cego de nome Bartimeu. A cegueira era problema comum na época de Cristo. Muitos vinham às cidades esperando encontrar uma cura. Inúmeras doenças contribuíam para a cegueira, e muitos haviam nascido cegos.[3]

Bartimeu vivia mendigando. Um dia, quando Jesus passava, Bartimeu exclamou:

– Jesus, Filho de Davi, tem misericórdia de mim! (Mc 10.47).

Era o grito de um homem desesperado, que se jogou totalmente diante da misericórdia de Jesus. Com certeza ele sabia do seu grande poder de curar.

Bartimeu deu um passo de fé e clamou a Jesus. Muitas pessoas na multidão, incluindo os discípulos, repreenderam-no pelo barulho e a exigência. Mandaram "calar-se" (v. 48). A turba não demonstrou muita compaixão para com o cego. Eles demonstram, de algum modo, como às vezes nós tratamos os que são diferentes em atos e fala.

Como Jesus reagiu a esse homem? Parou e mandou chamá-lo (v. 49). Instruiu a multidão a se calar e trazer o cego à sua presença. A multidão parou de criticar e disse ao homem que Jesus o estava chamando. De tão animado, Bartimeu jogou de lado sua capa e veio a Jesus (v. 50). Tinha grande fé e sabia que Jesus o podia curar. Mais importante ainda, Jesus usou esse evento para ensinar à multidão a importância da compaixão, amor e cuidado com pesso-

3 Wolfgang Schrage, "τυφλός," *TDNT* 8:271-3.

as portadoras de deficiências. Jesus curou não somente os seus olhos físicos, como também abriu os seus olhos espirituais (v. 52). O exemplo de Jesus deixa claro que temos de estender a mão para os que sofrem necessidades especiais físicas ou mentais.

Somos ordenados a alcançar os portadores de deficiências. Em Mateus 25.34-40, Jesus descreve o fruto da pessoa que é salva. Não está falando de boas obras a fim de serem salvos, mas as obras que demonstram que a pessoa está vivendo por Cristo. Jesus descreveu seis grupos de pessoas com necessidades: os que tem fome, os que tem sede, os estrangeiros, os que estão nus, doentes e em prisão. Isso representa as pessoas carentes da igreja e com certeza inclui aqueles que têm necessidades especiais.

Tiago 1.27 declara: "A religião pura e sem mácula, para com o nosso Deus e Pai, é esta: visitar os órfãos e as viúvas nas suas tribulações e a si mesmo guardar-se incontaminado do mundo". Viúvas e órfãos são pessoas facilmente exploradas, solitárias e em grande infortúnio. Esses dois grupos representam dois paradigmas dos carentes e rejeitados da sociedade.[4] A palavra aqui traduzida por "visitar" não é fazer uma visita casual. Não se trata de parar na casa das pessoas para fazer-lhes uma visita de cortesia. Pelo contrário, a palavra quer dizer "cuidar de, proteger, ajudar".[5] Da perspectiva de Tiago, era fundamental à "pura e verdadeira religião" amar e cuidar daqueles que estão desprovidos e carentes.

Jesus explicou ser este o caso em Marcos 2.15-17. Tomando uma refeição com pecadores, na casa de Mateus, os escribas e fariseus se perturbaram por Jesus comer com pecadores e Jesus respondeu aos críticos dizendo: "Os sãos não precisam de médico, e sim os doentes; não vim chamar justos, e sim pecadores" (v. 17). Em Lucas 19.10, Jesus disse: "Porque o Filho do Homem veio buscar e salvar o perdido". Cristo veio ao mundo salvar os que foram feridos e estão perdidos.

Temos de procurar as oportunidades de estender a mão aos que têm necessidades especiais. Quando Jesus curou aqueles que tinham deficiências, preocupou-se com suas almas e não somente seus corpos. Em Marcos 5.25-

---

4 Ralph Martin, *James*, WBC 48 (Nashville: Thomas Nelson, 1988), 52.

5 D. Edmond Hiebert, *James* (Winona Lake, IN: BMH, 1992), 126–27.

34, Jesus curou uma mulher que havia estado com sangramento anos a fio. Por ter esse mal, ela era tratada como sendo impura. Essa mulher era indesejável, desprezada, refugo da sociedade. Tamanha era sua fé em Jesus que ela veio por trás da multidão para tocar na roupa exterior de Jesus, e foi curada. Jesus se maravilhou e olhou em volta até encontrar a mulher que havia agarrado sua capa externa. Então ele lhe disse: "Filha, a tua fé te salvou; vai-te em paz e fica livre do teu mal" (v. 34).

Há no mundo mais de 516 milhões de pessoas portadoras de deficiências.[6] Estas pessoas necessitam a proclamação do evangelho. Mas somente em Cristo é que elas podem ser amadas, tratadas com respeito e valor. O evangelho deve ser acessível a todos – incluindo portadores de severas necessidades especiais.

É importante que as pessoas com necessidades recebam o evangelho correto. O fato de haver uma deficiência não significa que tenham passagem livre para o céu. São pecadores, e Jesus veio ao mundo morrer sobre a cruz por seus pecados para que eles também sejam salvos. Se crerem no evangelho para sua salvação, podem receber agora o perdão dos pecados e a esperança para a vida eterna no futuro. O evangelho é a única mensagem que une os que são paralíticos, surdos, cegos, os que têm visão, são intelectualmente capazes, e também têm deficiências mentais.

Infelizmente, muitos querem dar falsas esperanças aos portadores de deficiências. Dizem a eles que se aceitarem a Cristo, serão fisicamente curados. Contudo, a cura física não é a mensagem de que necessitam: a mensagem que mais carecem é de sua cura espiritual, com esperança do céu na eternidade após a morte, ocasião em que receberão novos corpos (Fp 3.20-21).

No desenvolvimento de seus relacionamentos, não tenha medo de evangelizar. Tenha conversas sinceras sobre o evangelho, fale das bênçãos de ser cristão e as exigências do discipulado. Muitas vezes, você descobrirá que a pessoa que perdeu a esperança neste mundo estará mais propensa a encontrar a esperança na vida futura.

---

6 Joni Eareckson Tada, "Social Concern and Evangelism," em *Proclaim Christ Until He Comes*, org. J. E. Douglas (Minneapolis: World Wide, 1990), 290.

Se desejamos ministrar efetivamente aos portadores de deficiências, temos de aprender a comunicar com eles. Ás vezes a comunicação pode ser tão desafiadora que requer paciência e disposição de aprender. Você tem de ir mais devagar. Talvez você lute para entender o que a pessoa está dizendo, ou ela luta para entender aquilo que você diz. Pode ser mais fácil interromper e não se esforçar por entendê-la como se requer. Os primeiros meses em que eu servi no ministério com pessoas portadoras de necessidades especiais na Igreja Comunidade da Graça[7], foram um grande desafio. Lá estava eu, o pastor novo, e tinha dificuldade em conversar com muitos de nossos amigos. Alguns eu não conseguia entender. O que ajudou foi aprender paciência, persistência e destemor em fazer perguntas.

Temos tido um programa de alcance de portadores de necessidades especiais há mais de trinta anos na Igreja Comunidade da Graça, que chamamos *Clube da Graça*. O propósito deste programa é compartilhar o evangelho com adultos que têm deficiências de desenvolvimento. Reunimo-nos toda terça-feira à noite durante o ano letivo. Começamos a noite com meia hora de jogos no ginásio de esportes da igreja. Então, reunimo-nos em outra sala para adoração, oração e uma curta mensagem que sempre inclui o evangelho. Nos últimos quinze minutos, nos dividimos em grupos pequenos para uma interação mais pessoal. Temos também um ministério para adultos *cadeirantes* chamado *Graça sobre Rodas,* onde fazemos passeios pelo campo aos sábados, dando às pessoas com deficiências motoras a oportunidade de ir aos parques, museus, feiras, praias e festas temáticas. O propósito é desenvolver as amizades e também compartilhar o evangelho. Esse evangelho é compartilhado desprovido de dó, mas repleto de esperança. É importante que lembremos que nenhuma condição física ou mental está fora do poder transformador do evangelho.

Os portadores de deficiências são uma parte imprescindível da igreja. Se realmente seguimos o exemplo de Jesus, será impossível ignorá-los. Em Primeira aos Coríntios 12.22-24, Paulo descreve detalhes sobre a importância dos membros mais fracos da igreja. Esta passagem fala dos que estão feridos, frágeis, vulneráveis, fracos e solitários na igreja. Paulo espera que a igreja estenda as mãos a essas pessoas, dando-lhes também oportunidades de servir

7 "Grace Community Church", igreja em Sun Valley, Califórnia, pastoreada por John MacArthur.

na igreja. Eles possuem dons, e necessitamos encorajá-los a aplicá-los à igreja. Não podemos permitir que as deficiências sejam impedimento para seu serviço dentro do corpo de Cristo.

MANEIRAS DE CULTIVAR UM MINISTÉRIO EFETIVO ÀS PESSOAS PORTADORAS DE NECESSIDADES ESPECIAIS

Existem diversas coisas que sua igreja pode fazer para cultivar um ministério mais efetivo a pessoas que têm necessidades especiais.

O que a igreja deve fazer?

Primeiro, a equipe pastoral deve criar uma visão para a igreja. O pastor pode pregar uma mensagem desafiando seu rebanho a cuidar dos que têm desafios especiais, usando outros meios também para encorajar sua congregação a ser fiel nessa área. Segundo, a igreja deve informar as pessoas portadoras de deficiências que elas são bem-vindas à igreja, e se aproximar delas para ministrar-lhes.

Como será isso?

Ofereça banheiros de acesso fácil aos portadores de deficiência. Identifique um local para cadeiras de roda para pleno acesso ao local de cultos. Procure "feedback" sobre o ministério da parte de amigos que tenham necessidades especiais. Desenvolva um ministério de transporte de carros para trazer cadeirantes e outras pessoas especiais para a igreja e os cultos (na Igreja Comunidade da Graça transportamos cerca de trinta pessoas semanalmente por van e ônibus). Busque pessoas profissionalmente treinadas dentro de sua igreja que possam ser especialistas em enfermagem, educação especial, fisioterapia e terapia ocupacional. Suas sugestões e sua ajuda pode ser muito útil. Deixe patente que em sua igreja não é necessário que a pessoa seja culta ou tenha experiência para poder servir. Precisam sim, de pessoas que amem a Deus e possuem coração disposto a servir aos que sofrem.

No passar dos anos, a Igreja Comunidade da Graça desenvolveu classes de escola dominical para pessoas com necessidades especiais. Estas classes são assistidas por aqueles que têm dificuldade de entender o ensino no culto de adoração principal e nas classes regulares de escola dominical. O ensino nessas classes é bastante simples, com muitos auxílios visuais para ajudar no entendimento das lições. Tais classes oferecem atenção mais individual enquanto buscamos que a Palavra de Deus opere em seus corações.

Estenda a mão a amigos e familiares

Um aspecto muito importante no ministério para com portadores de deficiências é alcançar seus parentes e amigos que podem estar mental e fisicamente estafados e estressados ou exaustos, impactando em sua frequência aos cultos. A igreja precisa conhecer a família e os amigos da pessoa especial, e conhecer também as suas necessidades. A igreja tem a oportunidade de ser mãos e pés de Jesus para aqueles que providenciam os cuidados aos portadores de deficiências.

Em Lucas 1.15-24, Jesus conta a história de um homem que convidou muitas pessoas – amigos e pessoas influentes – a um banquete. Mas esses amigos deram desculpas para não ir. Tinham campos para arar, bois para experimentar, uma nova esposa com quem gastar tempo. Isso fez que o mestre ficasse tão irado que ordenou aos servos: "Sai depressa para as ruas e becos da cidade e traze para aqui os pobres, os aleijados, os cegos e os coxos... Sai pelos caminhos e atalhos e obriga a todos a entrar, para que fique cheia a minha casa" (vv. 21, 23). Jesus trouxe todos aqueles cujos corações pudessem estar abertos para ele.

Evangelizar as pessoas portadoras de deficiências é questão de oportunidade e obediência. Os cristãos têm a oportunidade de evangelizar um grande segmento de nossa população que é regularmente negligenciado. Hoje em dia, existe um foco em alcançar artistas, celebridades, atletas, empresários e outros considerados importantes na sociedade. Mas, muitos desses são como as pessoas importantes descritas em Lucas 14, que simplesmente não estão interessados no evangelho. Quisera que os cristãos de hoje seguissem o exemplo do servo na parábola de Lucas 14 e encontrassem quem queira escutar – muitos dos quais ninguém mais quer procurar para conversar – e compeli-los a entrar.

CAPÍTULO 17

ALCANÇANDO OS VICIADOS: EVANGELISMO DE DEPENDENTES QUÍMICOS

BILL SHANNON

Os vícios tornam a tarefa do evangelista aparentemente impossível. Como dar esperança a alguém que nem pensa claramente e parece não ter controle sobre seus próprios atos? Embora todo pecado conduza à morte, as consequências da dependência química são mais imediatas e destrutivas. No cerne, a dependência de drogas ou álcool é uma forma de idolatria. Entender o que ocorre no vício pode ajudar o evangelista a dar esperança ao viciado – uma esperança que só é encontrada no evangelho.

Poucos pecados são mais destrutivos do que os que viciam. Conquanto todo pecado leve à morte, os vícios, de modo especial, têm o poder de arruinar as vidas das pessoas e destruir suas famílias. A adição de drogas põe um fim na carreira profissional; o vício de alcoolismo separa as famílias; adições de qualquer espécie podem jogar rapidamente a vida da pessoa fora do controle – às vezes, além da amizade e simpatia de familiares e amigos. Contudo, apesar da natureza feroz das adições, nada é mais forte que o poder transformador do evangelho. Por essa razão, o evangelho pode oferecer salvação da escravidão desses pecados que dominam a vida das pessoas.

Esses pecados são de tal forma controladores que parecem um poder demoníaco que domina e sobrepuja o viciado. Assim mesmo, os vícios não são tão diferentes dos outros pecados. Afinal de contas, no nível mais básico, o pecado é rebeldia contra Deus. O pecado revela o verdadeiro desejo do pecador: viver independente de Deus e de seus mandamentos. Dessa forma, as adições não são diferentes do primeiro pecado de Adão e Eva no jardim do Éden.

O QUE É VÍCIO E O QUE NÃO É

Quer seja o vício de comidas, drogas, sexo, videogame, bebidas alcoólicas, pornografia ou qualquer outra substância ou situação que domine a vida, é uma excrescência de desejos pecaminosos. Quando o desejo produz atos, e esses atos vão contra a lei de Deus, esse ato ou ação é pecado – seja ele rotulado de vício ou não. Muitas vezes essa verdade é encoberta pela confusão contemporânea do que significa *adição.*

A adição (vício ou desejo compulsivo) tornou-se vocábulo popular usado para descrever ou desculpar qualquer comportamento repetitivo que parece compulsório. Esses males da alma são mais bem entendidos como tendências ou aflições escravizantes. É essencial lembrar que todas essas tendências e aflições, pelo menos inicialmente, são manifestas de acordo com a vontade da pessoa. Embora, com certeza, possa haver componentes biológicos a muitos vícios, no final, as ações que violam as leis de Deus são pecado. Noutras palavras, os fatores biológicos podem contribuir para um vício, mas não causam o vício, e não podem ser usados como desculpa para evitar a responsabilidade pelas adições. A lei de Deus é quebrada por atos da vontade, não reações químicas no corpo.

É essencial que entendamos isso, porque para muitos, há avidez em rotular o comportamento pecaminoso e destrutivo de uma pessoa como um *vício.* Tal avidez reflete o conceito mundano do vício como uma desculpa, como se isso removesse a culpa do pecado cometido pela pessoa. É nossa opinião, na Igreja Comunidade da Graça, que esse rótulo torna-se problemático porque se o pecado da pessoa é visto apenas como uma adição, é presumido que terapia ou mesmo drogas psicotrópicas sejam necessárias para uma cura. A noção errônea – do rótulo de *vício,* necessitar terapia ou drogas para a esperança de libertação – deixa de entender a suficiência da Escritura, o poder do Espírito Santo, e a comunhão dos crentes como meios de graça que libertem as pessoas do seu pecado.

Ed Welch, em seu livro *Vícios: um banquete no túmulo,* define as adições como "prisão à regência de uma substância, atividade ou estado mental, que passa então a ser o centro da vida, defendendo-se da verdade de maneira que até mesmo as consequências más não levem ao arrependimento, e levam a maior alienação de Deus".[1] Qualquer coisa que tome a posição central na vida de uma pessoa, mesmo coisas boas, podem ser consideradas uma forma de escravidão ou adição.

Essa servidão pode ser poderosa, porque frequentemente, a indulgência de determinados desejos produz sentimentos de euforia e alegria. Quando a pessoa depende de drogas ou álcool, sexo, alimentos ou até mesmo exercícios, para esses sentimentos, começou o processo de escravidão. Alguns prazeres – como videogames, comida, assistir televisão – dão sentimentos de paz e conforto. Outros trazem uma experiência energizante, como cafeína, nicotina, açúcar ou chocolate. Ainda outras ações levam ao senso de satisfação, como sexo, levantamento de pesos, correr, autogratificação, ou pornografia. Esses efeitos formam a base para um vício. As pessoas desenvolvem uma adição porque esse comportamento é uma forma de mudar a maneira como elas se sentem. As pessoas querem sentir prazer, aceitação, conforto e, quando uma determinada atividade oferece essa satisfação temporária, elas retornarão a essa mesma atividade vez após vez. A Bíblia descreve tal pessoa como fora de controle, dominada pelo mundo e pelas coisas do mundo (1Jo 2.15-17).

Provérbios 23.29-35 oferece um retrato de como esse vício é visto com o álcool. O apelo do álcool está na capacidade que ele tem de criar uma felicidade artificial, bem como um sentimento de estar livre de cuidados. Quando se cede repetidamente a essas substâncias, são criados desejos que parecem irresistíveis. O fato de ter consequências negativas toda vez que a embriagues ocorre não reforma o bêbado. A pessoa experimenta terríveis ressacas e pode até ser despedida do emprego ou perder a reputação, nada disso basta para fa-

1 Edward T. Welch, *Vícios: um banquete no túmulo: encontrando esperança no poder do evangelho* (São Paulo, SP: Nutra publicações, 2009).

zer o alcoólico arrepender-se do pecado. Neste contexto, o bêbado é exemplo vivo da pessoa escravizada pelo pecado. A despeito das ações do alcoólatra e do histórico de fracassos, essa pessoa mantém a esperança de que esse vício em especial lhe trará alguma espécie de satisfação.

VER O VÍCIO COMO IDOLATRIA

Tantas vezes os viciados perseguem o vício que é como se estivessem adorando o objeto da sua dependência. Buscam sua adição para prazer e para paz, e neste sentido a dependência é uma forma de idolatria. Na verdade, a adoração de um ídolo (como os israelitas eram propensos a fazer três mil anos atrás) não é muito diferente do comportamento do viciado moderno. Em ambos os casos, o idólatra não quer ser governado por Deus, e permite que os ídolos controlem sua vida. O idólatra é consumido por uma busca por alegria e sua vontade concentra em ceder a comportamentos que satisfaçam seus desejos. Quanto mais o idólatra busca esses anseios de significado e alegria por meio de um ídolo, mais a pessoa reluta em reconhecer que esse ídolo não tem poder para cumprir o que promete. Hábitos são formados, corpos são abusados e vidas arruinadas como resultado dessa idolatria pecaminosa e rebelde.

A idolatria não se limita aos viciados em drogas, álcool ou até mesmo quem foi diagnosticado como viciado em sexo. A idolatria é visível, mesmo no desejo de ceder a comportamentos legais e aparentemente normais, especialmente quando esse desejo se torna fonte de contentamento ou prazer. Pessoalmente, tenho aconselhado pessoas que adoram ídolos na forma de raiva, amor, levantamento de pesos, sono, nicotina, dor, televisão, autogratificação, exercício, jogos de azar, Facebook, trabalho, esportes, açúcar, relacionamentos, falar, sexo, videogames, cafeína, furtos compulsivos em lojas, mentira, correr riscos, chocolate, sucesso, surfar na internet e pornografia. Muitas vezes esses pecados são chamados de vícios porque prendem de maneira poderosa a vida da pessoa. Mas como idolatria, o pecado só tem poder porque a pessoa está presa a ele, buscando felicidade, contentamento ou algum outro sentimento proveniente dele.

Esse anseio torna o alvo do vício uma forma impulsiva de adoração. O desejo pelo sentimento ligado àquele vício consume tudo, e se eleva em nível de culto. Drogas e sexo são os bezerros de ouro modernos, erguidos por viciados, para encontrar significado, poder ou prazer – sem Deus. Os viciados muitas vezes acreditam ter encontrado uma vida mais feliz, mas o pagamento é curto e nada doce. São cegos e logo ficam fora de controle. Tornam-se vítimas de sua própria concupiscência e exemplo de idolatria dos dias modernos.

O PODER DO VÍCIO

Será útil compreender a fonte dos vícios para entender por que eles são tão poderosos, e também como o evangelho pode libertar deles. As pessoas são dependentes por natureza. Deus não projetou os seres humanos para ser autossuficientes, mas sim, dependentes dele. Assim, a pessoa não pode ter verdadeira felicidade ou realização se não estiver vivendo obediente à Palavra de Deus.

Sendo Deus o Criador, ele é fonte de vida, e assim, uma vida feliz é dependente dele (ver Cl 1.16-18). Porém, se a pessoa rejeita o senhorio de Cristo, rejeitando as reivindicações de Deus sobre sua vida, ela forçosamente suprime a verdade sobre Deus (Rm 1.18; 3.10-12). Uma pessoa não consegue viver uma vida dependente de Deus enquanto simultaneamente suprime a verdade a respeito dele. Quando uma pessoa recusa viver obediente a Deus, ela se torna dependente de realizar seus próprios desejos, mesmo quando estes são destrutivos e pecaminosos. Uma pessoa caída se sentirá em conflito. Por um lado, ela foi criada para adorar a Deus, por outro, ao ceder aos desejos do pecado, ativamente rejeita adorá-lo. Quando este é o caso, o não cristão fica preso na adoração de si mesmo e busca de conforto pessoal. Tal procura fútil pelo prazer sem Cristo é o que controla o homem ou a mulher não regenerada.

Certa vez, evangelizei um viciado em heroína que disse que a razão de ele ainda usa-la era que sua vida estava consumida pelo desejo de replicar o *frisson* sentido da primeira vez que ficou "alto" – dezessete anos antes de eu ter o conhecido. Esse prazer ilusório tornou-se seu ídolo, e ele era consumido pela corrida em busca dele. Tal busca virou escravidão que por sua vez tornou-se adição. Como esse homem não pensava que a verdadeira alegria pudesse vir do Deus que o criou, ele desperdiçou dezessete anos de sua vida correndo atrás de um deus do prazer. O viciado acredita na mentira de que algo no mundo satisfaz mais do que Deus. É a mesma mentira em que Eva acreditou no jardim do Éden, uma mentira que torna o viciado em adorador de si mesmo, idólatra, e – ironicamente – incapaz de adorar o Único que realmente traz alegria e significado para a vida. Como o vício empurra Deus para fora da vida do viciado, ele se torna consumido pela busca pecaminosa de satisfação, acreditando na mentira de Satanás de que não poderá ser totalmente satisfeito em Deus. Essa é a mentira que perpetua o pensamento do viciado.

Deus criou as pessoas para adorá-lo, e quando se recusam a fazer isso, elas voltam o foco para outras coisas. Nesse sentido, o viciado é como qualquer outro pecador: rejeita a Deus e está servindo a outra coisa. Mas para o viciado, essa busca enfoca um comportamento poderoso, autoconsumidor e, geralmente, autodestrutivo. É uma adoração torta, que em vez de produzir satisfação, o escraviza.

O VÍCIO COMO ESCRAVIDÃO AUTODESTRUTIVA

O vício pode fazer que arrependimento autêntico pareça impossível. Tenho trabalhado com viciados que choram em meu escritório, quebrantados, lamentando sobre o quanto estão longe de Deus, quanto abusaram de seus familiares, como envergonharam a igreja. No entanto, logo que saem da sessão de aconselhamento, antes mesmo de deixar o estacionamento da igreja, eu os vejo novamente se drogando. Frequentemente, o viciado subestima o poder de escravidão do pecado. Pensa que consegue quebrar o seu hábito, quando na verdade o hábito já quebrou a pessoa.

Uma das razões pelas quais esses pecados são tão destrutivos é que fazem o viciado focar o desejo de autogratificação em curto prazo. O viciado quer sentir-se bem de imediato. Quando a pessoa só vê o imediato e o sucesso etéreo dado por uma emoção ou breve experiência, ela se dispõe a fazer coisas que acabam destruindo sua vida. Um dependente químico não se preocupa em como seus atos imediatos afetarão seu emprego amanhã. O viciado é cativo pelo momento. Por isso a analogia da escravidão é tão apta: o vício consome o usuário; o usuário parece ter desacreditado na sua própria vontade. Os atos do viciado emprestam verdade ao ditado: "Não é ele – são as drogas". Quando o viciado é governado pelo desejo a ponto de sacrificar a família, o trabalho, os amigos, e até mesmo ignorar sua própria consciência pessoal, fica patente o poder do pecado sobre ele.

Drogas, álcool, desejos sexuais e outros pecados dominadores da vida não fazem bons mestres. Exploram o pecador. Aproveitam-se destes fatos:

1. As pessoas foram criadas para adorar a Deus, mas quando o rejeitam, a pessoa substitui Deus por alguma outra coisa.
2. Quando a pessoa substitui a adoração a Deus pela busca do prazer em outra coisa, esse substituto é incapaz de satisfazer.
3. No entanto, quanto mais a pessoa busca o prazer através de determinado vício, mais dependente ela se torna desse sentimento fugaz de alegria, satisfação, contentamento ou realização.
4. Tal dependência é uma forma tanto de adoração como de escravidão.

2 Pedro 2.19 mostra um retrato dessa escravidão: "prometendo-lhes liberdade, quando eles mesmos são escravos da corrupção, pois aquele que é vencido fica escravo do vencedor". Quando a pessoa serve a seu vício, a sua vida fica dominada pelo pecado, que traz com ele resultados destrutivos. O salário do pecado é a morte, e os vícios não só pagam esse salário, como também cegam a pessoa quanto à forma desse pagamento. Enquanto isso, a vida do viciado é destruída, perdendo os amigos, e a pessoa se sente presa na armadilha do ciclo de desesperança.

As pessoas que lutam contra essa espécie de pecado muitas vezes estão vivendo em um mundo de culpa e vergonha. As drogas, o álcool ou o que for o vício funcionam como fuga, perpetuando assim o ciclo. Em vez de enfrentar biblicamente seu problema, o viciado busca uma passagem pecaminosa para a paz. Isso traz culpa, e para lidar com a culpa, eles se lançam de volta no mesmo pecado. O ciclo continua e a vida rodopia fora de controle. Esquecem de Deus; de repente estão escravizados e desesperados. No cerne da questão há uma falta de confiança em Deus. O viciado não acredita que somente Deus pode lhe dar paz.

Em alguns casos, os viciados são motivados por um senso de fracasso, e as drogas entorpecem a dor de desilusões passadas. Além disso, modelos e hábitos são formados de modo que eles se agarram ao hábito até mesmo quando o comportamento já não lhes oferece nenhum prazer – até mesmo quando ele traz consigo dor e aflição. Sentem que estão cativos porque não acreditam que haja outra solução, que não tenham liberdade para nada mais. Essa prisão ainda é complicada pelo fato dos viciados não acharem que tenham algum problema. Podem estar tão cegos pelos desejos que não percebem as vidas desmoronando a seu redor. Ás vezes, negam até mesmo, a extensão de sua escravidão ao pecado. Podem pedir ajuda, podem dizer que creem, até mesmo com boas e nobres intenções, mas tão logo voltam os seus desejos, voltam a se escravizar. Isso dá desespero não apenas para o viciado, como também para os que o rodeiam. Parece que nada pode libertar o viciado das garras do pecado e da vergonha.

ESPERANÇA ENCONTRADA SOMENTE NO EVANGELHO

A fonte última do vício não está na substância em si, mas no coração da pessoa. Quando uma resolve usar habitualmente uma droga ou ato, ela demonstra que o vício vem de dentro, não de fora. É por isso que só o evangelho pode dar esperança, porque só ele transforma o coração, que então transforma os desejos. Sem tal mudança, não existe liberdade duradoura contra a escravidão do pecado.

É nossa opinião que, se confia em fontes médicas ou terapia para se libertar do vício – ou se rotula seu vício de doença – na verdade a esperança dessa pessoa diminui. As doenças têm origem física (como a genética ou infecções) e podem receber tratamentos físicos. Sendo a causa física, o tratamento é físico. Mas, no caso de vícios, a fonte está no coração rebelde contra Deus, e assim, somente meios espirituais poderão oferecer verdadeira e duradoura esperança.

Em último instante, o alvo não é apenas vencer o vício. É possível uma pessoa passar por programa secular de desintoxicação, encontrar responsabilidade dentro de uma estrutura de grupo, ou ter uma mudança de sorte na vida de modo a controlar seu vício. Mas, se isso acontecer sem o evangelho, a pessoa poderá estar "limpa" das drogas e ainda permanecer inimiga de Deus.

O evangelista que lida com aquele que está escravizado por um pecado dominador da vida tem importante e difícil tarefa de descobrir a situação interna do viciado. O que está acontecendo na vida dessa pessoa? O que o viciado está, de fato, pensando? O que essa pessoa não gosta com respeito ao que Deus está fazendo em sua vida? Quais os problemas e as pressões que esse viciado enfrenta no cotidiano? O que ele quer de Deus, da vida, ou das outras pessoas? Essa espécie de pergunta pode ajudar a revelar o que essa pessoa adora de verdade. Provavelmente, também demonstrará que essa pessoa tem uma visão errada de si mesmo. Talvez o viciado procure coisas e tratamentos melhores do que realmente está recebendo. Porque ele não entende o pecado – ou a santidade de Deus – o viciado não reconhece que merece o inferno. Essa visão inflada de si impele a pessoa a buscar satisfação em ídolos que poderão dominar sua vida.

A verdade é que Jesus veio salvar pecadores. Somente o evangelho pode fazer que um coração dominado pelo amor ao pecado e ódio a Deus, ame a Deus e odeie o pecado, provendo salvação até mesmo para o mais desesperado entre as pessoas. Quando Jesus disse: "Os sãos não precisam de médico, e sim os doentes" (Mt 9.12) estava, na realidade, dando Boas Novas aos que estão escravizados por pecados que dominam a vida. Jesus não veio ao mundo salvar gente normal com vida boa e futuro cheio de esperança. Veio à terra buscar aqueles que são rejeitados, os doentes, os que sofrem, os que enfrentam questões sérias em sua vida. Veio buscar o perdido, e talvez ninguém seja mais perdido do que o dependente químico.

EVANGELISMO E VICIADOS

Como levar o evangelho a alguém escravizado dessa maneira? Primeiro, entenda que, para a pessoa realmente se arrepender do pecado e confiar no evangelho, ela deve reconhecer que está escravizada. O viciado precisa reconhecer o fato de que sua vida está sendo desperdiçada na busca dos prazeres do pecado. Tem de ver que o próprio prazer que busca não poderá dar satisfação duradoura. Se o evangelista conseguir mostrar ao viciado como isso ocorre, e como essa procura ofende ao Deus santo, ele estará mais propenso a demonstrar verdadeiro arrependimento ao invés de mero sentimento de culpa.

O evangelista tem o trabalho de convencer os escravizados a perceber quão destrutivos são os caminhos dos prazeres do mundo e quão *gloriosa* é a glória de Deus no evangelho. Paulo, por exemplo, descreve as vidas desperdiçadas em pecados dominantes: "o destino deles é a perdição, o deus deles é o ventre, e a glória deles está na sua infâmia, visto que só se preocupam com as coisas terrenas" (Fp 3.19). Foram treinados a satisfazer a si mesmos sem pensar nas consequências de seus atos em geral, ou sua eternidade em particular. Aqui e agora, os prazeres do mundo, a procura de alegria – essas são as coisas que escravizam o viciado.

Contudo, também é aqui que o evangelismo aos dependentes químicos talvez se torne mais fácil do que apresentar o evangelho ao pecador ordinário. O não cristão médio pode ter a ilusão de que sua vida está equilibrada, e, portanto, esse descrente não tem interesse em ouvir falar de um Salvador dos pecados. Geralmente o viciado não se encaixa nessa categoria. Embora muitos recusem ver como suas vidas estão desmoronando, isso nem sempre ocorre. Alguns viciados chegaram ao fundo do poço e perderam tudo em que confiavam. Profissão, família, amigos – tudo sumiu. Quando isso acontece, muitas vezes são capazes de reconhecer que tudo desmoronou, e sentem-se desamparados diante de seu pecado. Se um cristão consegue mostrar-lhe as consequências da contínua obediência aos desejos do pecado, o viciado poderá ser avisado do perigo iminente de destruição que o aguarda. Ao indicar o juízo que Deus trará sobre os que rejeitam sua vontade e insistem em viver pelo pecado, o evangelista pode mostrar ao viciado esse julgamento.

João 3.36b diz: "o que, todavia, se mantém rebelde contra o Filho não verá a vida, mas sobre ele permanece a ira de Deus". Para muitos, esse versículo parece impossivelmente extremo e ríspido, mas para o viciado, o conceito de fortíssimo juízo pelo pecado parece possível e até mesmo razoável. Quando a pessoa tem conhecimento, de primeira mão, do mal e da destruição que invadem a vida por meio do pecado, o severo juízo de Deus não parece forçado. Muitas vezes, o viciado está preparado para reconhecer as consequências eternas do pecado, especialmente daquele pecado que está escravizando-o. Esse reconhecimento pode prepará-lo a receber as boas novas do evangelho.

O juízo do pecado e a oportunidade da salvação são preciosos se a pessoa reconhece a escravidão do pecado de toda a humanidade. Por esta razão, é importante uma explanação clara do evangelho. Quando a pessoa reconhece que, nesta vida, não existe outra esperança, ela entenderá que está espiritualmente morta.

A situação do viciado tem de ser examinada para realmente auxiliá-lo a vencer as diversas tentações que se apresentarão. Faça perguntas que ajudem a entender a natureza do pecado da pessoa. O que está acontecendo na sua vida? Qual a dinâmica com sua família, a situação no trabalho, os relacionamentos na igreja que estão pesando sobre ele? Existe alguma coisa que ele ou ela esteja procurando evitar? Verifique quais as falsas crenças quanto a Deus que o viciado assume. A pessoa vive de forma diferente perto dos amigos do que perto de estranhos? Ela acredita na onisciência de Deus? Realmente se importa com Deus?

Em geral, as pessoas acreditam estar em melhor situação do que realmente estão. Quando explicamos ao dependente químico como o vício é escravidão ao pecado, é possível construir uma ponte para explicar o evangelho. Ressalte o fato de que Jesus morreu para libertar os viciados, e ressuscitou porque venceu a morte. Se Cristo tem poder sobre a morte, com certeza tem poder para vencer os pecados que prendem as pessoas. Se o pecador se sente desesperançado e incapaz, explique que o evangelho é a única coisa que dá esperança duradoura aos que são totalmente incapacitados. Jesus chama para si os desamparados – reitere isso – e ajude a pessoa a entender que o evangelho transforma vidas. Peça-lhe para abandonar o pecado e abraçar o evangelho, mesmo que isso signifique rejeitar sua vida anterior. Desafie-o viciado a ver as transformações holísticas do evangelho sobre a vida do pecador.

O chamado para vencer um pecado que domina uma vida não é pré-requisito para crer no evangelho. A Escritura não diz àqueles dominados pelo pecado que lutem contra isso com suas próprias forças. Não é que o pecado tenha de ser dominado, a tentação ignorada, os hábitos quebrados, antes da crença no evangelho. Na verdade, o oposto é verdadeiro – crer no evangelho dá poder e motivação para vencer o pecado. O domínio próprio é um dos frutos da fé, não o que conduz à fé. As pessoas podem ser encorajadas por saber que não precisam de perfeição para ser cristãos – têm de odiar o pecado e crer que Jesus morreu e ressuscitou para livrar cada pessoa do poder do pecado.

O evangelista deve cuidar para não desprezar a gravidade do pecado enquanto também não prega uma salvação com base em obras. Tal equilíbrio se alcança pela oração e dependência da Escritura na evangelização. Enfatize que o evangelho justifica o ímpio (Rm 4.5) porque Jesus veio salvar até mesmo o pior dos pecadores (1Tm 1.15). Ao mesmo tempo, é importante avaliar o preço de vir a Cristo (Lc 14.28), porque requer fugir da idolatria deste mundo (1 Co 10.14). Existe uma tensão, em certo sentido, inerente a todo evangelismo: o evangelho é de graça, mas custa tudo (Mt 10.38; 11.30). A presença de pecados que dominam a vida apenas torna essa tensão mais óbvia e acerbada.

O pecador encontra esperança, e o relacionamento com Deus é restaurado pelo poder do evangelho. Uma entre muitas razões que o pecador está definhando sob o peso do pecado é que não conhece Deus e o acesso a ele foi cortado pela força do pecado. Mas, em vindo Jesus ao mundo, ele sofreu pelos pecados dos injustos para trazê-los de volta a Deus (1Pe 3.18). Se a pessoa não for salva, ela está sozinha na luta contra o pecado, fadada ao fracasso. Porém, em Cristo, o poder da oração e a esperança da santificação dão força à recém-descoberta nova vida para lutar contra o pecado.

Lembre-se de que, quando o evangelista chama uma pessoa à fé em Cristo, está chamando para uma vida nova com nova esperança, novo poder, e a realidade de tornar-se nova criatura.

APÓS A CONVERSÃO

O dependente químico arrependido precisa entender a dinâmica da relação com ídolos. Necessita entender que seu vício era, na realidade, um problema de adoração, e como novo crente, o indivíduo deve rejeitar ativamente as coisas a que anteriormente se agarrava como ídolos (Lv 19.4 e Dt 11.16 explica isso em relação aos ídolos de madeira e metal). O novo convertido tem de se arrepender em nível de coração e mente. Precisa confessar todas as transgressões. Tem de responsabilizar-se pela renovação diária mediante a oração e leitura bíblica. O indivíduo deverá conscientemente levar cativo todo pensamento e toda imaginação (2 Co 10.5). Tito 2.12 ordena o crente: "educando-nos para que, renegadas a impiedade e as paixões mundanas, vivamos, no presente século, sensata, justa e piedosamente". Quando o dependente do vício reconhece o impulso ou imagina seu pecado anterior, ele tem de voltar-se para a Palavra de Deus para encorajamento e esperança na batalha contra a carne e seu *eu* anterior.

É mais que provável que o ex-viciado tenha de enfrentar idolatria em outras áreas da vida além daquilo que era aparente à primeira vista. Noutras palavras, terá de haver uma reestruturação total de vida. Ele deve começar um processo de renovação através de um novo modo de pensar, de modo que o pecado que dominava sua vida anterior não volte a recorrer no coração. 1Coríntios 6.12 diz ao crente para não ser dominado por nada. Há de se reconhecer que o pecado é ladrão, roubando alegria, felicidade, consolo, paz e sanidade. Na vida do novo crente, o pecado é intruso – ladrão que arrombou uma casa que não mais lhe pertence.

O novo crente tem de compreender que a mudança permanente tem dois aspectos: abrir mão dos hábitos e pensamentos de sua vida antiga, e, agora, assumir novas formas de pensar que glorifiquem a Deus (Ef 4.22-24). Há um tempo de treinamento necessário para o novo crente, em que ele aprende a piedade (1Tm 4.7-8). No ponto da tentação, os novos convertidos precisam lembrar que agora foram separados para novos propósitos piedosos, e não são mais dominados pelo pecado.

Existe certo ritual formulado por aqueles que estiveram escravizados, e é aí que mais facilmente o pecado fica à espreita. O novo crente terá medo de cair de novo no vício se determinados atos, atitudes e padrões permanecerem iguais. Esses hábitos podem fazer parecer impossível evitar o pecado. Provérbios 7.8 mostra que a proximidade gera tentação: “que ia e vinha pela rua junto à esquina da mulher estranha e seguia o caminho da sua casa”. Se o trabalho ou a rotina da pessoa a leva próxima ao centro da tentação, arrume um mapa e ajude-a a encontrar outro caminho para ir para casa ou fazer suas incumbências. É necessário explicar a ela o tipo de mudanças que deverá fazer para evitar as tentações.

O recém-convertido tem de se dispor a uma amputação radical, tratando severamente o pecado e implementando uma nova abordagem para com as dificuldades da vida (Mt 5.29-30). Tem de haver uma reestruturação total de vida. Devido ao estilo anterior de vivência, provavelmente haverá muitas pessoas da qual ele ou ela roubou ou feriu de maneira significativa, e a restituição terá de ser feita, sempre que for possível. Enquanto isso, as coisas que davam início àquele pecado têm de ser postas de lado. Manter algumas amizades será perigoso, devido à tentação que as acompanha. O usuário de drogas, o alcoólatra, o viciado em sexo, o jogador talvez tenha de abrir mão de amigos e lugares que lembrem a pessoa do seu envolvimento com a substância ou atividade nociva. 1Coríntios 15.33 (NVI) nos lembra: "as más companhias corrompem os bons costumes". Outras amizades podem apresentar terreno fértil para o evangelismo. Tudo isso deve ser explicado e abordado com oração e sabedoria.

Qualquer novo convertido deve estar envolvido com o ministério da igreja local, mas aqueles que estavam antes escravizados por pecados que dominavam sua vida deverão ser responsabilizados para a comunhão de modo específico (Gl 6.1-2). As boas notícias são que os vícios não aconteceram simplesmente. São produtos de desejos e afetos que estimularam imaginações e concupiscências. Assim sendo, podem ser combatidos com novos desejos e novos afetos. Como a natureza do antigo pecado era de idolatria, em Cristo o viciado tem esperança porque, pela primeira vez, o seu culto está certamente colocado sobre o Deus que o criou.

Romanos 6.16-19 apresenta um quadro claro de como as concupiscências são transformadas em Cristo. Devido à obra de Jesus Cristo na salvação, a habitação interior do Espírito Santo, e a obra de Deus Pai, os que outrora eram escravos do pecado, agora devem ser escravos de Cristo. Romanos 6.22 diz: "Agora, porém, libertados do pecado, transformados em servos de Deus, tendes o vosso fruto para a santificação e, por fim, a vida eterna". As Escrituras dão encorajamento maravilhoso porque apresentam Deus como quem ajuda a vencer os diversos desejos que levam as pessoas a pecar.

Colossenses 3.5 descreve os crentes como sendo mortos para a "prostituição, impureza, paixão lasciva, desejo maligno e a avareza, que é idolatria". Isso é experiência *passada* para o verdadeiro crente. A Bíblia entende a escravidão ao pecado, porém, pelo poder do Espírito Santo e a verdade do evangelho, as escravidões e vícios podem ser totalmente vencidos. Esta é a esperança que o evangelista tem de dar aos escravos. Não é um chamado frívolo de mudança externa, mas uma oferta sincera para a pessoa escravizada ser reconciliada com Deus, livrar-se do inferno, escapar da cilada do pecado. Não será fácil, mas é o caminho para a vida eterna e transformação duradoura.

CAPÍTULO 18

AO MENOR DESTES:
MINISTÉRIO PARA OS EXCLUÍDOS DA SOCIEDADE

MARK TATLOCK

Em muitas igrejas, há uma tendência de ver a evangelização dos perdidos como tendo conflito com atos de compaixão e misericórdia para com os pobres. O fato de muitas igrejas que promulgam a boa teologia rejeitarem o ministério de misericórdia é resultado de coincidências históricas, não motivos bíblicos. A Bíblia faz da compaixão pelos pobres parte essencial do cristianismo, e negligenciá-la é um grave pecado contra o Senhor. A compaixão é modelada por Jesus, ordenada por Tiago, e evidenciada na verdade de todo o evangelho.

Por alguma razão, muitos crentes veem, entre o ministério aos carentes e o evangelismo, uma competição quanto a expressões de amor aos perdidos. O evangelicalismo permitiu um estereótipo de que as igrejas que enfocam o ministério para os pobres devem estar de alguma forma negligenciando a pregação do evangelho puro, e vice-versa. Mas tal ideia está longe do modelo bíblico, onde o ministério de misericórdia está inextricavelmente ligado à pregação do evangelho. Se os cristãos receberam da vasta compaixão e misericórdia de Deus, deverão ser os primeiros a demonstrar misericórdia e compaixão para o próximo. Fazendo isso, oferecem exemplo da grande realidade espiritual do coração de Deus, sua disposição de estender misericórdia e compaixão por meio da redenção que eles já receberam.

Para que o evangelismo seja levado a sério numa comunidade, é essencial que esteja ligado a vidas transformadas. Se alguém experimentou a misericórdia do Senhor, o evangelismo tem de incluir uma visão correta de ministérios de compaixão. Se as pessoas da igreja se arrependem do mundanismo e egoísmo, elas se revestem de contentamento com Deus e compaixão com o próximo. Tal santificação proclama publicamente a verdade do evangelho. Infelizmente, na igreja evangélica contemporânea, surgiu grande debate quanto à legitimidade dos ministérios de misericórdia como parte integrante do testemunho da igreja.

UMA PERSPECTIVA HISTÓRICA DO MINISTÉRIO DE MISERICÓRDIA

Em 1907, Walter Rauschenbach, professor de história da igreja no Seminário Teológico de Rochester, escreveu influente livro, *Christianity and the Social Crisis* (Cristianismo e a crise social)[1]. Proponente da amplamente aceita ética pós-milenista dos Estados Unidos na virada daquele século, Rauschenbach dizia que a melhora de condições sociais no mundo fazia parte da realização em breve da vinda do reino de Deus sobre a terra. O país experimentava todos os desafios sociais de aumento de imigração, industrialização e crescimento urbano, as denominações tradicionais foram tomadas pelo espírito da época, crendo que a ciência e a tecnologia prometiam a melhora da sociedade pela eficiência e pelo progresso. Enquanto isso, a promessa de uma sociedade mais civilizada estava em acirrado contraste à realidade surpreendente de órfãos, viúvas, prisioneiros e doentes que faziam parte da força de trabalho por trás de tal progresso.

Tendo ministrado na vizinhança de *Hell's Kitchen* (Cozinha do inferno) em Manhattan, Rauschenbach conhecia bem a situação dos pobres. Trabalhara incansavelmente para estender seu ministério a favor deles por meio de sua igreja. O compromisso de cuidar dos pobres dava esperança para o futuro ante as propostas hermeneuticamente fracas do pós-milenismo. Com a Primeira Guerra Mundial ainda no horizonte, protestantes das linhas tradicionais estavam ansiosos por abarcar a promessa de realizar o reino de

1 Walter Rauschenbusch, *Christianity and the Social Crisis* (London: The MacMillan Company, 1907).

Deus, não em uma eternidade futura, mas plena e completamente no presente. Essas denominações estavam focando cada vez mais as questões sociais, e o livro de Rauschenbach fez a ponte que fundiu o conceito de ministérios de misericórdia com a teologia constantemente mais liberal das denominações focadas em transformação social ao invés de pregação do evangelho.[2] Essa teologia ficou conhecida como o "evangelho social", e era produto da crescente aceitação do pós-milenismo daquela época. O evangelho social aplicava a redenção aos termos de bondade, dando-lhes interpretação soteriológica. Nesse movimento, o evangelho passou a ser mais uma questão de luta contra a pobreza e injustiça como meio de abrir caminho para a entrada do reino, em vez da salvação do indivíduo por Cristo.[3]

Embora muitos cristãos conservadores tenham trabalhado incansavelmente em favor dos pobres, a eventual associação de ministérios de misericórdia com as tradicionais denominações liberais fez que se questionassem os ministérios de misericórdia como não possuindo parte legítima dentro da igreja fundamentalista. O Evangelho Social tornou-se antítese da prática bíblica sadia, prometendo redenção não apenas em termos salvíficos, como também em termos sociais e estruturais.[4] A linguagem do reino tomou variados significados para diferentes grupos protestantes, e a hostilidade dos conservadores contra os liberais eventualmente acabou fazendo que a igreja conservadora deixasse de manter projetos sociais como parte de sua estrutura eclesiológica.

Questões do mundo secular também influíram sobre essa divisão. Quando o presidente Franklin D. Roosevelt implementou uma era de crescimento da

---

2 Gertrude Himmelfarb, *Poverty and Compassion* (New York: Vintage Books, 1991), 2–24. Ela escreve que essas transformações sociais, em combinação com a oposição à escravatura e ao trabalho infantil, produziram uma "feroz compaixão" em cristãos americanos *Christians* (p. 4).

3 Ver Michael Horton, "Transforming Culture with a Messiah Complex," *9Marks* Nov/Dec, (2007), http://www.9marks.org/ejournal/transformingculture-messiah-complex. Horton escreve: "Os protestantes norte-americanos não queriam definir a igreja como sendo primeira e principalmente uma comunidade de pecadores perdoados e recebedores da graça, mas como exército triunfante de ativistas morais".

4 O livro de referência de John Stott: *The Christian Mission in the Modern World*, age como fundamento para muitos dos exemplos mais notórios disto (John R. W. Stott, A Missão Cristão no Mundo. Editora Ultimato). A ideia de suprimento de "necessidades sentidas" na área da justiça social era componente necessário do evangelismo foi mais tarde divulgada por Harvey Conn (Harvey M. Conn, *Evangelism: Doing Justice and Preaching Grace* [Phillipsburg, NJ: P&R Publishing, 1982], 41–56).

participação do governo na vida cívica, com o chamado *New Deal,* a nação americana passou a prestar atenção coletiva à situação dos pobres. Com o tempo, o suprimento das necessidades dos pobres tornou-se obrigação do governo, o que correspondeu a uma ausência de ministérios sociais dentro da igreja. Sendo que o governo oferecia moradia, alimento, treinamento para o trabalho, cuidado com os órfãos, assistência médica e assim em diante, um minguante senso de dever tomou conta do cristianismo conservador norte-americano.

Essa ausência de cuidado foi exponencialmente aumentado pela relocação da maioria das igrejas conservadoras fora dos centros urbanos para os subúrbios mais abastados. Até o final da Segunda Guerra Mundial, a criação de automóveis de preço acessível e casas nos subúrbios produziram uma igreja conservadora que geograficamente estava removida das expressões de maior pobreza encontradas nos centros urbanos daquele país. Enquanto isso, as igrejas que permaneceram no contexto urbano eram em sua maioria de visão doutrinária caracteristicamente liberal.[5]

O estranho fato de que as igrejas dos centros urbanos tendiam a ser mais liberais em si mesmo é resultado fascinante de ocorrências históricas. Nos anos de Mil e Oitocentos, a imigração nos Estados Unidos era predominantemente proveniente da Europa Ocidental, em sua maior parte de origem protestante. Mas, por volta do início do Século Vinte, houve enorme influxo de pessoas não vindas do Oeste europeu. Junto com os efeitos da emancipação de afro-americanos após a Guerra Civil, as cidades estavam se tornando cultural e religiosamente diversificadas. Quando as igrejas conservadoras se afastaram do centro das cidades, as igrejas liberais tradicionais ali permaneceram, junto com líderes de igreja etnicamente diversificados, que, por sua vez, foram treinados por seminários de tradição liberal.[6]

Como essas igrejas urbanas tinham a tendência de ser mais pobres que sua contrapartida suburbana, tinham mais oportunidades e necessidade de ministrar junto aos pobres. Como resultado, as igrejas mais socialmente ativas eram também as mais tendentes ao liberalismo. Da perspectiva conservadora,

5 Tennent oferece breve resumo de como isso aconteceu nos Estados Unidos a partir dos anos Sessenta. Ver Timothy C. Tennent, *Invitation to World Missions* (Grand Rapids: Kregel, 2010) 391.

6 John Fuder, A Heart for the City: Effective Ministries to the Urban Community (Chicago: Moody Publishers, 1999), 64.

essa realidade reforçava uma imagem de ministérios de misericórdia como sendo ligados unicamente ao liberalismo teológico.[7] O termo *Evangelho Social* ficou sendo eufemismo para o liberalismo e a filiação resultante muitas vezes era empregada pelos conservadores em todo o final do Século Vinte, como justificativa para não estar ativamente envolvido em alcançar os pobres.[8]

Essa transição marca uma mudança na história da igreja. Antes dos anos de 1900, os ramos calvinistas e os wesleyanos do protestantismo conservador enfatizavam ministérios sociais dentro de suas prioridades eclesiásticas.[9] As duas tradições manifestavam o mesmo compromisso de ministrar aos pobres como expressão do amor e misericórdia de Deus. É claro que havia muitas igrejas conservadoras que procuravam praticar a compaixão e misericórdia para os pobres. Contudo, este resumo histórico demasiadamente simplificado mostra corretamente o fato que, em sua maior parte, as igrejas conservadoras não estavam envolvidas em ministérios com os oprimidos.

Tal transição teve forte efeito sobre as estratégias evangelísticas na igreja dos anos de 1900.[10] Até meados daquele século, a igreja enfocava seu trabalho de expansão em distribuição de literatura de porta em porta, evangelismo no campus universitário, visitas aos lares daqueles que visitaram a igreja, e pregação nas ruas e praças. Conquanto cada uma dessas estratégias proclamasse

---

7 Norris Magnuson traça alguns dos resultados mais bem-conhecidos disto, tais como o Exército de Salvação e a Associação Cristã de Moços. Norris Magnuson, *Salvation in the Slums* (Grand Rapids: Baker Books, 1990). Ele enfoca algumas das tentativas propositais de atacar a ordem social em vez de apenas satisfazer as necessidades físicas (165–78).

8 Incidentalmente, D. L. Moody se destaca como exceção nisto. Ele procurou viver sua vida de maneira a demonstrar aos cristãos mais conservadores que era possível ser ativo em ministérios de misericórdia enquanto se preocupava com a salvação das almas. Ver William R. Moody, *The Life of D. L. Moody by His Son* (New York: Fleming H. Revell, 1900), 85–90.

9 Um elemento frequentemente ignorado da doutrina de João Calvino é a sua "teologia da pobreza." Calvino acreditava fortemente que uma das funções principais da igreja era cuidar dos pobres. Enfrentou muita oposição em razão disso, pois as pessoas o acusavam de dar compensação à preguiça. Calvino estimulava as pessoas a viver essencialmente na pobreza, para que pudessem doar o máximo possível de seus bens, vendo isso como elemento básico do discipulado cristão conforme vivido por Jesus, que veio ao mundo em pobreza. Encontramos fascinante resumo disto em Bonnie Pattison, *Poverty in the Theology of John Calvin*, PTMS 69 (Eugene, OR: Pickwick Publications, 2006). Igualmente, o lado wesleyano do protestantismo tinha também grande preocupação com ministérios de misericórdia. Ver, de Manfred Marquardt, *John Wesley's Social Ethics: Praxis and Principle*, trad. John E. Steely e W. Stephen Gunter (1981; reprint, Nashville: Abingdon, 1992), especialmente a página 123.

10 Para descrições deste efeito, ver, de William H. Smith, "Kyrie Eleison," MR 15, no. 6 (Nov/Dec 2006): 21, e Ian Bradley, *The Call to Seriousness* (Oxford: Lion Books, 2006), 30.

com fidelidade o evangelho, muitas vezes faltava-lhes a correspondente demonstração do amor de Deus pelos perdidos que é claramente demonstrada nos ministérios de misericórdia.

O EXEMPLO DE JESUS

O resultado dessa história é que na pregação de muitas igrejas contemporâneas, a compaixão de Deus ficou separada da Grande Comissão. Isso é completamente diferente do exemplo dado por Jesus, que combinava perfeitamente ambos os elementos. Ele veio buscar e salvar o que havia se perdido, e o fez de maneira diferente da cultura predominante, viajando pela terra de Israel. Se tivesse se estabelecido em Cafarnaum ou Nazaré, seus estudantes estariam sentados, a seus pés, em uma sala de aula ou sinagoga. Jesus escolheu viver com simplicidade e andar entre os pobres e necessitados. Nos caminhos empoeirados e nas estradas entre os povoados, ele ministrava aos carentes tanto física quanto espiritualmente.

É desta forma que ele ilustrava o significado da cura, do perdão e da misericórdia. Na verdade, Mateus explica que a compaixão de Jesus pelos pobres era o que o motivou a enviar seus discípulos pela terra, pregando:

> *E percorria Jesus todas as cidades e povoados, ensinando nas sinagogas, pregando o evangelho do reino e curando toda sorte de doenças e enfermidades. Vendo ele as multidões, compadeceu-se delas, porque estavam aflitas e exaustas como ovelhas que não têm pastor. E, então, se dirigiu a seus discípulos: A seara, na verdade, é grande, mas os trabalhadores são poucos. Rogai, pois, ao Senhor da seara que mande trabalhadores para a sua seara. (Mateus 9.35-38)*

É assim que termina o capítulo nove de Mateus, mas observe como começa o capítulo dez: Jesus respondeu sua própria oração, enviando ao mundo seus discípulos "para curar toda sorte de doenças e enfermidades". O que o motivou a enviar os discípulos foi sua compaixão pelos pobres. Essa compaixão pela condição sofrida e carente trouxe à tona compaixão maior ainda por sua condição espiritual, inspirando nosso Senhor a orar ao Pai que enviasse muitos evangelistas aos campos, colher a grande ceifa de frutos espirituais.

Tal envolvimento com os pobres, desprovidos e doentes dava oportunidade maravilhosa de Jesus ser parábola viva das maiores promessas do reino, da salvação. É óbvio que havia elementos miraculosos no ministério de Jesus e no envio de seus discípulos que estavam ligados ao milagre da encarnação. Contudo, Jesus ensinou com certeza que a marca infinda do verdadeiro ministério cristão seria combinar a pregação do evangelho com o ministério simultâneo de alcançar os pobres. Na sua descrição do julgamento das ovelhas e dos bodes, ele disse que a marca da verdadeira fé seria o cuidado pelos doentes, cegos, prisioneiros ou famintos (Mt 25.32-40). Na verdade, enquanto Jesus continua sua descrição do juízo, a própria recusa de cuidar dos pobres é a única razão dada por Jesus para mandar alguns ao castigo eterno (Mt 25.41-46). É evidente, pela vida e pelo ministério de Jesus, que cuidar dos pobres não era tangencial à sua mensagem, e sim, necessária e essencial verificação da verdade da libertação que ele proclamava.

A BÊNÇÃO DA POBREZA

A epístola de Tiago oferece o que é talvez a mais forte repreensão no Novo Testamento para aqueles que negligenciam os pobres. Interessante que Tiago começa a tratar a pobreza explicando primeiramente suas bênçãos.

Para começar, Tiago explica que Deus escolheu fitar seu amor eletivo principalmente sobre os pobres. Ele pergunta: "Não escolheu Deus os que para o mundo são pobres, para serem ricos em fé e herdeiros do reino que ele prometeu aos que o amam?" É claro que Tiago aqui não está sugerindo que todos os que são pobres serão salvos. Mas a pobreza não coloca a pessoa em desvantagem espiritual quando comparada à riqueza. É também verdade que a escolha de Deus não implica qualquer mérito inerente à pobreza. De fato, quanto uma pessoa está empobrecida, não há como mascarar o seu desespero. Embora os ricos tenham meios para esconder temporariamente a dor de viver em um mundo caído, os pobres não possuem tal refúgio.

O fato dos pobres não terem recursos neste mundo (a não ser Deus) oferece um quadro da verdade de Efésios 2.8-9. Ali, Paulo explica que as pessoas não têm nenhuma capacidade de fazer algo que mereça a graça de Deus. Todo mundo é espiritualmente falido e carente. Quando Paulo diz em Romanos 5.8 que "Cristo morreu por nós, sendo nós ainda pecadores", a implicação é que todas as nossas justiças são como trapos imundos, incapazes de ajudar a atingir a misericórdia divina. Isso corresponde à verdade de que, fora de Cristo, todo ser humano é um indivíduo pobre, que nada pode fazer para assistir a si mesmo, e depende totalmente da graça de Deus para auxílio e sustento na vida. Por esta razão, a pobreza oferece um quadro tão apto da graça de Deus na salvação.

Outra bênção da pobreza é ver a dependência em Deus para o sustento diário do pobre. Quanto mais pobre a pessoa, maior fé ela tem de ter para depender da provisão de Deus para suas necessidades físicas. Isso mostra a visão contra-cultural do reino de Deus: enquanto o mundo procura riqueza e prosperidade, nessa busca ele rejeita o maior tesouro que se pode encontrar. Confiando nas riquezas, o mundo rejeita o único meio de ter um relacionamento com Deus. Aqueles que possuem grande riqueza pessoal conseguem viver sem experimentar o conhecimento íntimo de um Deus que cuida de seus filhos. Não precisam orar pedindo o pão de cada dia, e se contentam com o que o mundo oferece.

Na pobreza, os crentes encontram não somente a riqueza, pela fé, como também tornam-se "herdeiros do reino" (Tiago 2.5). Esta promessa coloca o foco, não em bênçãos temporais, mas na vida futura. É o que Paulo quis dizer quando falou que os sofrimentos do presente não são comparáveis às glórias do futuro (Rm 8.18). Tanto Paulo quanto Tiago dizem que isso é o fundamento da esperança para o crente na pobreza (Rm 8.24-25). Quando um cristão está vivendo na pobreza, aumenta a sua esperança no futuro reino de Deus.

Em suma, a pobreza pode ser uma bênção porque Deus escolheu os pobres para a salvação, porque crentes pobres poderão expressar maior fé em Deus para a provisão diária, e porque possuem mais sincera esperança na vida futura.

ATEÍSMO FUNCIONAL

Compreender a bênção da pobreza é necessário para entender a força do que Tiago passa a dizer a seguir: "Entretanto, vós outros menosprezastes o pobre" (Tg 2.6).

O modo da igreja tratar os pobres era muito diferente de como Deus os trata. Eles haviam fechado o coração para as necessidades de seus irmãos e irmãs em Cristo, e ao fazê-lo, estavam desonrando as próprias pessoas a quem Deus havia honrado com a salvação. Seus atos demonstravam seu orgulho e fracasso em lembrar a própria pobreza espiritual. Ao negligenciar os pobres, eles estavam falhando para com o requerimento do evangelho de reconhecer sua necessidade espiritual.

Quando um cristão deixa de ter compaixão pelos pobres, não só abandonou o modelo do ministério de Jesus , como também está demonstrando um "ateísmo funcional". O *ateu funcional* professa seguir a Cristo, contudo, seu estilo de vida contradiz o exemplo de Cristo.

É irônico quando um "cristão" possuidor de riquezas vê seu irmão com necessidades, e fecha para ele o coração. Quando o cristão se agarra às riquezas materiais, está rejeitando os princípios da sua própria salvação, recusando depender de Deus por sua própria provisão. Fechando o coração para os pobres, ele está, na realidade, fechando o coração para Deus, agindo como se só ele fosse suficiente para o suprimento das próprias necessidades. Isso é ateísmo funcional – a antítese de viver segundo o evangelho.

Tiago destaca a disparidade dando uma formidável imagem da pobreza dentro da igreja. Descreve irmão e irmã que são pobres (Tg 2.15-16). Usando a palavra *adelphoi* (αδελφοί – irmãos), Tiago mostra que essas pessoas fazem parte da família cristã. Além de serem cristãos, eles estão tão mal vestidos que Tiago os descreve como "carecidos de roupa", estão tão famintos que são descritos como "necessitados do alimento cotidiano". Enquanto estão ali sentados, no lado de fora da entrada da igreja, crentes passam por eles e dizem: "Ide em paz, aquecei-vos e fartai-vos". Seria difícil imaginar uma resposta mais fria que essa para um colega de fé que esteja em necessidade.

Essa cena chocante é empregada por Tiago para desafiar os crentes a cuidar dos pobres ou então, reconhecer que sua fé não vale nada. Ao fazê-lo, Tiago descreve o ministério com os pobres como marca de legitimidade da fé. Ele repreende os cristãos que passariam de lado, dizendo-lhes que sua fé é *morta* (Tg 2.17). Para o cristão, não pode haver veredicto mais terrível. Em essência, Tiago está dizendo que se a pessoa se chama cristã, e tem coração está fechado para um irmão necessitado, então a sua fé é morta. Esse indivíduo não é verdadeiro cristão, mas um ateu funcional.

A SEVERIDADE DA NEGLIGÊNCIA

Por que Tiago faz do cuidado com os pobres uma questão tão divisora de águas? Porque é na ministração com os pobres que a fé é representada de maneira mais transparente na vida do crente. Somente quem já abandonou a postura de servir a si, orgulhosa diante de Deus poderá entender a verdadeira misericórdia. Ao estender misericórdia, até mesmo no contexto terrestre e físico, a pessoa exibe sua própria transformação. Em misericórdia, o amor por si é substituído por amor ao próximo, demonstrando reconhecer que o amor de Deus pelo pecador não é merecido, mas existe ainda assim.

Em sua carta um pouco antes, Tiago havia escrito: "A religião pura e sem mácula, para com o nosso Deus e Pai, é esta: visitar os órfãos e as viúvas nas suas tribulações e a si mesmo guardar-se incontaminado do mundo" (Tg 1.27). É a maneira de Tiago dizer a seus leitores que sejam santos, como Deus é santo (ver 1 Pe 1.15). É imenso desafio deixar de lado os valores do mundo e viver segundo os valores do reino. Como os filhos refletem o caráter de seu pai, os filhos de Deus deverão refletir o caráter de Deus – e Deus cuida dos pobres. Se o cristão quer imitar a Deus, ele tem de ministrar aos pobres.

Debaixo da recusa de uma pessoa – ou igreja – de servir aos pobres está a recusa de imitar a Deus nessa área. A compaixão de Deus pelos pobres é um de seus atributos comunicáveis, que – como bondade, misericórdia, paz, retidão, justiça, verdade, paciência, fidelidade – os cristãos têm capacidade de refletir. Todos os atributos comunicáveis de Deus podem ser modelados pelos crentes, e são demonstrados mais claramente dentro do contexto dos relacionamentos humanos. Quando os crentes amam uns aos outros, estão imitando seu Pai Celestial, ao mesmo tempo que apontam ao mundo o amor de Deus, demonstrado no evangelho.

Isso é bastante significativo, pois é no evangelho que a natureza de Deus fica mais claramente demonstrada. O evangelho é a ilustração ativa da autorrevelação de Deus quanto à sua imagem, proclamada por sua Palavra e modelada por seu Filho. Deus ama os crentes que, por sua vez, amam o próximo, e este amor é demonstrado mais claramente pelo sacrifício de Jesus sobre a cruz. Deus mostra misericórdia aos crentes e os crentes, por sua vez, devem demonstrar misericórdia uns aos outros, e essa misericórdia é mais claramente vista na cruz. Que incongruência quando os próprios receptores da compaixão, graça e misericórdia de Deus se recusam a demonstrar essa compaixão, graça e misericórdia aos que estão no mundo, dela carentes! A antiga acusação de hipocrisia, conhecida por todos que procuram compartilhar o evangelho de forma regular, encontra validade na indisposição e no desinteresse da igreja em cuidar de seus membros fisicamente empobrecidos.

Por esta razão Jesus fez distinção entre as ovelhas e os bodes, baseado no cuidado com os pobres, e é também a razão pela qual Tiago escreve que, quem, chamado de cristão, passa de lado o irmão necessitado tem a fé morta. É uma questão ligada ao evangelho: a pessoa que é salva desejará proclamar ao mundo as boas novas, e a pessoa que se recusa a demonstrar misericórdia aos pobres estará justamente fazendo tal recusa.

Recusar ministrar aos pobres é uma admissão tácita de que essa pessoa se importa mais por sua própria riqueza material do que em refletir os atributos de Deus. Quando deixa de lado outro cristão que esteja carente, testifica que não segue os passos de Jesus, não compartilha o coração de Deus por aqueles que não têm defensor, e a sua fé, na verdade, está morta.

APLICAÇÕES PRÁTICAS

Em algumas formas extremas de hinduísmo, as pessoas recusam ajudar os pobres. Alguns hindus acham que, se uma pessoa é pobre, é porque fez decisões erradas em vidas anteriores, e precisam sofrer para purgar as consequências. Segundo essa lógica, ajudar o pobre é contraproducente, porque fará que esse pobre tenha de voltar a sofrer novamente em sua próxima vida.

Infelizmente, muitas vezes tal atitude permeia o pensamento de muitos cristãos. Considerem essas respostas comuns sobre pobreza: "Essas pessoas estão sofrendo as consequências de seus pecados"; "Elas merecem o que estão recebendo"; "Se realmente quisessem mudar de vida, elas conseguiriam". Tais atitudes são mais próximas do hinduísmo que do cristianismo! São desculpas convenientes para não ver o fato que as circunstâncias reais em volta da pobreza geralmente são irrelevantes ao modo como os crentes devem responder.

O cristão deve reconhecer que nenhum de nós merece o auxílio de Deus, no entanto Deus nos salvou. Sem Cristo, estávamos perdidos, famintos, culpáveis e desamparados. Espiritualmente, éramos órfãos, sem família, foragidos. Deus nos considerou responsáveis por nossos pecados, no entanto, ainda assim, experimentamos sua amável obra de redenção. Quando cristãos se recusam a ajudar o irmão ou a irmã na sua necessidade, estão aplicando um princípio incoerente. O evangelho é baseado na misericórdia imerecida de Deus demonstrada a pecadores – e aquele que foi salvo deverá demonstrar misericórdia para o próximo.

Não é um chamado para transformação cultural – essa só ocorrerá plenamente na volta de Cristo. O mandato de misericórdia não é um desafio de ativismo político – tal espécie de ação tem pouco efeito e revela prioridades erradas. A demanda de cuidar dos pobres não implica que a igreja vá erradicar a pobreza – sempre teremos os pobres entre nós (Mc 14.7).

Ademais, não estamos conclamando a dar indiscriminadamente a qualquer pessoa que pede. Ajudar uma pessoa a continuar não trabalhando é má mordomia dos bens que Deus nos deu, e é pecado. As Escrituras ordenam: "se alguém não quer trabalhar, também não coma" (2Ts 3.10). A Bíblia conclama o cristão a ser criterioso, não *pão duro*! Se o cristão fecha o coração para o carente, está pecando (1Jo 3.17). Seria trágico fechar o coração baseado em pressupostos errôneos quanto às necessidades do próximo.

Finalmente, existe uma ordem no suprimento das necessidades do mundo. Os cristãos deverão primeiramente cuidar das necessidades de suas famílias (1Tm 5.8), em seguida, dos outros crentes (Gl 6.10). Se a pessoa passa por seu irmão carente sem ajudá-lo, é hipócrita e destituído da compaixão divina (Tg 2.15-17; 1Jo 3.17). A igreja primitiva não alimentou todas as viúvas, mas somente as mais velhas, membros da igreja, com reputação de boas obras (1Tm 5.9-16). A igreja em Jerusalém não compartilhava as necessidades com todas as pessoas da rua, mas uns com os outros (At 2.45). Por último, depois de prover as necessidades da família e dos outros cristãos, os crentes são mordomos de tudo que possuem, ao demonstrar compaixão e amor ao mundo que os rodeia.

A linha básica é que Cristo estendeu o reino aos gentios, prostitutas, ladrões e adúlteros. Até hoje, boa parte do mais rico evangelismo é demonstrado entre as pessoas que são mais pobres. Muitas vezes, é o pobre pecador o mais rápido para abraçar a salvação, porque não tem nenhuma esperança no mundo. O crente deve estar presente onde os pobres estão. Isso é o oposto da estratégia contemporânea de crescimento da igreja. Os pobres não são audiência alvo de ninguém.

As ordens de exercer misericórdia e evangelizar não são propostas competitivas nem mutuamente exclusivas. Para que o evangelho tenha efeito máximo, temos de exercitar consistência entre vida e mensagem. O complemento de compaixão e comissão é imprescindível, porque o mandato de misericórdia é o mesmo mandato que missões. Sem a pregação do evangelho, homens e mulheres, ricos e pobres, jamais terão a chance de experimentar as grandíssimas riquezas da misericórdia e graça de Deus. Alimentar os famintos, ministrar aos doentes, servir os pobres não são fins em si, mas meios pelos quais os cristãos encontram indivíduos que carecem da obra transformadora de Deus. A misericórdia não é um meio para fazer vir o reino de Deus. Misericórdia é o meio de levar a glória do evangelho vendo pessoas chegar a Cristo.

CAPÍTULO 19

MISSÕES INTERNACIONAIS:

SELEÇÃO, ENVIO E PASTOREIO DE MISSIONÁRIOS

KEVIN EDWARDS

Existe um modelo bíblico de missões. Envolve cuidadosa seleção, treinamento, envio e sustento de missionários. Todo o processo – quando feito de maneira correta – é uma parceria bem próxima entre o missionário e a igreja que envia. Tal parceria é o suporte principal de missões, e pode ser fonte imensurável de encorajamento tanto para os missionários quanto para as igrejas. Essa parceria dará maior foco ao esforço missionário da igreja, tornando-o mais efetivo na causa do evangelismo.

No fim do século dezenove, teve início um movimento missionário sem paralelos. Nem antes nem depois, houve geração de estudantes tão engajados de zelo evangelístico pelos perdidos ao redor do mundo. Mais de vinte mil homens e mulheres embarcaram por todo o mundo como parte do Movimento Voluntário de Estudantes (Student Volunteer Movement), enquanto mais de oitenta mil apoiadores os animaram e sustentaram financeiramente. Esses estudantes formavam mais de metade da força missionária protestante no começo do século vinte, muitos deles servindo sociedades bem-desenvolvidas, e uma alta concentração na China e na Índia. Esses voluntários estudantes "eram impelidos por uma intensidade de propósito raramente igualada, e eram compromissados com a evangelização do mundo por todo e qualquer meio necessário".[11]

O Movimento Voluntário de Estudantes que teve início em 1886 chegou ao ápice em 1920 e de repente, começou a declinar. A história do declínio desse intenso zelo missionário é exemplo vivo do que pode acontecer quando uma tarefa missionária é assumida sem seguir o processo para missões estabelecido por Deus nas Escrituras.

LIÇÕES DA HISTÓRIA

Muitos fatores poderiam ser considerados, mas existem três causas principais do declínio do Movimento Voluntário de Estudantes. Primeiro, a despeito do zelo evangelístico dos estudantes que saíram como missionários, muitos deles tinham um treinamento teológico faltoso. Sua teologia era diferente de seus precursores de missões, pois não tinha como base uma educação centrada na Bíblia.[12] Influenciados fortemente pelo liberalismo protestante e tendo interesse nas religiões do mundo, o entendimento teológico dos estudantes resultou em ecumenismo comprometedor. "O movimento teve gênese frutífero, mas acabou em um vácuo teológico porque seus líderes tinham uma filosofia pragmática associada a fraco treinamento teológico".[13]

Em segundo lugar, a igreja local, não era a origem dos estudantes enviados ao campo missionário. O instável fundamento teológico do movimento estudantil incluía não somente má eclesiologia como também falta de entendimento quanto ao papel da igreja local em missões. Missionários eram enviados sem a afirmação ou parceria de qualquer igreja local. Numerosos livros foram escritos sobre a história do MVE, e poucos indicaram qualquer preocupação, da parte da liderança, em encorajar os voluntários a retornar às

---

11 Ruth A. Tucker, *From Jerusalem to Irian Jaya: A Biographical History of Christian Missions* (Grand Rapids: Zondervan, 1983), 262

12 "Muitos entraram no trabalho como leigos, bem despreparados para o tipo de ministério que foram enviados para cumprir" (Ibid., 262).

13 Benjamin G. Eckman, "A Movement Torn Apart," em *For The Sake of His Name: Challenging a New Generation for World Missions*, ed. David M. Doran (Allen Park, MI: Student Global Impact, 2002), 40.

suas igrejas locais para ser oficialmente reconhecidos e, em seguida, enviados por elas ao campo".[14]

Terceiro, o movimento perdeu a visão da missão da igreja. Devido à sua falta de previsão e discernimento teológico, o evangelho social tomou conta do movimento estudantil voluntário. Em seu ápice em 1920, o MVE teve uma convenção onde até mesmo a salvação dos estudantes participantes foi questionada. "Havia maior interesse nas relações entre as raças, melhorias econômicas e paz mundial do que em compartilhar o evangelho".[15] A história do Movimento Voluntário Estudantil é uma história de como o ministério social substituiu o chamado de proclamar o poderoso evangelho da salvação em Cristo.

Essas três lições quanto ao Movimento Voluntário Estudantil demonstram os perigos sofridos pelas igrejas ao considerar em que tipo de movimento missionário devem se envolver e que estirpe de pessoa enviar ao campo. Quando as igrejas escolhem parceiros de missões, devem selecionar com cuidado os candidatos provenientes de organizações teologicamente bem fundamentadas, focadas na edificação da igreja local, centradas no cumprimento da Grande Comissão.

O envio de missionários faz parte do que é uma igreja.[16] Se um grupo de crentes e os seus presbíteros procuram crescer em Cristo, sendo ainda fiéis ao plano bíblico de evangelização, estarão apaixonados por missões. A fidelidade à ordem do Senhor de fazer discípulos de todas as nações incluirá um esforço direcionado, não obstante sua magnitude, em alcançar as regiões além da extensão imediata de qualquer igreja local. A igreja local terá programa de missões onde participa da seleção, envio, sustento e intercessão por aqueles cristãos especiais que são mandados para fora, para alcançar os perdidos em outras localidades.

A igreja primitiva considerava missões uma questão de suma importância (At 13.1-3; 14.27; 15.36-40). Não era programa menor ou secundário. Os

---

14 Ibid., 29.

15 Ibid., 26.

16 "O empreendimento de missões não é opcional – é o fluir da vida da igreja. A igreja existe por missões como o fogo existe por combustível. A parceria missionária tem de ser embutida na igreja desde seu início, pois sem ela, nenhuma igreja chegará à plena maturidade" (George W. Peters, *A Biblical Theology of Missions* [Chicago: Moody, 1972], 238).

apóstolos sabiam estar envolvidos em algo global e monumental no programa redentivo de Deus. A Grande Comissão foi dada aos apóstolos pelo menos cinco vezes, se não mais (Mt 28.18-20; Mc 16.15; Lc 24.46-48; Jo 20.10; At 1.8). Esses homens deixaram tudo para seguir a Cristo, e agora, estariam levando a mensagem ao mundo. Passaram então o bastão a outros, que o passaram até nós. Por esta razão, toda igreja, quer pequena, quer grande, deve envolver-se no grande empreendimento missionário do corpo de Cristo.[17]

Existe hoje grande variedade de missionários e ministérios com os quais podemos fazer parceria. Parece que toda semana, recebo cartas pedindo sustento e parceria de ministérios a atletas, de justiça social, acampamentos de língua inglesa, trabalho com jovens, projetos de construção, treinamento de liderança, evangelismo através da música, plantação de igrejas, publicações, ministérios de rádio, e muitos outros. Com tantos pedidos, é essencial que entendamos qual deverá ser a prioridade da igreja em missões.

SELEÇÃO DE MISSIONÁRIOS

Na seleção de missionários, a Bíblia dá três princípios a seguir: selecionar em oração, afirmar a seleção, confirmar a seleção.

Selecionar em oração

Primeiro, a liderança deve fazer a seleção em muita oração. Os líderes precisam pedir ao Senhor a direção. Quando a igreja de Antioquia considerava seus esforços de envio, seus líderes se encontravam em jejum e oração (At 13.2-3). Este princípio deve ser seguido porque missões fluem do caráter e propósito do Deus trino. Ele tem de ser buscado porque a difusão do evangelho é obra do soberano Espírito Santo, que amplia a Palavra de Deus por todo o mundo.

Afirmar a seleção

Segundo, a liderança da igreja deverá afirmar sua seleção feita. Isso quer dizer que estão escolhendo pessoas qualificadas e dotadas para o ministé-

17 Alex D. Montoya, "Approaching Pastoral Ministry Scripturally," em *Pastoral Ministry: How to Shepherd Biblically*, ed. John MacArthur, (Nashville: Thomas Nelson, 2005), 62.

rio do evangelho.[18] As qualificações bíblicas para o presbítero na igreja local, conforme Tito 1.5-9 e 1Timóteo 3.1-7 devem se aplicar a qualquer missionário que seja enviado.[19] Se o missionário é enviado a proclamar o evangelho e ver estabelecidas novas igrejas locais, deverá ter dons específicos na área de plantação e liderança na igreja. Os missionários envolvidos nesse ministério deverão ter o mesmo padrão dos presbíteros da igreja local, especialmente na capacidade de ensinar a verdade (1 Tm 3.2; Tt 1.9). Não faz sentido enviar uma pessoa desqualificada para dar inicio a uma igreja em seu próprio país para plantar igrejas em outro país.

Efésios 4.11-13 deixa claro que o Deus que nos deu a Grande Comissão também dá à igreja condições de cumprir essa tarefa, dando dons a determinadas pessoas na igreja, tais como evangelistas, pastores e mestres. Na seleção de missionários, a liderança da igreja que envia precisa avaliar com cuidado os dons desse indivíduo conforme evidenciados na igreja local. Isso inclui uma avaliação da capacidade, bem como de seu chamado para o ministério. De fato, quando a igreja de Antioquia enviou Paulo e Barnabé (At 13.1-3), estes dois homens faziam parte da equipe de ensino da igreja de Antioquia. Não eram apenas homens bem dotados e qualificados para o ministério, como também faziam parte da liderança da igreja de Antioquia. A igreja de Antioquia enviou seus melhores homens para pregar o evangelho.

O tempo gasto para examinar cuidadosamente o candidato missionário, tanto na questão de caráter quanto de dotação, evitará, no final, o sofrimento e ajudará a assegurar que o missionário seja capaz de lidar de maneira piedosa com os desafios de ministrar dentro de uma cultura estrangeira. Os missionários enviados deverão ser exemplo para o rebanho, especialmente em áreas de santificação, humildade e oração. Além disso, os homens enviados precisam ser exemplos de coragem, dotados no ministério da Palavra, capazes de cumprir seu ministério num contexto de grandes desafios. Sem isso, sua liderança não será efetiva e a missão padecerá.

---

18 Para uma visão geral do presbiterato bíblico, ver os *Distinctives on Biblical Eldership* da Igreja Comunidade da Graça (http://www.gracechurch.org/distinctives/eldership/).

19 Para um exame dos princípios bíblicos chaves e uma explicação detalhada das qualificações bíblicas para o presbítero, ver, de John MacArthur, *The Master's Plan for the Church* (Chicago: Moody, 2008), 203-25, 243-64.

Se a igreja local decide delegar sua autoridade pelo ministério do missionário e fazer parceria com uma agência missionária, talvez devido à especialidade dessa missão naquele campo ou o nível de cuidado que uma agência possa oferecer em determinado campo, a igreja não pode permitir que ela usurpe o papel da igreja local na avaliação de dons e caráter. Muitas agências missionárias reduziram essa espécie de avaliação e preparo pré-campo a uma bateria de testes psicológicos e algum treinamento rudimentar. Contudo, o único lugar de preparar efetivamente o missionário para o serviço é no contexto da igreja local, cuja liderança prepara amorosa e intencionalmente seus homens para o ministério.

Confirmar a seleção

Terceiro, o processo de seleção culmina no comissionamento dessa seleção. Esse passo, muitas vezes conhecido como ordenação, reconhece a obra de Deus no preparo e evidência dos dons do homem que será enviado como ministro do evangelho. Tipicamente, a igreja afirma sua parceria com aquele que está sendo enviado pela imposição de mãos (At 13.3), onde a igreja demonstra visivelmente o seu papel como agência de Deus que envia e media. É interessante perceber que em Atos 13.3-4, havia essas duas fases de envio. No versículo 3, a igreja de Antioquia envia os missionários, mas no versículo 4, lemos que o Espírito Santo os envia. Pela imposição de mãos, a igreja expressa sua afirmação, sustento e identificação com o missionário como representante do Senhor. Peters escreve:

> Pela imposição de mãos, a igreja e o missionário como indivíduo se tornam unidos por um laço de propósito comum e responsabilidade mútua. Assim, não é somente privilégio e serviço; é também o exercício de autoridade e a aceitação de tremenda responsabilidade.[20]

PARCERIA COM MISSIONÁRIOS

A relação entre o missionário e a igreja que o envia é mais bem explicada como uma parceria. Ao enviar um missionário, a igreja está se responsabili-

20 Peters, *A Biblical Theology of Missions*, 221.

zando como verdadeira parceira em pelo menos quatro aspectos. Primeiro, a igreja que envia tem a obrigação de treinar o missionário para o ministério. Não importa o tipo de trabalho missionário em que ele estará envolvido, a maior parte de seu treinamento deverá ser no ministério da Palavra. Quer ele esteja envolvido na plantação de igrejas quer no treinamento de líderes nacionais, muitas vezes o missionário terá papel fundamental na igreja nacional. Como alguém a quem a igreja nacional procurará por respostas, especialmente no treino de líderes nacionais, o missionário deve ser capaz de explicar a Bíblia quando surgirem questões relacionadas à vida da igreja, liderança bíblica e teologia. Um missionário despreparado e inadequado fracassará nesse ponto, levando a consequências potencialmente desastrosas.

Conforme aprendemos do Movimento Voluntário Estudantil, o zelo missionário inicial não basta como qualificação do missionário. Fundamento teológico insuficiente ou errôneo resulta em desviar as pessoas do ensino da Palavra de Deus, muitas vezes em direção a um evangelho social ou pragmático. Não obstante o ministério específico ao qual o missionário foi designado, todo missionário deve ser treinado e equipado para manejar bem e com acerto as Escrituras.

Em nível prático, isso quer dizer que o missionário precisa profundo treinamento teológico e interpretação correta da Bíblia, idealmente sendo ele capaz de estudar e explicar o texto dos originais gregos e hebraicos. Embora haja outros tipos de treinamento necessários, a falha em treinar adequadamente o missionário nesse aspecto fundamental o impedirá de realizar sua principal tarefa. A igreja que envia mostra sua parceria com o missionário provendo, investindo e garantindo que os candidatos a missões sejam treinados adequadamente para manejar a Escritura (2Tm 2.15).

Segundo, a igreja que envia tem de orar por seu missionário. Em numerosas ocasiões, o apóstolo Paulo pedia a pareceria das igrejas por meio de oração. Pediu que a igreja de Éfeso orasse para que ele tivesse ousadia (Ef 6.18-19). Para a igreja de Colosso, Paulo pediu que orassem por portas abertas e clareza de mensagem (Cl 4.2-4). Ele pediu à igreja de Roma que orasse por proteção (Rm 15.30-31), e a de Tessalônica que rogasse a Deus pela expansão e glorificação da Palavra, bem como proteção dos homens maus (2Ts 3.1-2). Uma parceria em missões exige que os que enviam os missionários sejam guerreiros em oração, conscientes das necessidades do campo, orando fervorosamente a Deus Todo-poderoso para que ele faça o que só Deus pode fazer.

Terceiro, a igreja precisa pastorear o missionário. A submissão do missionário à liderança da igreja que o envia, designada por Deus, não termina quando ele é comissionado ao ministério do evangelho. A volta de Paulo à igreja de Antioquia logo após sua primeira e sua segunda viagem missionária (At 14.26-27; 18.22-23) demonstra sua contínua submissão à igreja que o enviou. Devido à existente parceria de responsabilidade, os missionários precisam manter as igrejas que os enviaram informadas quanto ao que Deus está fazendo em seus ministérios e pedir conselho quanto a planos ministeriais futuros. Peters acrescenta ainda que o missionário:

> *reconhece a autoridade delegada da igreja, identifica-se com ela, se submete à direção e disciplina da igreja, e se compromete a ser verdadeiro e responsável representante da igreja. Ele opera dentro da estrutura doutrinária e do espírito da igreja, cônscio do fato de que representa o Senhor como também a sua igreja, para com a qual ele também reconhece responsabilidade.*[21]

Embora alguns missionários possam iniciar igrejas locais autônomas, o próprio missionário jamais fica, no seu ministério, autônomo ou desligado de sua igreja mãe. Decisões críticas quanto ao ministério do indivíduo deverão ser trazidas diante da igreja para comentários ou sugestões da liderança.

Esse relacionamento de responsabilidade mútua funciona de ambas as formas. A igreja que envia tem de estar ativa no pastoreio do missionário através dos períodos difíceis do ministério em terra estranha. Deve dar encorajamento e cuidado pastoral. O apóstolo Paulo enfrentou várias vezes grande desânimo no ministério. Além da oposição e perseguição física, carregava o peso pelo crescimento das igrejas que ele fundou. Houve ocasião em que referiu a si como estando deprimido, abatido (2Co 7.6), carente de refrigério

---

21 Peters, 222.

espiritual (1Co 16.18). Se o grande apóstolo Paulo era susceptível a tais necessidades e desafios, quanto mais os missionários de hoje em dia o são? Da mesma forma que Paulo muitas vezes foi encorajado por uma visita de outro irmão, também os missionários são encorajados por aqueles seus parceiros no evangelho.

Quarto, a igreja deverá ter parceria financeira com o missionário. O missionário tem de saber que sua igreja realmente o apoia quando ele sai para servir. O apóstolo João disse que os missionários deverão ser enviados de modo digno de Deus (3Jo 6). A glória de Deus está em vista quanto à maneira que enviamos um missionário.

É precedente e mandato bíblico que as igrejas participem do sustento financeiro do missionário. João escreveu à igreja primitiva que os homens que saem por amor do Nome não deviam esperar ganhar dinheiro daqueles a quem ministravam (3João 7). Ademais, o apóstolo Paulo antecipava sustento da igreja de Roma quando planejava ir com o evangelho à Espanha (Rm 15.24). Uma das principais maneiras que a igreja de Filipos expressou sua parceria no evangelho foi mediante o apoio financeiro do apóstolo Paulo (Fp 4.15-16).

Na verdade, só há duas possibilidades com respeito ao sustento financeiro de missionários. Uma igreja poderá sustentar muitos missionários em nível pequeno, ou alguns missionários em alto nível. Com certeza, se a igreja for fiel nos primeiros três elementos de sua parceria (treino, oração e pastoreio), existe um limite quanto ao número de missionários que ela poderá assistir financeiramente de maneira fiel. Uma igreja que tenha uma comissão de missões de cinco pessoas, mas tenta fazer parceria com vinte e cinco missionários, provavelmente não estará fazendo uma parceira de modo plenamente envolvido.

Da mesma maneira, a parceria com o missionário tem de envolver mais do que uma oferta mensal simbólica. A verdadeira parceria missionária envolve o cuidado financeiro com o missionário de maneira digna do Senhor. Poucas são as igrejas que podem bancar sozinhas o custo total de enviar um missionário. Na verdade, para muitos missionários (dependendo do campo para onde foram enviados), o custo de seu sustento excede o salário do pastor titular da igreja. Contudo, maior número de igrejas poderá aceitar a responsabilidade financeira cobrindo boa parte do custo de sustentar um missionário no campo.

Em geral, as igrejas causam impacto maior para o reino de Deus quando possuem uma abordagem objetiva e envolvida com alguns missionários, em vez de atitude ampla e generalizada para com muitos missionários. Uma igreja que sustente vinte e cinco missionários em razão de cinco por cento do nível de sustento de cada missionário, na verdade não estará pastoreando nenhum deles. Parece que as igrejas têm maior envolvimento com a Grande Comissão quando conseguem se envolver completamente com um ou dois missionários, em vez de diluir o foco, dinheiro e a liderança em grande grupo.

Isso parece ser o mesmo para uma igreja pequena e um ministério maior. Os presbíteros deverão identificar o missionário certo, ver que ele demonstra fidelidade e dons no contexto daquela igreja local, então comissioná-lo, enviá-lo, e sustentar/pastoreá-lo através de seu ministério. Tal abordagem requer um substancial investimento de tempo e recursos da igreja.

Os benefícios de um investimento contínuo no missionário são grandes tanto para a igreja mantenedora quanto para o missionário. A igreja oferece encorajamento em nível mais profundo, dando espaço para maior responsabilidade e pastoreio entre a igreja e o seu missionário. Isso permite também que os missionários que retornam às igrejas entre os períodos designados de tempo gastem mais tempo com suas igrejas, não tendo de atravessar diversas vezes o país para visitar rapidamente um número estonteante de igrejas mantenedoras.[22] Desta forma, o corpo é encorajado com informações mais detalhadas sobre como o Senhor está usando o seu missionário para fazer discípulos de Cristo, e o missionário é equipado, encorajado e renovado para serviço mais efetivo. As parcerias superficiais perdem essa oportunidade. As parcerias mais profundas entre missionários e suas igrejas mantenedoras são as que trazem maior honra ao Senhor.

UM EXEMPLO DA IGREJA COMUNIDADE DA GRAÇA

Quero compartilhar como a Igreja Comunidade da Graça trata nosso departamento de missões. Não porque seja o único nem necessariamente o melhor caminho. Tenho certeza de que outras igrejas desenvolvem alguns as-

22 Recentemente, conheci um missionário na Itália que tinha mais de quarenta igrejas que o sustentavam.

pectos disso melhor do que nós fazemos. Porém, nossa igreja tem procurado por em prática os princípios delineados neste capítulo. Além do mais, nossa igreja investe significantes recursos em missões e tem também grande corpo de missionários. Espero que nosso exemplo seja útil a você que pensa em como abordar missões em sua própria igreja.

Vemos o processo de missões em duas etapas distintas: a seleção de missionários e o sustento deles.

O processo de envio começa com a seleção de missionários. Tal processo não está divorciado do senso de chamado por Deus, de um indivíduo, para missões estrangeiras, mas esse chamado subjetivo é examinado à luz dos dons espirituais dessa pessoa conforme demonstrado e desenvolvido na igreja. Sendo que o chamado de Deus para missões é um chamado para o ministério da Palavra, os candidatos são rapidamente eliminados se não forem qualificados ou dotados como presbíteros, pelo menos no senso elementar, no ensino da Palavra. Todas as tarefas ministeriais surgem no contexto e vida da igreja. Isso permite que os presbíteros da Igreja Comunidade da Graça selecionem para missões pessoas que são claramente dotadas como líderes que preguem e ensinem a Palavra.

Em nossa igreja tais dons são evidenciados especialmente no contexto de nossos grupos de comunhão, que alguns chamam de classes de escola dominical. Tais grupos têm múltiplas reuniões de estudo bíblico nos lares, se reúnem semanalmente, e nesses pequenos grupos de quinze até quarenta pessoas, os homens jovens podem praticar e desenvolver seus dons, fazendo discípulos no corpo de Cristo. Por meio desses grupos, esses homens também dirigem outros a levar o evangelho àqueles da área da grande Los Angeles que ainda não conhecem Cristo. Existe ampla oportunidade para ministérios transculturais em nossa igreja e comunidade, incluindo muitos grupos de estudo bíblico e evangelização para grupos imigrantes. As pessoas que evidenciam dons de evangelismo e ensino, juntamente com um claro chamado de Deus para exercer estes dons em um ambiente transcultural, são os que se tornam candidatos a missionários.

Unido à evidencia de dotação espiritual no candidato a missões, está seu desenvolvimento no treinamento da Palavra. Todos os candidatos missionários passam por rigoroso preparo no estudo e pregação da Palavra, e na Igreja Comunidade da Graça, os presbíteros têm de ver evidências desse crescimento na capacidade de ensinar a verdade enquanto estão sendo treinados no bom manejo das Escrituras. Esse treino ocorre no Seminário Master's, convenientemente localizado no campus de nossa igreja. Poucas igrejas possuem privilégio semelhante, mas este é um passo essencialmente mandatório no processo de preparo de missionários da nossa igreja para o serviço efetivo. Sendo assim, os dons evidenciados são afirmados pelo crescimento de dons sob treinamento intensivo na Palavra.

Uma vez vista essa dotação de um homem pela igreja, os presbíteros começam a procurar um campo missionário em que as oportunidades se enquadram melhor nos dons da vida desse homem. Alguns são mais dotados como pastores; outros como mestres ou quem treina outros líderes. A realidade é que qualquer homem que tenha o ministério da Palavra, não importa em que país ele ministre, se encontrará engajado nos dois aspectos de ministério – a linha de frente de plantação de igreja e pastoreio de rebanho, e o cenário por trás dos bastidores de treinar homens fiéis. Assim, os presbíteros tentam colocar o candidato em uma equipe missionária onde seus dons serão mais bem aproveitados, complementando a missão da equipe, quer seja no evangelismo, quer no plantio de igreja, quer no fortalecimento da igreja, quer no desenvolvimento de liderança, quer em tradução da Bíblia.

A capacidade do candidato de trabalhar bem em equipe é outro aspecto importante da avaliação e preparação para o campo. O missionário tem de ser capaz de trabalhar dentro de uma equipe em diversos níveis, inclusive trabalhar sob autoridade de outro, trabalhar de perto com outras pessoas como iguais, e liderança dentro do contexto de equipe. Mais uma vez, os estudos bíblicos de nossa igreja oferecem oportunidade perfeita para avaliar e desenvolver a capacidade do candidato de trabalhar em equipe ministerial, ministrando sob liderança de um pastor de grupo de comunhão, junto a colegas de equipe no estudo bíblico, liderando as pessoas no entendimento e vivência da verdade de Deus.

A decisão para onde enviar o missionário depende de vários fatores. Escolher um campo, e escolher uma agência missionária, em geral, são ações simultâneas. Aqui, quase todos os nossos missionários são enviados por nossa agência enviadora/nosso braço missionário: *Grace Ministries International*. A principal decisão que enfrentamos é para onde mandar nosso missionário. Alguns, especialmente aqueles que estão envolvidos em trabalho técnico como de tradução da Bíblia, sairão sob auspícios de outra missão. Essas outras agências proverão treinamento e suporte para o ministério específico à população-alvo da missão. Frequentemente, um candidato missionário, junto com outros membros da equipe de missões da igreja, fará diversas viagens preliminares antes de escolher uma nação em que trabalhará. Idealmente, um líder dotado até mesmo recrutará outros para acompanhá-lo, à medida que sua paixão contagia outras pessoas como colegas de equipe em potencial. Dessa maneira, o Senhor levanta uma equipe missionária de dentro da igreja, às vezes incluindo homens qualificados de outras igrejas irmãs.

Quando o Senhor ajunta uma equipe missionária, o passo final antes de ser comissionado e enviado é levantar o sustento financeiro necessário. Todo o processo de descoberta de sustento é parte do treinamento missionário. Durante o processo, os candidatos aprendem lições valiosas sobre confiar pacientemente em Deus enquanto desenvolvem as habilidades de comunicação necessárias para comunicar a paixão por seu ministério. O novo missionário levanta sustendo de indivíduos de dentro de nossa igreja, como também outros indivíduos e igrejas que ele conhece. Quando está pronto para ir ao campo, o missionário terá desenvolvido uma equipe de oração e sustento que consiste em igrejas e indivíduos com os quais construiu um relacionamento. Quando o Senhor junta esses mantenedores, o candidato aprende a importância de contar a outros sua visão por todos os meios possíveis. Conquanto nossa igreja proveja boa parte do sustento financeiro necessário para nossos missionários, não iríamos querer que missionários ou mantenedores fossem privados da alegria de participar na provisão do Senhor para sua obra.

A Igreja Comunidade da Graça faz parceria com seus missionários de três modos. Primeiro, todos os missionários são sustentados corporativamente pelas doações regulares de membros da igreja.

Segundo, nossos missionários são encorajados a buscar o sustento de indivíduos de nossa igreja. Isso acontece principalmente por meio do grupo de comunhão e estudo bíblico onde o candidato ministra dentro da igreja, mas inclui outros ministérios dentro da igreja que convidem o candidato a compartilhar a respeito de seu ministério em breve além do mar. As pessoas nesses grupos se entusiasmam quando ouvem sobre o ministério do evangelho em terra estrangeira, e invariavelmente, querem dar e orar. Essa prontidão é resultado óbvio da dedicação de seu pastor à pregação e ao ensino dedicado sobre missões.

Terceiro, nossa igreja levanta ofertas especiais para financiar o envio de missionários ao campo e socorrê-los quando deparam reveses financeiros. Essas três avenidas de sustento financeiro não cobrem cem por cento do sustento do missionário, mas juntas, somam a maior parte dele. Em nossa igreja, jamais vimos o Senhor deixar de prover o necessário para o obreiro chegar ao campo. Louvamos ao Senhor por sua contínua provisão de mais de sessenta missionários em seis continentes.

Antes de o candidato partir para o campo com sua família, ele recebe treinamento especial na aquisição de nova língua. O missionário também passa pelo processo de ordenação em nossa igreja.[23]

O passo final antes da partida é a *comissão,* que geralmente ocorre no último culto de domingo antes da partida do missionário para o campo. Homens missionários são ordenados pela imposição de mãos dos presbíteros enquanto o pastor ora pelo missionário. Após a comissão, uma recepção é oferecida para comemorar essa momentosa ocasião, dando ao corpo da igreja mais uma oportunidade de expressar seu amor à família do missionário que está se dirigindo a outro país.

Depois que os missionários seguem para o campo, o sustento de nossa igreja sobe para um nível ainda mais alto. Todo o processo de preparo para o campo foi banhado por oração de nossa igreja, e uma vez que eles foram para lá, é possível seguir em oração seus ministérios no campo, incluindo seus amores e seus desafios. Mais uma vez, dirigidos pelo exemplo de carinho e cuidado de nosso pastor, nossa igreja realmente sustenta o missionário em

---

23 Para maiores detalhes sobre o processo de ordenação na Igreja da Comunidade da Graça, ver Richard Mayhue, "Ordination to Pastoral Ministry," em *Pastoral Ministry: How to Shepherd Biblically*, org. John MacArthur (Nashville: Thomas Nelson, 2005), 107–17.

oração. Cada semana, o boletim de nossa igreja destaca pedidos de oração de determinada equipe missionária diferente. Muitas vezes, temos no boletim artigos de missionários ou de equipes em curto prazo que voltaram daquela missão destacando seus ministérios e pedindo oração por situações específicas que avancem o evangelho por todo o mundo. Quando nossos presbíteros se reúnem para orar todo domingo antes do culto, estão alerta quanto às necessidades especiais de oração de nossos missionários.

Duas reuniões mensais do corpo, têm o foco especifico de ouvir reportagens de nossos missionários, orando mais extensamente por suas necessidades específicas. Uma noite por mês, o corpo da igreja se reúne para gastar tempo orando pelas necessidades atuais de nossos missionários, além de ouvir relatórios encorajadores sobre o trabalho do Senhor tanto de candidatos quanto de missionários no campo que estejam em nossa cidade. As mulheres da igreja também se reúnem semanalmente durante o dia com este propósito, para orar e ouvir de primeira mão as notícias de missionários.

Nossa igreja distribui cartões de oração, calendários com fotografias de nossos missionários, folhetos destacando suas famílias e suas necessidades. Nossa parceria envolve também o cuidadoso pastoreio dos missionários, tarefa supervisionada pelos presbíteros principalmente responsáveis por cuidar de nossos missionários. Além de notícias regulares por meio de e-mail e telefone, nossos presbíteros visitam os missionários quando necessário. Essas visitas são para encorajar e ajudar as famílias dos missionários. Muitas vezes, tais visitas são fator importante em decisões futuras onde o conselho de liderança da igreja é necessário. Todos esses fatores somam à força missionária que é frequentemente visitada pela liderança da igreja.

Quando os missionários retornam à igreja para relatar sobre o trabalho, descansar ou pedir conselho, os presbíteros se reúnem com eles. As questões que surgem com frequência se relacionam a vida pessoal e familiar, decisões ministeriais chaves quanto a novas direções de ministério e a procura de estudos mais avançados da parte dos missionários. Nossos missionários apreciam e dependem do envolvimento ativo da liderança de nossa igreja em sua vida e ministério.

Todos os missionários acabam voltando permanentemente ao seu país de origem. Para alguns, não é mais o seu lar ou país, e estas pessoas precisam de pastoreio e cuidado ao procurar o ministério certo em que se encaixar. Uma igreja que celebra, dá boas vindas e pastoreia seus missionários que retornam do campo será de grande ajuda a quem se desloca novamente de seu campo e tem de mudar para novo local – muitas vezes ao que agora lhe parece um país estranho.

Essas práticas são baseadas nos princípios bíblicos descritos na primeira metade deste capítulo. Não são limitadas a grandes igrejas, mas com intencionalidade, podem ser implementadas em qualquer igreja, não obstante seu tamanho. Quando a igreja assume uma visão de pastorear e cuidar de seus missionários, colhe imensos benefícios, o missionário é bem servido e equipado, e o Senhor recebe toda a glória. É claro, todo esse processo tem como alvo o seguinte cenário:

> *Depois destas coisas, vi, e eis grande multidão*
> *que ninguém podia enumerar,*
> *de todas as nações, tribos, povos e línguas,*
> *em pé diante do trono e diante do Cordeiro,*
> *vestidos de vestiduras brancas, com palmas nas mãos;*
> *e clamavam em grande voz, dizendo:*
> *Ao nosso Deus, que se assenta no trono,*
> *e ao Cordeiro, pertence a salvação.*
> *Todos os anjos estavam de pé rodeando o trono,*
> *os anciãos e os quatro seres viventes,*
> *e ante o trono se prostraram sobre o seu rosto,*
> *e adoraram a Deus, dizendo: Amém!*
> *O louvor, e a glória, e a sabedoria,*
> *e as ações de graças, e a honra, e o poder,*
> *e a força sejam ao nosso Deus,*
> *pelos séculos dos séculos. Amém!* (Ap 7.9-12)

CAPÍTULO 20

MISSÕES EM CURTO PRAZO:
APOIO AOS QUE NÓS ENVIAMOS

CLINT ARCHER

A nova moda em missões é substituir missionários em longo prazo por equipes de missões em curto prazo (EMCP). Muitos desses times são despreparados, não treinados e no fim, não úteis. Isso é uma vergonha, porque times de missões em curto prazo, poderiam ser uma valiosa parcela da abordagem de missões de uma igreja. Este capítulo explica qual o papel que essas viagens desempenham na tentativa da igreja de preencher a Grande Comissão.

Quando William Carey, reconhecido mundialmente como pai das missões modernas, se ofereceu como voluntário em sua missão pioneira na Índia, com frequência comparou sua partida a uma perigosa escalada descendo uma mina profunda.

– Eu me aventuro a descer – disse ele aos seus mais próximos parceiros de ministério, ao dar-lhes adeus – mas lembrem-se de segurar as cordas.[1] Eles continuaram segurando as cordas por quarenta anos, até a morte de Carey na Índia.

Ainda hoje é ouvido o ecoar desse desafio. É o chamado para as igrejas sustentarem aqueles a quem enviam aos campos. Carey estava disposto a deixar

1 Basil Miller, *William Carey, Cobbler to Missionary* (Grand Rapids: Zondervan, 1952), 42.

seu país, sua família, e tudo que lhe era conhecido. O que pediu em troca foi que os que o enviaram o apoiassem. Este chamado é o que leva as igrejas a procurar meios mais efetivos de encorajar e assistir seus missionários. O emprego de missões em curto prazo é uma maneira de agarrar melhor as cordas do apoio.

A própria frase "em curto prazo" pode dar a imagem de ideias mal-concebidas, alvos faltos de visão, e impressões superficiais. No entanto, missões em curto prazo refletem a tarefa eterna de Deus de estender sua fama a todos os grupos de povos da terra. O efeito de um surto rápido de ministério pode durar pela eternidade. O poder de uma bala não é medido no tempo em que está voando, mas pelo impacto feito sobre o alvo. Os ministérios em curto prazo mostram que a efetividade não se mede por cronômetro, mas pelo encorajamento visto pelos missionários permanentes que estão no campo.

CONCEITOS ERRADOS QUANTO A EMCP

Talvez nada impeça mais as Equipes de Missões em Curto Prazo do que as ideias errôneas quanto aos propósitos dessas viagens. Elas são tão variadas quanto os pastores de mocidade que querem uma passagem de graça para uma aventura em um país estrangeiro. Mas, se entendemos o que são – e o que não são – essas viagens, podemos formular um braço estratégico de alcance efetivo para sua igreja, dando um rápido surto de energia que ressoe com resultados duradouros para o reino de Deus.

Primeiro, as EMCPs não substituem os missionários de permanência estável. Uma viagem anual de duas a seis semanas para outro país não tem o mesmo efeito de um missionário que gaste sua vida em um local. A ideia errônea de que uma viagem de EMCP seja o mesmo que sustentar missões em longo prazo leva ao falso pensamento de que a igreja esteja fazendo missões. Como pastor na África, não sinto falta de igrejas nos Estados Unidos que tenham zero de missionários de tempo integral, e acham que estão fazendo missões quando enviam uma turma para passar algumas semanas no além mar. Ouvi até mesmo um pastor dizer que a sua igreja envia mais missionários que qualquer outra da sua cidade, porque sua igreja manda algumas dezenas de jovens em equipes missionárias em curto prazo. Mas tais equipes EMCP não são missões.

Missões estrangeiras acontecem quando cristãos são treinados, comissionados com suas famílias, arrancando as raízes de seus lares de origem, e vão a outro país onde serão transplantados em terra estrangeira. Sacrificam o conforto, conhecimento e segurança de seus lares com um único propósito: propelir o evangelho de Cristo a outro canto do globo. Chamar de "missão" uma viagem de três semanas para cavar um poço em um vilarejo é fazer pouco do sacrifício daqueles que "deixou casas, ou irmãos, ou irmãs, ou pai, ou mãe *ou mulher*, ou filhos, ou campos, por causa do meu nome [de Jesus]" (Mt 19.29). Isso não quer dizer que a EMCP não tenha nada a ver com trabalho missionário. Ainda que hoje não estejamos vivendo na "mina profunda" com os missionários, podemos segurar as cordas do sustento financeiro, da oração e da assistência física.

Segundo, as EMCP não são forma válida para plantação de igrejas. A tarefa de missões em curto prazo jamais poderá ser separada do trabalho da igreja local. Separar uma equipe em curto prazo da igreja local leva a falsos mestres e falsos convertidos espalhados em outra terra, potencialmente fazendo mais mal do que bem. Sem que crentes experimentados naquele campo, ajudando os visitantes, o potencial para a criação de desentendimentos culturais, ofendendo os poucos crentes existentes que realmente morem lá, e causando danos em longo prazo para o testemunho do evangelho são possibilidades muito reais. Nem a agência que envia nem o grupo receptor deve estar livre de supervisão cuidadosa de uma igreja local estabilizada.

Alguém pode perguntar: E se não existe igreja estabilizada a que mandarmos uma equipe? Afinal de contas, o desejo de crentes de mente missionária, naturalmente, é implantar igrejas. Mas os grupos de EMCP não são a ferramenta certa para este alvo. A plantação de igrejas é um ministério que exige treinamento, meio, estratégia e sustento que perdure. Requer compreensão cultural, aquisição de língua, e treinamento de homens locais para serem presbíteros. Não é o papel das equipes de missões em curto prazo usurpar tal ministério, e sim, apoiá-lo.

Infelizmente, algumas viagens têm menor efetividade do que poderiam porque a equipe é enviada a região "não alcançada". Ali, a equipe prega o evangelho, almas são "salvas" e a equipe retorna para seu país abandonando os crentes novatos para nova vida espiritual sem nenhuma igreja estufa/incubadora a zelar por eles. O time pode até mesmo relatar, com grande animação, à igreja mãe, que eles "plantaram uma igreja" na sua excursão de duas semanas. Mas, no máximo, haveria um grupo de ligação solta de crentes recém-convertidos, sem líderes qualificados nem pastor adequado que os acompanhe.

É por esta razão que o evangelismo por EMCP tem maior efetividade quando acompanhado por uma igreja local já estabelecida, dedicada a equipar e nutrir os novos convertidos. Missões em curto prazo têm importante papel na plantação de igrejas – devem focar em sustentar e edificar igrejas, não iniciá-las.

Terceiro, uma EMCP não é oportunidade para crentes imaturos ganhar maturidade. Algumas igrejas tratam a EMCP como ferramenta para ajudar crentes que estão em conflito, ou aqueles cujas vidas espirituais estagnaram, a obter uma experiência que os impulsione a andar mais perto do Senhor. Nestes casos, as EMCP são tratadas como *spa diurno* cristão que os revigore espiritualmente, como se fosse a solução para aqueles cuja caminhada com o Senhor chegou numa planície e precisam de uma injeção de adrenalina espiritual – como se as EMCP pudessem revitalizar sua paixão por Cristo que desvanece. Isto é desastroso de diversos modos.

Uma equipe composta principalmente por crentes imaturos é propensa a problemas. Muitas vezes as viagens das equipes de missões temporárias são difíceis; requerem grande nível de paciência, sabedoria, humildade, sacrifício e até mesmo persistência física. Podem até ter como resultado desejado que os membros aprendam e cresçam bastante, mas isso pode acontecer ao custo da efetividade da viagem. A utilidade dessa viagem depende muito da maturidade espiritual de seus participantes. Não é ocasião para que os membros *se tornem* maduros, mas para *serem* espiritualmente maduros. Certifique-se de que qualquer equipe de EMCP que você edifica e envia consista de membros da igreja fortes e espiritualmente maduros.

Finalmente, se feito corretamente, as EMCP não serão um uso inadequado de recursos. Algumas igrejas se recusam a participar de EMCP porque acham que é um uso ineficiente do dinheiro. Essa objeção comum vem da ideia de que, se não houvesse uma viagem de EMCP num dado ano, o dinheiro poderia ser empregado em projeto mais digno. Mas geralmente, os fundos para tais equipes são levantados pelos próprios membros e suas famílias e amigos, não pagos pela igreja. A realidade é que o dinheiro não foi desviado de um projeto para outro – está sendo levantado e designado para a EMCP.

A experiência prova que o dinheiro levantado para viagens das EMCP quase sempre foi dado por pessoas ligadas pessoalmente aos que vão fazer a viagem. Os doadores dão a alguém que conhecem devido a sua relação com ele ou ela. Se aquele viajante não fosse fazer a viagem, o doador não estaria necessariamente dando dinheiro para outro projeto, como o fundo de construção da igreja. Também é o caso de muitas doações para EMCP virem de pessoas de fora da igreja. Um membro da igreja provavelmente não pediria a um colega de trabalho ou membro de sua família para doar para o fundo de construção da igreja, mas pediria contribuições para sustentar uma viagem pessoal a outro país com intuito de missões.

Outra razão que pessoas objetam ao custo é que parece desperdício de dinheiro fazer um projeto que pessoas do local poderiam fazer mais barato. A lógica vai assim: uma equipe de vinte pessoas que vai do Colorado para a Guatemala para cavar um poço terá de levantar cerca de trinta mil dólares. Mas, se apenas mandarem esse dinheiro para a Guatemala, o poço poderá ser cavado por muito menos por pessoas que precisam do dinheiro mais do que os americanos. Francamente, algumas viagens de EMCP desperdiçam desnecessariamente o dinheiro, sendo meios, de preço exagerado, de fazer o que o cheque de um doador poderia realizar permitindo que trabalhadores locais fizessem melhor.

A culpa disso está com a igreja que envia. Quando um missionário precisa que se conserte um telhado, ou ele pede $2,000 (dois mil dólares) que custará para comprar o material, contratando trabalhadores desempregados, bem como artesãos do local para fazer o serviço, ou pede à igreja que mande dez adolescentes inexperientes, cada um gastando dois mil dólares na passagem, para trabalhar junto com eles e fazer o serviço. Infelizmente, a experiência mostra que é mais provável que ele consiga entusiasmo da parte da igreja mantenedora com a viagem ineficiente e de pouco efeito da equipe missionária em curto prazo do que se simplesmente ele recebesse um cheque *sem glamour*.

Para ser bons mordomos dos recursos, a EMCP precisa ver os seus objetivos como mais do que fazer um trabalho manual com preço exorbitante. Uma equipe cuidadosamente selecionada poderá realizar o que os artesãos locais não conseguem: ministrar à família missionária, encorajar os crentes da localidade, ser exemplo de sacrifício e serviço altruísta aos novos crentes, e desempenhar outros papéis significativos de apoio espiritual. Em certo sentido, a torre da caixa d'água que eles construíram é secundária aos relacionamentos que eles forjaram, as vidas que afetaram, o encorajamento espiritual que trouxeram. Não se pode colocar etiqueta de preço nessas coisas.

EMPC NA BÍBLIA

Enviar equipes missionárias em curto prazo não é novidade. O conceito não foi incubado por um guia de turismo aposentado – na verdade, o livro de Atos dá o modelo deste conceito. Embora as Escrituras não ordenem viagens missionárias em curto prazo, com certeza vemos o exemplo de breves visitas utilizadas no espalhamento inicial do evangelho pela Europa e Ásia Menor. O apóstolo Paulo foi arquétipo de líder de equipe missionária em tempo curto, de seus dias. Em todo o livro de Atos, vemos Paulo gastando três sábados aqui, três meses ali, gastando tempo visitando igrejas para fortalecê-los na fé, os encorajando e querendo vê-los pessoalmente (At 17.2; 19.8). Vemos ofertas sendo alçadas para ajudá-lo em suas viagens (Rm 15.24; 1Co 16.6; 2Co 1.16). A maior parte do que chamamos de "viagens missionárias" de Paulo poderia ser chamada com acerto de "Viagens da Equipe de Missões em Curto Prazo do apóstolo Paulo".

Algumas das viagens que Paulo fez não foram para implantação de igrejas nem mesmo primariamente de natureza evangelística. Por exemplo, em Atos 15.36: "Alguns dias depois, disse Paulo a Barnabé: Voltemos, agora, para visitar os irmãos por todas as cidades nas quais anunciamos a palavra do Senhor, para ver como passam".

Quando o próprio Paulo era detido por períodos mais longos, longe do lar e carente de comunhão com outros, ele pedia que pequenos grupos de crentes se juntassem a ele para trazer-lhe suprimentos e ministrar-lhe. Por exemplo, pediu que Marcos viesse e trouxesse os pergaminhos e a capa (2 Tm 4.13). É isso que as EMCP fazem melhor: encorajar, ministrar, trazer recursos aos que labutam em prol do evangelho longe de seus lares.

Embora devamos sempre tomar cuidado ao concluir instruções a partir de narrativas, fica claro que a igreja do Novo Testamento considerava as viagens de EMCP como empreendimentos de valor. Quando a igreja enviava as pessoas certas com as razões certas, a igreja os sustentava financeiramente, mesmo que a viagem fosse por menos tempo.

A ordem de Deus aos crentes de espalhar o evangelho até os confins da terra é bastante clara. Relacionamentos de longo tempo entre igrejas, incluindo visitas das igrejas mais estabelecidas para congregações ou igrejas-filhas, é um método efetivo de parceria global em prol do evangelho. Viagens missionárias em curto prazo são uma forma de apoiar e fortalecer esses relacionamentos.

ALVOS DE EMCP

Quando bem feitas, as equipes de missões em curto prazo são valiosa ferramenta para o alcance internacional. Em vez de ser um peso para a igreja que os recebe, as EMCP poderão dar encorajamento ao casal missionário que talvez já esteja exausto, companhia para os filhos de missionários, exemplos de piedade para a comunidade, e assistência e ajuda na construção de projetos, escolas bíblicas de férias, e trabalhos de evangelismo na comunidade.

Viagens missionárias mais curtas exportam o bálsamo que alivia da comunhão e do encorajamento aos missionários, trazendo aos missionários um pedaço da terra de origem. O papel das EMCP é estimular a capacidade ministerial dos missionários e reforçar o ataque de linha de frente contra as fortalezas do inimigo. *Nossa* missão é assisti-los em *sua* missão.

De modo inverso, uma EMCP mal planejada pode colocar fardos desnecessários sobre os ombros dos missionários. Imagine que você tivesse que hospedar doze adolescentes turbulentos e imaturos que estivessem reclamando constantemente da comida nativa e exigindo ser levados às atrações turísticas locais. Essas três semanas não lhe pareceriam "em tempo curto".

Existem escolhas que devem ser feitas no início do planejamento de uma viagem de EMCP que farão toda a diferença na efetividade da ventura. Um planejamento cuidadoso e decisões bem pensadas vão longe para tornar a longa viagem valiosa para todos os envolvidos.

Selecione o alvo certo. Como acontece com toda a vida cristã, o alvo final das EMCP é promover o evangelho, dando glória a Deus cada vez mais. No campo, as EMCP podem impactar cinco grupos básicos. Eu os coloquei estes em uma sugerida ordem de importância: o missionário, os crentes locais, a igreja que envia, os descrentes locais, e finalmente, o viajante da EMCP. É possível e preferível que haja impacto sobre todos esses alvos. Sempre há alguma superposição. Mas o alvo primário – o olho do boi – tem de ser o missionário. O foco no alvo errado resultará em que a viagem perca sua efetividade máxima pelo reino, e deixará frustrados ou desiludidos os contribuintes financeiros, missionários e viajantes. Examinaremos essa lista em ordem reversa.

O viajante da EMCP. Talvez você tenha visto propaganda para equipes missionárias em curto prazo no boletim da igreja, prometendo como atração principal uma experiência que transforme a vida. Isso me lembra as animadas propagandas para a marinha dos Estados Unidos, convidando recrutas: "Venha para a marinha – Veja o mundo" – como se o objetivo principal de uma marinha fosse oferecer a jovens entediados oportunidade de turismo internacional. Infelizmente, tal estratégia de *marketing* de viagem missionária perde o sentido para as EMCP. Sim, haverá benefícios pessoais para quem viaja, mas se o enriquecimento do "viajante missionário" for o alvo, a viagem será organizada em torno daquilo que é melhor para a equipe, em vez do que é melhor para o missionário e seu campo.

Descrentes. Outro grupo alvo é de descrentes locais que poderão ser beneficiados – mas este não deve ser o foco central da equipe. Converter os perdidos, para que eles deem glória a Deus, é o alvo final de missões, mas não o foco primário da equipe missionária em curto prazo. Os descrentes são melhor alcançados pelo testemunho fiel e constante do missionário – não por *blitz-evangelismo* de viajantes visitantes. Quando os líderes da equipe missionária de curto prazo entendem isso, poderão planejar uma viagem que leve em conta a estratégia de longo termo do missionário naquela região.

Se o alvo for apenas evangelizar os incrédulos, uma viagem pode ser planejada sem estar ligada a qualquer igreja local. Por exemplo, uma igreja poderia mandar dez viajantes a uma área "carente" aleatória, pregando o evangelho sem o mínimo conhecimento do que as igrejas locais existentes têm feito na região. Um entre três possíveis cenários se desenvolverá: Primeiro, a equipe fica desiludida pelo número reduzido (ou inexistente) de conversões e o gasto todo parecerá grande desperdício. Segundo, ansiosos por resultados, a equipe interpreta o mínimo sinal de interesse como sendo uma "conversão" a relatar à igreja de onde vieram. Talvez a equipe diga: "Tivemos cinquenta conversões!" Por que cinquenta pessoas repetiram a oração do pecador depois de um sermão. Terceiro, muitas pessoas são convertidas, mas deixadas "órfãs espirituais", sem a liderança de uma igreja local que as instrua e guie. O evangelismo desligado ao trabalho da igreja local é extremamente problemático. É por essa razão que as EMPC fortalecem sua evangelização quando trabalham por meio de uma igreja local.

Igreja que envia. A igreja que envia a equipe de missões em curto prazo sem dúvida receberá bênçãos que acompanham a doação sacrificial. Obterão também um maior apreço por alcançar o mundo, maior senso da obra redentiva de Deus global, e uma estrutura de entusiasmados viajantes que, ao retornar, injetarão zelo à obra missionária da igreja. Mas, como os outros grupos acima, a igreja que envia a equipe não deve ser o alvo principal.

Se a igreja que envia for tratada como foco principal, a equipe poderá acabar sendo um fardo sobre o missionário. A igreja mandará equipes a locais ou ministérios mais exóticos, onde o fruto do ministério parece mais tangível. A igreja que envia ficará mais empolgada quando receber notícias de conversões, ver *slides* de lugares e pessoas que parecem muito estranhas, e ouvir dizer de prédios que foram erguidos (por mais relaxadamente fosse feito o trabalho). Mas o ministério de maior necessidade pode ser algo sem muito encanto. Talvez as pessoas sejam da mesma cor que as da igreja enviadora. O fruto pode ser algo tão simples quanto encorajar os missionários e aumento do testemunho à comunidade – que não são resultados facilmente visíveis em um show de filmes ou vídeo. Essas importantes oportunidades na Europa poderão facilmente ser obscurecidas pelo pó de erguer um celeiro ou estábulo na África.

Crentes da localidade. Os planejadores muitas vezes não enxergam os crentes do local onde o missionário trabalha o tempo todo são alvos para as EMCP. Contudo, essa é uma das atividades mais produtivas nas quais a equipe pode se envolver. Muitas vezes, esses crentes são uma minoria em sua terra, que precisam ser expostas a outras pessoas que creem de maneira igual a elas. Não podemos exagerar o valor de estrangeiros piedosos que abrem mão das férias e de seu dinheiro para gastar tempo em comunhão e na tarefa de fazer discípulos com outros santos isolados. É imensamente encorajador conhecer pessoas que pensam do mesmo modo, experimentar os laços imediatos de comunhão e amor que os cristãos em todo o mundo experimentam.

Os relacionamentos com visitantes estrangeiros firmados por serviço e comunhão iniciados em viagens de EMCP poderão durar por toda a vida, sendo fonte de encorajamento. A congregação também pode ver que aquilo que aprenderam do missionário não é apenas algo marginal como eles vem em seu país. O desenvolvimento de amizades espirituais com crentes do mesmo coração em todo o mundo faz que as verdades transcendentais do evangelho fiquem patentemente enfatizadas na vida da pessoa.

Missionário. Como é que uma missão *blitz* em curto prazo pode causar impacto duradouro no missionário que está no campo? Talvez a melhor resposta esteja no próprio missionário no campo. O missionário é o objetivo da EMCP. É o que possui experiência, treinamento, habilidade transcultural para delinear uma estratégia em longo prazo para alcançar os perdidos em seu campo. A política de uma EMCP efetiva é bastante simples: dar ao missionário aquilo que ele necessita. A sua tarefa é dar apoio à tarefa do missionário.

Comece pelos desejos e necessidades expressas pelo obreiro de tempo integral, não por aquilo que você pode oferecer. Se as duas coisas não combinam, diga-lhe que no momento você não poderá atender esse pedido. Não se desespere por combinar algo para um par incompatível, que seja impossível.

Eis algumas perguntas que deverão ser feitas a seu missionário:

Você quer uma equipe missionária de curto prazo este ano? Não deixe de fazer esta pergunta. Muitas vezes, as igrejas presumem que suas equipes são um presente para o missionário. Contudo, muitos missionários pensam na recepção dessa equipe como um teste para a sua santificação. Lembre-se, o seu missionário é que conhece melhor o seu campo. Algumas situações são voláteis e requerem sensibilidade à cultura que a equipe de tempo curto e parcial não esteja bem preparada para enfrentar.

Que época do ano a equipe serviria mais efetivamente os propósitos do missionário? Muitas vezes o missionário tem uma estratégia ao longo do tempo, que exige uma equipe em determinada época do ano coordenado com o calendário escolar daquele país. As férias de Natal talvez não sirvam para um calendário muçulmano, e o período de ferias talvez coincida com um pavoroso inverno na Rússia (em minha experiência, um obstáculo intransponível se pensarem em fazer evangelização nas ruas de Moscou).

Quantos membros da EMCP você quer que venham? Se abrir a viagem para todo mundo que possui passaporte, talvez o seu missionário tenha de alugar um ônibus escolar para trazer todo mundo do aeroporto para o local onde ficarão. Pense em quantas pessoas ele terá de locomover, fisicamente, em seu carro. Ele terá de arrumar outro motorista? Alugar um van? Onde todos vão ficar hospedados? É seguro, é permitido, um grupo dormir na igreja? Tais números variam de maneira drástica de um campo para outro, portanto, consulte o seu missionário antes de dizer aos candidatos que foram aceitos.

Quais os seus alvos, e de quem você precisa ajuda para atingir esses alvos? Um missionário para a Irlanda talvez não salte de alegria quando você oferece um grupo de senhoras idosas qualificadas para dar aulas de inglês como segunda língua. Talvez ele queira promover o evangelismo de esportistas neste ano e esperava que você trouxesse um grupo energético da mocidade de sua igreja. Mas uma equipe de professores de inglês como segunda língua poderá ser grande bênção se sua igreja tem um missionário que quer promover um curso de inglês de férias na Croácia, por exemplo. Entender o que, exatamente, o missionário necessita e quando ele o necessita será fundamental para o desenvolvimento de uma viagem bem sucedida.

Quanto você calcula que essa viagem custará para o missionário? Depois de adquirir todas as informações que puder, certifique-se de conversar a respeito do aspecto financeiro. Muitos missionários não vão falar quanto custou hospedar a equipe se você não os pressionar sobre o assunto. Alguns acham que é falta de espiritualidade – até o momento em que tenham de alimentar um exército de adolescentes famintos. Uma estimativa acertada quanto ao custo da turma da viagem, levando em conta o clima econômico do país ao qual a equipe missionária estará viajando, ajudará a incorporar esse custo ao preço da viagem, ajudando a assegurar que a EMCP abençoe o missionário – e não acarrete um preço demasiadamente alto para ele.

Uma vez que a equipe esteja no campo, faça todo o possível para que a EMCP não custe ao missionário nenhum *peso, quetzal* ou *rúpia*. Guarde cada recibo de gasolina que ele pagar, e sequestre cada conta de restaurante antes do missionário recebê-la. Venham com generosos presentes para ele e sua família, e procure ideias para o que eles necessitam, incluindo livros, ingredientes de comida, revistas regionais e camisetas de futebol para a criançada. Procure tornar a experiência proveitosa, não apenas espiritualmente, mas também uma bênção material para o missionário a quem vieram ajudar.

Selecione a tarefa certa. Uma equipe efetiva terá expectativas realistas e alvos organizados e atingíveis. A sua equipe não poderá fazer tudo. Resolva o que vocês farão, e procure fazê-lo com excelência. Alguns exemplos de tarefas geralmente feitas por EMCP incluem evangelização, oferecer trabalho manual, dirigir acampamentos, prover serviços para ministérios especializados.

Evangelismo. Viagens focadas em evangelismo são mais úteis em contextos de igrejas locais. Aceite a liderança do missionário quanto a quando, onde e como abordar as pessoas com o evangelho. Em alguns países, é novidade quando estrangeiros testemunham, e isso pode ter grande efeito. Em outros países, poderá ser um fardo pesado para o missionário e para a igreja local.

Trabalho bruto. Projetos de construção podem ser realizados somente se a equipe tiver trabalhadores habilidosos liderando. Essas viagens podem ser úteis se os projetos de construção forem geralmente parte da estratégia do missionário em testemunho à comunidade, como também forma de oferecer habilidades que talvez não existam no local. Se o trabalho da equipe puder ser feito melhor e com menos dinheiro por trabalhadores do local, talvez a viagem da EMCP esteja perdendo o objetivo da viagem. Às vezes, oferecer trabalho pesado é apenas um pano de fundo para o verdadeiro ministério que o missionário tem em mente para a equipe. Certifique-se de que o time esteja preparado para fazer as outras tarefas que o missionário tem em mente, enquanto estiver batendo com martelo e prego, como compartilhar testemunhos, envolver os descrentes em conversas no local da construção, e discipulado dos crentes das casas que estão hospedando as pessoas da equipe.

Acampamentos. Às vezes, a presença de estrangeiros atrai as pessoas e empresta empolgação e até mesmo credibilidade a um projeto que a igreja local tenha em mente. Por exemplo, quando americanos promovem uma escola bíblica de férias no Japão, maior número de pais da comunidade é capaz de mandar seus filhos, com esperança de praticarem seu inglês. Mandar norte-americanos para realizar uma clínica de futebol na França poderá ser visto com cepticismo, mas talvez um acampamento de basquetebol seja popularmente aceito. O missionário naquele campo é a melhor pessoa para determinar qual ministério será de mais efetividade.

Ministérios especializados. Talvez o missionário precise de recursos especializados para realizar uma tarefa. Exemplos de tais viagens incluem aqueles que oferecem auxílio médico, ensino em seminários, conduzir evangelização através de música, e aulas de inglês por meio de professores especializados em ensino de inglês como segunda língua.

Selecione a equipe certa. Os organizadores de turismo aceitam qualquer pessoa disposta a pagar as tarifas de viagem, mas o organizador da EMCP tem de selecionar com muito maior cuidado, se quiserem ser bem sucedidos.

Qualificações espirituais. Se você selecionar uma equipe cheia de cristãos imaturos, o líder terá de fazer extensa supervisão durante toda a viagem da EMCP. Isso não significa que todos precisam ser bacharéis em Bíblia ou qualificados como presbíteros. As viagens de EMCP podem ser boa experiência de expansão para o novo crente, se o líder estiver consciente dessa necessidade, e a viagem puder usar novos crentes de modo efetivo. Contudo, tenho estado em várias viagens de equipes missionárias em que uma pessoa ímpia traz para baixo toda a equipe porque o líder não foi capaz de impedir e tratar das reclamações lamurientas desse indivíduo.

Habilidades. Certifique-se de que a equipe tenha pessoas com habilidades para cumprir a tarefa desejada. Se a torre da caixa d'água que vocês construírem cair, ninguém se lembrará do conhecimento bíblico que toda a equipe tinha – só o preço de concertar um trabalho mal feito.

Experiência de viagem. Deve haver alguém na equipe com experiência de viajar. Uma voz calma poderá ajudar bastante quando as pessoas se perdem no metrô (e isso acontece), perdem o passaporte, ou perdem a paciência. Alguém que já regateou o preço de uma ida de *riquexá* em Calcutá será menos propenso a cair no choro quando um motorista de táxi começa a questionar o preço negociado para a saída da equipe.

Uma vez selecionados o alvo, a tarefa e a equipe certas, tenha quantas reuniões de treinamento quanto for razoável. Essas horas deverão incluir oração e familiarização da equipe com a família missionária, preparação para as tarefas, e tempo para a equipe desenvolver uma ligação afetiva.

UM PRESENTE ATENCIOSO

Os missionários de tempo integral fizeram tremendos sacrifícios para a causa do evangelho. Deixaram suas famílias, sua cultura e o ambiente de seu lar. Estão servindo no buraco, e precisam do apoio daqueles que os enviaram.

Os times de EMCP poderão beneficiar os missionários se investirem cuidado e planejamento quanto à tarefa. A equipe pode fazer que eles sintam-se amados, apoiados, saudosos e apreciados. Mas se uma equipe missionária de tempo curto não tiver a estratégia correta, o dinheiro será desperdiçado, os esforços serão frustrados, e o peso sobre os missionários será aumentado em vez de aliviado. Viagens das equipes missionárias de curto prazo deverão ser tratadas como maneira valiosa para prolongar e aprofundar o ministério dos missionários.

Quanto mais forte você segurar as cordas, mais fundo e por mais tempo as EMCP poderão levar a luz de Deus para o dentro da cova.

Colaboradores

Austin Duncan	Pastor para estudantes de ensino médio na *Grace Community Church*
Bill Shannon	Pastor para aconselhamento bíblico na*Grace Community Church*; Professor de aconselhamento bíblico no *Master's College*
Brian Biedebach	Pastor da *International Bible Fellowship Church* em Lilongwe, Malawi; Professor do *African Bible College, Lilongwe Campus*
Clint Archer	Pastor da *Hillcrest Baptist Church* em Durban, África do Sul; Ex-diretor para misões de curto prazo na *Grace Community Church*
Jesse Johnson	Pastor para alcance local na *Grace Community Church*; Professor de evangelismo no *Master's Seminary*
Jim Stitzinger	Pastor da *Grace Bible Church,* Naples, Flórida; Ex-pastor para alcance local na *Grace Community Church*
John MacArthur	Pastor-Mestre na *Grace Community Church*; Presidente do *Master's College and Seminary*

Jon Rourke	Pastor administrativo na *Grace Community Church*; Diretor das conferências *Resolved* e *Shepherd's*
Kevin Edwards	Pastor para alcance internacional na *Grace Community Church*
Kurt Gebhards	Pastor da *Harvest Bible Chapel* em Hickory, Carolina do Norte; Ex-Pastor para crianças na *Grace Community Church*
Mark Tatlock	Reitor do *Master's College*
Michael Mahoney	Pastor para hispânos na *Grace Community Church*
Nathan Busenitz	Professor de Teologia no *Master's Seminary*
Rick Holland	Pastor sênior na *Mission Road Bible Church* em *Kansas City*
Rick McLean	Pastor para necessidades especiais na *Grace Community Church*
Tom Patton	Pastor para adaptação e membresia na *Grace Community Church*